자살 예방과
헬스 커뮤니케이션

* 본 저서는 2018년 대한민국교육부와 한국연구재단의 지원을 받아 수행되었음
(NRF-2018S1A5A2A01028437)

이화학술총서

자살 예방과 헬스 커뮤니케이션

Suicide Prevention and Health Communication

안순태 지음

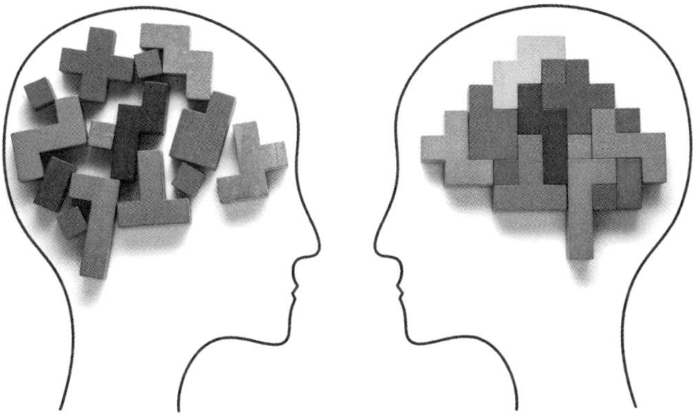

이화여자대학교출판문화원

머리말

코로나19로 바뀐 세상 속에서 우리의 정신건강이 어느 때보다 위협받고 있다. 사회적 거리두기와 생활방역 속에서 격리되고 단절되면서, 집단주의 문화 특성이 강한 한국 사회에서 소통 방식의 변화, 소통의 결여는 정신건강 문제로 연결된다. 많은 사람들이 코로나19로 인해 우울증을 겪고 있다. 특히 소통 단절에서 오는 무기력함, 사회적 관계 결여와 고립에서 오는 정신적 스트레스와 불안감이 이어지고 있다.

문제는 코로나19 이전에도 한국인의 정신건강은 위태로운 상태에 놓여 있었다는 점이다. OECD 국가 중 자살률 1위라는 불명예는 어제오늘의 일이 아니고, 급속한 경제 발전 속에서 한국인의 행복지수, 삶의 만족지수는 다른 선진국들과 비교해 월등히 낮다. 자살률은 감소할 기미를 보이지 않고, 경제적 풍요로움과 선진화된 사회 구조 속에서 한국인은 어느 때보다 더 우울하고 행복감이 낮다. 무엇보다 코로나19 사태로 장기간 지속되고 있는 단절감, 외로움은 그렇지 않아도 자살률이 높은 우리 사회에 적신호로 다가온다.

코로나19 이후 달라진 우리 일상 속에서 자살 예방과 정신건강 증진을 위한 헬스 커뮤니케이션 논의가 어느 때보다 절실하다. 오랫동안 자살 예방 연구를 해왔지만, 지금만큼 그 중요성과 필요성을 체감한 적이 없다. 자살 예방과 관련된 연구의 시작은 2001년부터 미국 캔자스주립대에 10여 년 재직하는 동안 몰두했던 항우울제 광고의 효과였다. 미국은 의사의 처방이 필요한 광고를 대중매체를 통해 직접 광고하는 소비자 대상 처방약 광고(Direct-to-Consumer Prescription Advertising)가 가능하다. 많은 제약업체들이 지상파 텔레비전 광고를 통해 다양한 처방약 광고를 내보내고 있으며, 그중 항우울제(anti-depressants) 광고는 시청률 높은 저녁 시간대에 빈번히 전파를 탄다. 미국 사회에서 소비자대상 처방약 광고는 질병과 증상의 이해를 돕는 순기능과 함께 사회 구성원의 약 의존도를 높여 질병의 의약화(medicalization)를 초래한다는 논쟁의 대상이다.

미국 사회의 쟁점이 항우울제 광고 등과 관련된 우울증 및 정신질환의 과다치료(over-treatment)인 것에 반해, 우리의 상황은 오히려 정반대이다. 정신질환에 대한 관심과 이해 부족, 그리고 정신질환 치료에 대한 높은 낙인으로 과소치료(under-treatment)가 문제다. 정신질환자나 우울증 환자 숫자는 미국과 비슷하거나 오히려 높은 수준이지만, 우울증 치료나 정신과 상담을 받는 사람들의 비율은 매우 저조하다. 한국 사회에서 우울증 및 정신질환 치료가 낮은 이유에 대한 체계적인 원인 파악과 대책이 필요하다.

자살의 원인은 다양하고 다각적인 차원에서 치료와 정책이 마련되어야 하지만, 우울증 및 정신질환 치료는 자살 예방을 위한 가장 효과적인 방법으로 간주된다. 한국 사회에서 우울증과 정신질환에 대한 시의적이고 적절한 치료와 상담이 절실하며, 이를 위해서는 자살 위기자뿐만 아니라 정신건강의 중요성과 징후에 대한 일반인의 이해가 필수적이다. 정신건강 증진에 대한 일반 공중의 이해와 참여는 환자의 도움 추구와 치료에 결정적인 역할을 하기 때문이다. 정신질환에 대한 인식을 개선하고 정신건강 서비스에 대한 접근성과 활용성을 높이는 일이 시급하다.

자살 예방은 정신건강 증진을 통해 효과적으로 도모될 수 있고 궁극적으로 사회 전체와 구성원의 건강한 삶과 연결되는 중요한 국가적 과제이다. OECD 국가 중 자살률 1위라는 불명예에서 벗어나는 것도 절실하지만, 장기적으로 좀 더 건강하고 행복한 한국 사회로 거듭나기 위해 깊은 고민이 필요하다. 급속한 경제 발전을 통해 나아진 생활 수준과 환경 속에서, 상대적으로 낮은 한국인의 행복지수를 주시해야 한다. 자살 예방이 자살 위기자와 정신질환자에 국한되는 것이 아니라 국민의 정신건강 증진이라는 큰 틀에서 계획되고 실행되어야 한다.

정신건강 증진이라는 목표 아래, 정신건강과 자살에 대한 한국인의 인식과 태도에 대한 이해는 필수적이며, 인식과 태도의 문제를 해결하기 위한 소통 전략과 미디어 활용 방안이 마련되어야 한다. 국내 자살률 감소를 위해서는 환자나 자살 위기 상황에 처한 사람들에 대한 치료와 상담도 중요하지만, 정신질환과 우울증 치료에 대한 일반인들의 인식과 태도 변화가 무엇보다 시급하다. 정신건강 서비스에 대한 접근성을 높이는 사회적 환경 조성이 선행되어야 정신질환 치료를 통해 효과적인 자살 예방이 가능해질 것이다. 이를 통해 단기적으로는 자살 예방을 도모하고 장기적으로는 한국 사회의 행복지수를 높이며, 이는 일반 공중들의 정신건강에 대한 이해와 인식으로부터 시작되어야 한다.

이 책에서는 자살과 정신과 치료에 대한 한국인의 인식이라는 차원에서 출발하여 자살 낙인과 정신과 치료 태도에 영향을 끼치는 문화 요인들의 역할과 효과를 살펴보고, 소셜 미디어 등을 통해 우울증 증상이 소통되는 방식과 도움을 주고받기 위한 커뮤니케이션 과정 및 현상을 조명하고자 한다. 자살 예방을 정신의학 관점에서 논하는 것이 아니라 정신건강 및 증상에 대한 일반인들의 인식과 대응 방식을 커뮤니케이션 차원에서 살펴본다는 데 의의가 있다. 그동안 많은 자살 예방 서적들이 정신의학 관점에서 환자 치료와 상담에 초점이 맞추어져왔다면, 이

책은 자살에 대한 일반인들의 인식과 태도를 살펴보고, 자살 예방 촉진을 위한 행동 변화를 위해 필요한 미디어와 커뮤니케이션 전략에 주안점을 두고 있다.

즉 정신과 전문의가 쓰는 자살 예방 저서가 아니라 커뮤니케이션 학자가 쓰는 자살 예방 저서로서 자살과 정신질환에 대한 우리 사회의 인식과 소통방식을 고찰하여 자살 예방을 위해 어떠한 접근법이 필요한지 논하고자 한다. 그동안 자살 위기자에 중점을 두어온 정책과 중재 방안에서 더 나아가 국민 인식 개선과 게이트키퍼 역할의 중요성을 제시하며 관련 정책의 활성화가 필요함을 지적하고자 한다. 이를 통해 자살공화국이라는 불명예스런 상황을 벗어나기 위해 사회 구성원 모두의 역할이 필요함을 강조하고 자살은 우리 모두의 문제이고 함께 해결해야 한다는 집합적 책임감을 각인시키고자 한다.

1부에서는 자살과 정신건강에 대한 사회 문화적 고찰을 했다. 1장에서는 한국 사회의 자살 문제가 국가와 사회의 책임이 요구되는 사회적 문제임을 설명하고, 2장에서는 높은 우울감, 낮은 행복지수, 저조한 정신건강 상담 서비스 사용이라는 모순적인 한국 상황을 조명하며, 3장에서는 자살 현상을 체면, 눈치, 자기 통제 등 한국의 문화 요인들과 관련하여 살펴보았다. 4장에서는 한국인의 자살 인식과 태도를 한국 사회 문화적 가치와 관련하여 논하고, 5장에서는 한국 사회 건강 불평등과 낙인 간의 관계를 설명했다. 6장에서는 한국 사회 자살 낙인의 독특한 구조를 살펴보고, 7장에서는 낙인과 관련하여 모바일을 통한 정신건강 상담 서비스와 e헬스리터러시를 논했다. 8장에서는 한국 사회 자살 리터러시의 현주소와 활용 방안을 검토했다.

2부에서는 헬스 커뮤니케이션 관점에서 자살 예방 전략과 미디어 활용을 고찰했다. 구체적으로 9장에서는 자살 관련 보도의 문제점과 미디어의 역할을 논하고, 10장에서는 자살 예방을 위한 자살 관련 미디어 콘텐츠의 개선 방안을 짚어보았으며, 11장에서는 세계 각국의 자살 예방 정책과 프로그램을 정리했고, 12장에서는 해외 캠페인 사례를 검토했다. 마지막으로 13장에서는 한국형 자살 예방 헬스 커뮤니케이션의 방향성과 쟁점을 제시했다.

많은 사회에서 건강 증진, 환경 증진 등 공익을 위해 많은 정책과 프로그램을 만들어내지만, 궁극적으로 행동 변화의 주체를 동기화시키지 못하는 경우가 많다. 행동 변화의 주체인 공중의 인식과 태도를 깊이 있게 이해하고 바람직한 방향으로 변화시키기 위한 소통 방안과 미디어 활용은 유용한 프로그램과 정책의 필요조건이자 충분조건이다. 이 책에서는 우리 사회 자살 문제 해결을 목표로 국민 인식 개선을 위해 어떠한 방식으로 소통하고 무엇을 전달해야 하는지를 고찰하여 효과적인 자살 예방을 위한 미디어와 커뮤니케이션 전략을 제시하고자 한다.

2년 전, 2018년 겨울에 집필을 시작했던 기억이 난다. 2020년 가을이 되어서야 마무리를 하게 되었고, 그동안 자료 수집과 정리를 함께 해준 많은 이들에게 진심으로 감사를 전한다. 석사과정 윤소영, 하시은, 홍주나, 손새로, 박사과정 강승미, 이하나, 이지윤 학생이 애써준 덕분에 마칠 수 있었다. 막판 작업에 도움을 준 임유진 박사님께도 고마움을 전한다. 무엇보다도, 지칠 때마다 밝고 건강한 기운을 나눠준 딸 진서원, 늘 응원해준 남편 진현승 교수에게 오랫동안 해온 일을 이제야 마쳤다고 너스레를 떨고 싶다. 오늘 저녁은 홀가분한 마음으로 털어놓을 거나한 넋두리로 식탁이 풍성할 듯하다.

2020년 10월 21일

안순태

차례

머리말 _ 5

1부 자살과 정신건강에 대한 사회 문화적 고찰

1장 자살과 정신건강 _ 17
1. 사회적 문제로서 자살 _ 17
2. 자살과 정신질환 치료 _ 20
3. 한국인의 정신건강과 회복탄력성 _ 23

2장 자살과 한국 사회 _ 28
1. 한국인의 높은 우울감 _ 28
2. 한국 사회의 낮은 정신건강 서비스 이용률 _ 31
3. 한국인의 낮은 행복지수 _ 35

3장 자살 현상과 한국 문화 _ 39
1. 한국 사회의 '체면' _ 39
2. 한국 사회의 '눈치' _ 44
3. 한국 사회의 '우리' _ 47
4. 한국 사회의 '자기 통제' _ 52

4장 한국인의 자살 인식과 태도 _ 56

1. 정신의료 서비스에 대한 한국인의 태도 _ 56
2. '자기 통제'를 강조하는 한국 문화와 자살 _ 59
3. 부정적 감정에 대한 수용성과 자살 _ 62
4. 집단 범주화와 자살 _ 66

5장 낙인과 건강 불평등 _ 70

1. 사회적 편견과 배척이 정신건강에 미치는 영향 _ 70
2. 낙인의 개념과 파급 효과 _ 73
3. 낙인 감소 전략과 귀인 이론 _ 77

6장 자살자에 대한 사회적 낙인 _ 82

1. 자살 낙인에 대한 이해 _ 82
2. 해외의 자살 낙인 _ 84
3. 한국 사회의 자살 낙인 _ 89
4. 집단별 특성에 따른 자살 낙인 구조 _ 92

7장 비대면 정신건강 검진과 자살 예방 _ 95

1. 모바일 정신건강 서비스의 유용성 _ 95
2. 정신건강 증진을 위한 모바일 앱 이용과 동기화 _ 98
3. e헬스리터러시와 정신건강에 대한 위험 인식 _ 100

8장 자살과 정신건강 리터러시 _ 104

1. 정신건강 및 자살 리터러시 _ 104
2. 한국인의 정신건강 리터러시 _ 107
3. 한국인의 자살 리터러시에 대한 비교문화적인 고찰 _ 113
4. 자살 예방을 위한 자살 리터러시 _ 118

2부 자살 예방을 위한 헬스 커뮤니케이션

9장 건강 정보와 자살 보도 _ 125

1. 미디어와 건강 정보 _ 125
2. 미디어의 자살 보도 _ 129
3. 자살 예방을 위한 자살 보도 _ 131

10장 자살 관련 미디어 콘텐츠와 자살 예방 정보 _ 136

1. 미디어를 통해 재현되는 자살과 정신질환 _ 136
2. 국내 정신질환 다큐멘터리가 재현한 자살 담론 _ 139
3. 국내 포털 사이트 자살 예방 정보 _ 143

11장 해외 자살 예방 및 정신건강 정책 _ 147

1. 영국 _ 147
2. 미국 _ 155
3. 핀란드 _ 162
4. 호주 _ 167
5. 뉴질랜드 _ 175

12장 해외 자살 예방 및 정신건강 캠페인 사례 _ 182

1. 호주 <It's not you, it's your brain> _ 182
2. 스코틀랜드 <See Me> _ 188
3. 캐나다 <Bell Let's Talk> _ 194
4. 미국 <Man Therapy> _ 198
5. 호주 <R U OK?> _ 204
6. 영국 <CALM(Campaign Against Living Miserably)> _ 209
7. 미국 <Trevor Project> _ 214
8. 호주 <Zero2hero> _ 219
9. 영국 <Lo-Fi beats suicide> _ 223

10. 인도 <#Give Subtitles to Suicide> _ 228
11. 뉴질랜드 <The Right to Grow> _ 232
12. 미국 <Real Men. Real Depression> _ 236
13. 독일 <Awesome Makes Me Sick> _ 240
14. 아일랜드 <Make a Ripple - Tell Your Story> _ 243
15. 캐나다 <#308conversations> _ 249
16. 뉴질랜드 <National Depression Initiative> _ 253
17. 아일랜드 <Your Mental Health> _ 257
18. 영국 <Time to Change> _ 262
19. 스코틀랜드 <Choose Life> _ 266
20. 캐나다 <Opening Minds> _ 269

13장 한국형 자살 예방 헬스 커뮤니케이션을 위한 제언 _ 274

1. 정신건강 증진을 위한 사회적 분위기 조성 _ 274
2. 한국 문화에 대한 체계적 이해와 전략 _ 276
3. 헬스 커뮤니케이션 관점의 접근 _ 278
4. 실질적인 도움 체계와 캠페인의 연동 _ 280
5. 집단별로 특화된 맞춤형 캠페인과 정책 _ 281
6. 디지털 미디어 환경의 적극적 활용 _ 283
7. 자살 예방을 위한 자살 보도와 미디어 콘텐츠 관리 _ 285
8. 다층적, 통합적인 자살 예방 전략 _ 286
9. 자살 예방 캠페인 주체와 참여의 다각화 _ 288
10. 자살 예방을 위한 국가적 차원의 자원과 지원 증대 _ 290

참고문헌 _ 292
찾아보기 _ 332

1부

자살과 정신건강에 대한 사회 문화적 고찰

CHAPTER 1 자살과 정신건강

1. 사회적 문제로서 자살

우리나라에서 자살로 사망하는 사람은 약 40분마다 1명, 하루에 약 36명이다(서한기, 2018). 인구 10만 명당 자살자 수는 1992년부터 상승세를 타기 시작해 IMF 사태가 발생한 1998년과 글로벌 금융위기 직후인 2009년에 크게 증가했다(중앙자살예방센터, 2017). 통계청이 발표한 <사망원인통계>에서 자살은 암, 뇌혈관 질환, 심장 질환, 당뇨병에 이어 5위로 나타난다(통계청, 2016a). 특히 10대에서 30대에 이르는 젊은 세대 사망 원인 중 1위가 자살이라는 사실은 한국 사회가 해결해야 할 시급한 당면 과제로서 자살을 바라보게 한다.

한국 사회 자살률이 십수 년간 OECD 국가 중 1위를 지켜왔음에도 불구하고, 2018년에 처음으로 "자살 예방 및 생명존중문화 확산"이 국정과제에 포함되었다. 무엇보다 보건복지부에 자살예방정책과가 2018년 2월이 되어서야 마련되었다. 같은 해 영국에서는 세계 최초로 자살예방 전담 장관[1]이 임명되며 자살 예방에 대한 국가 차원의 정책적 비중이 최고조에 이른 것과 대조적이다. 핀란드의 경우도 1980년대에 심리적 부검을 국가 차원에서 실시한 후 1992년에 10만 명당 28.6명이던 자살률이 2016년에는 13.9명으로 대폭 감소하는 성과를 얻었다. 반면, 1992년 한국의 자살률은 10만 명당 9.5명으로 핀란드의 절반 수준이었으나, 2016년에는 24.6명으로 거꾸로 핀란드의 2배에 육박하게 되었다.

2017년 <사망원인통계>에 따르면(중앙자살예방센터, 2019), 10대, 20대, 30대의 사망 원인 1위가 고의적 자해(자살)이고, 40대와 50대 사망 원인 2위가 고의적 자해(자살)이다. 자살률 자체는 60대를 제외하고 모든 연령대에서 2014년부터 조금씩 감소한 것으로 나타나지만 연령대가 높을수록 자살률이 올라가는 추세는 지속되고 있다. 한국 사회에서 80세 이상의 자살률이 가장 높으며 70대와 60대가 뒤를 이은 높은 자살률을 보여주고 있다(중앙자살예방센터, 2019). 65세 이상 노인을 대상으로 산출한 자살률 역시 34개 OECD 회원국 평균의 3~4배에 달하면서 2011년부터 최근까지 노인 자살률은 세계 최고 수준이다(중앙자살예방센터, 2019).

사회적 문제로서의 자살은 에밀 뒤르켐(Emile Durkheim)에 의해 19

---

1 정신건강, 불평등, 자살 예방 장관(Minister for Mental Health, Inequalities and Suicide Prevention)이 정식 명칭으로, 연간 4,500명의 사람들이 자살을 하고 있는 현실에 대한 대책 마련의 일환으로 시작되었다. 이 장관은 보건사회복지부(Department of Health and Social Care) 내에서 정신건강, 불평등, 자살 예방 문제를 총괄하며, 기존 정신건강 및 자살 예방 관련 기관들의 연계를 감독하는 역할을 한다(Buchan, 2018, October 9).

세기 산업화와 함께 조명되었고(Durkheim, 1979), 한국 사회의 급격한 경제 발전과 사회 변화는 자살 문제를 사회 현상으로 표면화시켜왔다. 뒤르켐이 지적한 사회 구조적 요인은 사회 공동체 속에서 상호작용하는 현대인의 행복감, 우울감에 막대한 영향을 미치게 되고, 이는 자살이라는 극단적 선택으로 이어지게 된다. 한국 사회의 급격한 경제 성장과 생활 수준의 향상은 개인의 행복감으로 연결되지 못하고 치열한 경쟁 사회 구조 속에서 오히려 상대적 박탈감, 우울증 등으로 연결되어왔다.

우울증 등 정신질환과 자살과의 연관성은 자살 동기에 대한 통계치에서 잘 나타난다. 동기별 자살 이유는 정신적, 정신과적 문제가 전체 32%로 1위(중앙자살예방센터, 2019)이며, 2016년에는 전체 자살 동기의 36%에 이르기도 했다. 그 외 자살 동기는 경제생활 문제 25%, 육체적 질병 문제 21%이고 나머지 기타 사유들은 한자리 수치에 그친다. 자살 동기로서 정신적, 정신과적 문제는 특히 젊은 세대에게 뚜렷하게 나타난다. 10대에서 20대에 있어 44%가 정신적, 정신과적 문제를 자살 동기로 꼽았으며, 20대에서 30대 연령대는 40%로 전체 평균보다 월등히 높은 수치를 보여준다. 노인의 경우도 우울증상이 있는 경우가 우울증상이 없는 경우에 비해 자살 생각 경험률이 5배 이상 높게 나타났다(정경희 외, 2017).

문제는 한국 사회에서 우울증 등 정신질환은 제때 치료와 도움을 받지 못하고 오히려 낙인화(stigmatized)되어 있다는 것이다(안순태 · 이하나, 2017a). 체면과 눈치가 중시되는 한국 사회 특유의 집단주의 문화 속에서 우울증과 정신질환은 숨겨지고 은폐된다. 적절한 그리고 시의적인 치료와 상담을 받지 못한 우울증과 정신질환은 많은 경우 돌이킬 수 없는 선택인 자살로 이어지게 된다. 자살의 원인과 발생 과정은 다양하지만, 치료받지 못한, 은폐된 마음의 병으로서 자살은 한국 사회, 문화적 환경에 대한 이해와 대책 마련이 자살 문제 해결을 위한 출발점이며 개선을 위한 목표점이라는 것을 잘 나타낸다.

2. 자살과 정신질환 치료

자살을 이해하기 위해서는 사회적, 문화심리적 요인을 통합적으로 조명해야 하고, 이 과정에서 정신병리학적 이해는 필수적이다(노법래, 2013). 실제로 우울하다고 응답한 사람의 21.9%가 자살 충동을 느꼈다고 답했으며, 이 수치가 우울하지 않은 집단에 비해 5.9배가 높았다는 사실은 정신질환과 자살과의 관계를 잘 보여준다(한국행정연구원, 2016). 최근 진주 방화 사건 등 묻지마 범죄의 주원인으로 주목되는 조현병의 경우도 알려진 것과는 상이하게 타해보다는 자해나 자살로 이어지는 경우가 더 많다(백종우, 2019). 문제는 조현병 등과 같은 정신질환에 대한 사회적 낙인(social stigma)이 치료와 도움을 가로막고, 많은 경우 과다한 사회 불안을 조장하기도 한다는 것이다.

우울증 등 정신질환에 대한 치료가 중요한 이유는 그 자체로 자살 동기가 되기도 하지만 다른 요인들로 인해 파생되는 매개체로서 자살이라는 결과물로 연결되기 때문이다. 정신과 치료를 통한 자살 예방은 특히 청소년과 노인의 자살 문제 해결에 큰 실마리를 제시한다(김은정, 2018; 김현주, 2008; 강희양·양경화, 2013; 윤현숙·염소림, 2017; Horwitz et al., 2011). 자살과 밀접한 관련이 있는 우울감의 경우 여학생 34.6%, 남학생 22.2%가 우울감을 경험한 것으로 조사되어 2015년 조사 결과에서 우울감을 느낀 학생의 수치인 여학생 27.8%, 남학생 19.7%에 비교하면 가파른 상승세를 보이는 것으로 나타났다(통계청·여성가족부,

2020). 노인의 자살 생각 이유로는 건강 문제, 경제적 어려움, 외로움 등의 순서로 나타나는데, 이러한 원인들이 우울증을 야기하고 이를 통해 자살 생각으로 이어지는 것으로 밝혀졌다(김형수, 2002).

즉 우울증이 사회 구조적, 개인적 요인들과 자살 생각을 매개한다는 관계적 모델은 우울증 치료와 상담의 중요성을 잘 보여준다. 2018년 연령별 자살 현황을 살펴보면 80대 이상이 10만 명당 69.8명으로 가장 높다(중앙자살예방센터, 2020a). 노인 자살의 경우를 예로 들면 그림 1.1에서 나타나듯이 건강 상태, 경제 상태와 같은 개인적 요인들이 사회 통합적 요인에 영향을 주고, 우울 변인을 매개로 하여 자살 생각에 간접적으로 영향을 미치고 있다. 이는 뒤르켐이 지적했듯이(Durkheim, 1979) 개인과 사회 통합의 정도에 따라 자살이 발생한다는 사회 구조적 설명을 뒷받침하면서, 개인적, 사회 통합적 요인들에 의해 파생된 우울증을 매개로 하여 자살 생각이나 자살이 발생한다는 구조적 관계를 보여준다. 연구 모형에서 직접, 간접 효과를 모두 고려할 경우 우울 정도가 주

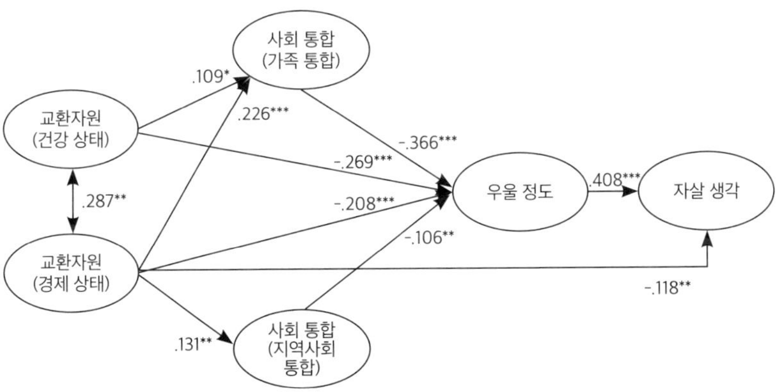

참조: * p<.05, ** p<.01, ***p<.001

그림 1.1 노인 자살 생각에 이르는 모형 (김형수, 2002)

는 총 효과가 가장 높았으며(김형수, 2002), 이러한 자살 생각에 영향을 주는 다양한 요인들의 관계는 다른 집단에서도 유사하게 나타날 것으로 보인다.

즉 개인의 건강 및 경제 상태 등이 가족이나 지역사회와의 통합에 영향을 주고 이로 인해 야기된 우울증이 자살로 이어지는 구조적 관점에서, 우울 증상은 자살 생각에 가장 큰 영향을 주는 요인이다. 개인적, 사회적 요인으로 인해 발생하는 간접 효과와, 우울증 자체가 주는 직접 효과를 감안하면 우울증 등 정신질환은 자살 생각을 막기 위해 관심을 기울여야 할 가장 중요한 요인이다. 청소년의 경우 학업 성적, 또래와의 갈등과 같은 개인적 요인이 가족 통합이나 지역사회 통합에 영향을 미치는 반면, 노인의 경우 건강 상태와 경제 상태 등이 사회 통합에 크게 영향을 미치는 개인적 요인으로 두드러지게 나타난다.

자살은 사회적 문제로서 다루어져야 하며, 자살 예방을 위해 우울증 등 정신질환 치료에 대한 체계적인 이해와 대책이 필수적이다. 집단의 특성에 따라 개인적, 사회적 선행 변인의 차이가 나타나기 때문에 자살 예방을 위해 목표 공중에 대한 깊이 있는 이해와 분석은 매우 중요하다. 그림 1.2는 학교, 또래 변인과 같은 요인들이 우울을 야기하고, 발화된 우울증은 자살 생각으로 연결되는 청소년의 자살 생각에 이르는 모형이다. 즉 자살 생각을 예측하는 구조적 모델은 자살 예방과 정신건강 증진이 한 축으로 움직여야 함을 잘 나타낸다. 자살 예방의 궁극적 목표가 국민의 정신건강 증진이어야 하고 이를 위해서는 우울 정도를 높이는 선행 변인에 대한 분석과 대책이 집단의 특성에 맞추어 이루어져야 한다.

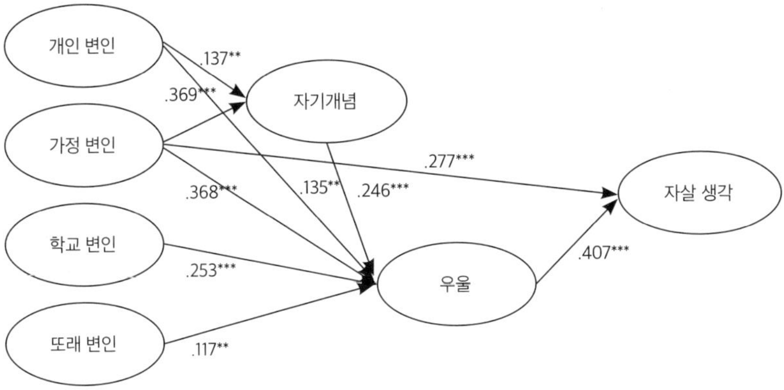

참조: ** p<.01, ***p<.001

그림 1.2 청소년 자살 생각에 이르는 모형(강희양·양경화, 2013)

3. 한국인의 정신건강과 회복탄력성

우울증과 같은 정신질환 치료를 통한 자살 예방과 함께, 회복탄력성(resilience)의 증진도 이루어져야 한다. 우울증 치료와 같은 전통적인 의료 모델이 개인의 문제점에 초점을 두고 있다면, 회복탄력성 등을 도모하는 정신건강 개입방안(intervention)들은 개인의 장점, 자원 등을 활용하여 개인을 둘러싼 환경적 지지를 강화시키는 것을 강조한다(최송식 외, 2014). 회복탄력성은 개인이 가진 극복 능력 또는 극복하는 과정을 의미한다(최송식 외, 2014). 개인과 개인을 둘러싼 환경의 강점을 이용하고 강화하며, 정신건강 증진에 있어 개인을 수동적 객체보다는 능동적 주체로 바라본다는 점에서 회복탄력성은 그 중요성과 활용 가능성이 주목된다.

회복탄력성은 어려운 상황을 경험했을 때 이전의 안정 상태로 돌아가거나 성장한다는 개념으로(Leipold & Greve, 2009), 다양한 정의가 존재하지만 공통적 전제는 '어려움'과 '긍정적 결과'이다(조원섭, 2017). 조원섭(2017)은 회복탄력성을 다음과 같이 4가지로 크게 정리한다: 보호 요인, 보호 요인이 작동하는 과정, 긍정적인 결과, 보호 요인과 그것들이 작동하는 과정을 통해 긍정적인 결과가 발생하는 일련의 현상. 보호 요인으로 국한하는 경우 자기효능감과 같은 개인적 특성으로 연구되었고(Luthar et al., 2000; Rutter, 1985), 회복탄력성을 어려움을 겪고 긍정적으로 적응하는 과정으로 정의하기도 하며(Dyer & McGuinness, 1996; Fergus & Zimmerman, 2005), 회복 후의 긍정적 결과에 초점을 두기도 하며(Carver, 1998; Masten, 2001), 통합적인 과정으로 보는 경우도 많다(Masten, Best, & Garmezy, 1990; Wald et al., 2006; Leipold & Greve, 2009).

회복탄력성을 어려움에 대처하고 적응하여 긍정적 결과를 가져오는 과정으로 폭넓게 정의 내린다면 중요한 것은 그 과정에서 정적인 또는 부적인 영향을 미치는 요인들의 파악과 활용이다. 허먼 등(Herrman et al., 2011)은 회복탄력성의 보호 요인으로 성향, 유전 등의 개인적 특성과 가족, 친구, 사회적 네트워크 및 문화 등 다양한 환경적 요인을 제시한다. 반면 위험 요인으로는 어려움, 상실, 관계의 문제, 위험 사건의 경험 등을 지적한다. 관련하여 러터(Rutter, 1987)는 회복탄력성을 예측하는 6가지 선행 요인을 다음과 같이 정리한다: 1) 스트레스 요인 2) 외부 환경적 요인 3) 개인과 환경의 상호작용 과정 4) 개인 내적 특징 5) 레질리언스 과정 6) 긍정적 결과. 다시 말해 회복탄력성을 어려움을 통해 긍정적 결과를 얻는 과정으로 본다면 보호 요인 또는 정적인 효과를 가져오는 요인들을 강화시키고, 위험 요인 또는 부적인 효과를 야기하는 요인들을 축소시키는 노력이 사회적으로 지지되고 지원되어야 한다.

회복탄력성을 실증적으로 검토한 국내 연구들은 우울증 등 정신질환과의 관련도를 잘 보여준다. 우울증 진단을 받은 만 11~18세 청소년들을 대상으로 한 연구에서 비자살시도군이 자살시도군에 비해 자살 생각이 유의미하게 낮았으며, 회복탄력성이 유의미하게 높게 나타났다. 구체적으로 높은 회복탄력성이 자살 생각이 증가할 때 자살 시도를 할 확률을 완화시키는 보호 요인으로 작용하는 것으로 나타났다(안소정 외, 2013). 노인을 대상으로 한 연구에서도 회복탄력성이 높을수록 노인의 자살 생각이 감소함을 발견했고(박정숙 외, 2014), 회복탄력성은 자살 생각을 야기하는 우울증과 상반되는 작용을 하는 중요한 중재 변인이다.

65세 이상 노인 2,034명을 대상으로 한 연구에서 자살 생각, 우울, 회복탄력성 세 요인의 인과관계가 잘 드러난다. 강원도 춘천에 거주하는 노인을 대상으로 진행된 연구에서 노인의 우울이 자살 생각을 높이고, 우울이 회복탄력성을 낮추는 것으로 나타났으며, 회복탄력성은 자살 생각을 저지시키는 것으로 밝혀졌다. 연구 결과는 노인의 자살 생각을 감소시키기 위해서는 우울을 감소시키고, 회복탄력성을 향상시켜야 한다는 것을 보여준다(윤현숙·염소림, 2017). 독거노인을 대상으로 한 연구에서도 독거노인의 고독감은 자살 생각에 정적 영향을 미치는 것으로 나타났으나, 회복탄력성이 자살 생각에 대한 완충 작용을 하는 것으로 밝혀졌다. 특히 회복탄력성의 하위 요인 중 통제성과 긍정성이 유의한 상호 작용 효과를 갖는 것으로 나타났다(김은정, 2018).

정신장애인을 대상으로 한 연구에서(오은정·오세영, 2018) 정신장애인의 회복탄력성을 증진시킬 수 있는 요인들이 검토되었다. 연구는 국내 4개 도시에 있는 8곳의 사회복귀시설, 정신건강증진센터, 정신과 병원에서 재활 치료를 받고 있는 정신장애인 233명을 분석 대상으로 했다. 연구 결과, 회복탄력성은 자아존중감, 가족 지지, 사회적 지지와 유의미한 정적 상관 관계를 보였다. 자아존중감, 가족 지지, 사회적 지지를 증가시키기 위한 효과적인 프로그램 개발과 활용을 통해 회복탄력성이 배양되고 강화될 수 있음을 지적했다(오은정 · 오세영, 2018).

즉 회복탄력성의 강화는 사회 자본의 구축 및 강화와 맥을 같이한다. 사회적 연결망의 효과 연구들은 사회적으로 연결되면 더 건강하거나 오래 산다는 실증적 결과를 제시해왔다(Berkman & Syme, 1979; Cohen et al., 1997; Christakis & Fowler, 2007). 결혼 상태, 친구나 친척과의 관계성, 지역사회 활동 정도 등에 근거해 사회적 관계망을 수치화했을 때, 사회적 관계망에 따라 1.8배에서 2.7배가량 사망률에서 차이가 났다(Berkman & Syme, 1979). 사회적 관계망의 효과를 실험으로 검증한 연구에서 가족, 친구, 종교 집단 등 다양한 사회적 관계를 더 많이 가지고 있는 사람일수록 바이러스에 감염이 되었을 때 점액이 덜 만들어지고 코에 있는 섬모가 더 활발히 활동하여 바이러스를 덜 유포시킨다는 결과가 나타났다. 사회적 환경이 사람의 몸을 변화시킨다는 것을 보여주는 결과이다(Cohen et al., 1997).

회복탄력성은 어려움(adversity)을 전제로 하고 있기 때문에 주로 경찰관, 탈북민, 소방관, 이주여성 등 트라우마 상황이나 특정 집단을 중심으로 많이 연구되어왔다(임혁 · 이효영, 2012; 최말옥 외, 2007). 그러나 회복탄력성을 높이기 위한 보호 요인을 증진시키고 위험 요인을 최소화시킬 수 있는 사회적 접근법은 사회 모든 구성원의 정신건강 증진을 위한 유용한 틀이라고 본다. 특히 소셜 미디어 활용이 일상화된 한국 사회에서 온라인 사회적 지지와 사회 자본의 배양을 통해 어려움을 극복할 수 있는 능력이 좀 더 원활하게 갖추어질 수 있을 것으로 보인다. 한국 사회의 회복탄력성 증진 방안에 대한 관심과 노력이 요청된다.

즉 자살 예방을 위해서는 우울증 등 정신질환 치료를 통한 사후적

(reactive) 접근과 더불어 회복탄력성의 증진이라는 사전적(proactive) 접근이 동시에 강조되어야 한다. 정신질환자에 대한 시의적이고 적절한 도움과 치료 체계 마련도 중요하지만, 우울증과 같은 정신질환을 막고 이에 대한 완충 작용을 할 수 있는 기제로서 회복탄력성의 배양이 사회 구성원 모두에게 필요하기 때문이다. 특히 자살률이 높은 청소년과 노인을 대상으로 집단별 상황에 적합한 맞춤형 회복탄력성 증진 방안이 개발되고 제공되어야 한다. 청소년기와 노년기에 공통적으로 겪게 되는 어려움을 고려하여 이에 대처하고 극복하는 능력을 배양할 수 있는 중재 방안 마련을 통해 자살 문제 해결을 위한 적극적 대응이 가능해질 것이다.

CHAPTER

2 자살과 한국 사회

1. 한국인의 높은 우울감

한국 사회에 만연한 높은 우울감을 우리는 주시해야 한다. 통계청이 발표한 2015년 한국의 사회 동향 보도자료에 따르면, 4주간의 우울감 경험률이 우리나라의 경우 13.2%로 조사되었다. 이는 OECD가 주요 가입국을 상대로 우울감 경험을 조사한 결과와 비교했을 때 29개국의 평균인 10.7%보다 2.5% 높은 수치다. 그림 2.1은 OECD 주요 국가의 우울감 경험률이다. 독일은 평균보다 높은 12.4%로 우리나라 다음으로 우울감 경험률이 높았고, 노르웨이는 9.5%, 일본은 9.3%, 미국은 9% 등의 순으로 뒤를 이었다(하규섭, 2015).

<정신건강 현황 4차 예비조사 결과보고서>에서는 우울증상 경험률

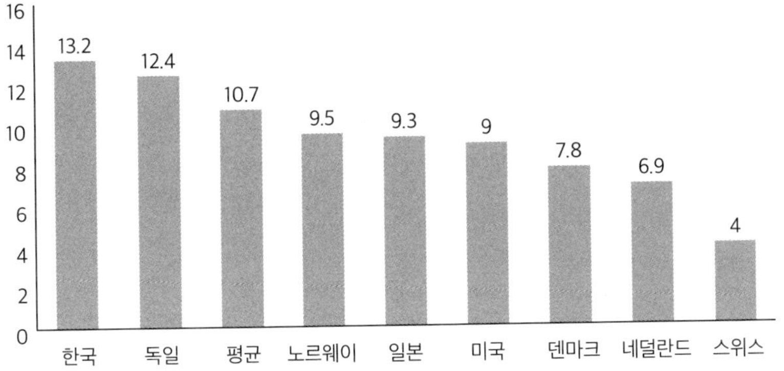

그림 2.1 OECD 주요국 우울감 경험률 (단위:%, 출처: OECD, 통계청, 2015)

을 조사했는데, 이때 우울증상 경험률은 '성인 인구 중 최근 1년 동안 연속적으로 2주 이상 일상생활에 지장이 있을 정도로 슬프거나 절망감 등을 느낀 사람의 비율'로 정의되었다. 우울증을 하나의 질환으로 보고 유병률을 확인한 것이 아니라, 조사 대상자의 주관적인 우울증상 경험의 정도를 파악한 것이다. 그 결과 2015년 만 19세 이상 성인 인구 우울증상 경험률은 13.0%로 나타났다(국립정신건강센터, 2019a).

한국인의 우울증 경험이 대략 10%를 상회하고, 미국은 그보다 조금 낮은 9% 정도임에도 불구하고 전문적 치료를 받는 수치는 큰 차이를 보인다. 미국의 경우 정신질환 경험자의 43.1%가 전문적 치료를 받는 반면, 한국의 경우엔 22.2%만이 전문적 치료를 받았다고 한다(보건복지부, 2017a). 한국이 미국보다 우울증을 경험하는 비율이 높음에도 전문적 치료를 받는 경우는 그 절반에 그친다. 또한 한국의 우울증 환자들은 미국의 우울증 환자보다 자살 시도율이 평균 2배 이상 높고, 자신의 정신건강 상태를 솔직히 표현하는 경우는 미국 환자에 비해 30% 이상 낮다고 한다(Jeon et al., 2014).

한국과 미국의 비교 연구(Jeon et al., 2014)에서 한국인들이 미국인들에 비해 우울한 기분이나 표정을 표현하는 경우가 적고, 감정을 억누르는 등 우울증의 신호를 밖으로 내보내지 않아 자살과 같은 극단적인 선택으로 이어지는 경우가 많은 것이 확인되었다. 한국인 환자 1,592명과 미국인 환자 3,744명을 대상으로 연구가 진행되었는데, 우울증 총점이 우리나라는 평균 14.58, 미국은 19.95를 기록해 우리나라가 약 30%가량 낮은 것으로 나타났다. 그러나 삶의 질과 만족을 측정한 척도에서는 한국은 평균 39.15점을 기록하고 미국은 37.33점을 기록해 큰 차이를 보이지 않았다.

위와 같은 결과는 우리나라 환자의 우울증 정도가 미국에 비해 심하지 않은 것이 아니라, 우리나라 환자가 우울한 기분을 말이나 표정으로 표현하는 정도가 미국 환자보다 낮았다는 점을 시사한다. 한국 환자들의 경우 불면증, 식욕 저하, 불안, 체중 감소, 건강염려증 등을 더 많이 호소하는 것으로 조사되었다. 또한 자살을 심각하게 고려하고 있는 중이거나 최근 시도를 한 적이 있다고 답한 비율이 우리나라 환자에게서는 6.9%로, 미국인(3.8%)의 두 배 가까이 되는 것으로 밝혀졌다. 우울증을 치료하러 와서도 환자 본인의 우울증 정도에 대해 과소평가할 정도로 표현을 하지 않고 감정이 억압되어 있는 것이다(전홍진, 2012). 한국의 이러한 특수성에 따라, 학계에서는 표준화된 한국판 우울증 척도가 필요하다는 주장 또한 제기되기도 했다(이중서 외, 2005).

자살 예방에 있어 가장 큰 걸림돌 중 하나는 자살로 사망한 사람들의 88.4%가 우울증 등 정신건강 문제가 있었지만 이 중 치료를 받은 경우는 겨우 15% 정도라는 사실이다(보건복지부, 2015). 우울감과 불안이 불면과 식욕 감퇴 등을 동반하여 지속될 경우 전문가의 상담이 필요하며 적절하고 시의적인 치료는 자살이라는 극단적 선택을 막을 수 있는 효과적인 대책이다. 물론 우울증 및 정신질환 치료를 통해 모든 자살 위기 상황을 해결할 수는 없지만, 정신질환 치료를 통해 상당수의 자살 위기 상황을 막을 수 있다는 데는 이견이 없다. 우울증 치료에 적극적이지 않은 한국인들에 대한 원인 파악과 대책 마련이 절실하다.

2. 한국 사회의 낮은 정신건강 서비스 이용률

한국인의 우울감 경험이 높은 수준임에도 불구하고, 정신건강 서비스 이용률은 상대적으로 저조하다. 2016년 보건복지부에서 실시한 <2016 정신질환실태 역학조사>에 따르면, 한국 사회의 정신건강 서비스 이용도가 다른 나라에 비해 훨씬 낮다. 연구에서는 일정한 정신질환 판단 기준에 대해 정신장애가 있는 것으로 진단된 사람들 중에서 정신건강 서비스[1]를 이용한 경험이 있는지를 조사했고, 이를 캐나다, 미국, 벨기에, 뉴질랜드, 스페인, 호주, 남아공, 일본의 수치와 비교했다(보건복지부, 2017a).

그림 2.2에서 나타나듯이, 한국은 22.2%로 다른 나라와 비교했을 때 낮은 수준의 정신건강 서비스 이용률을 보였다. 캐나다와 미국은 각각 46.5%, 43.1%로 한국의 정신건강 서비스 이용률의 두 배에 가까운 높은 수치를 기록했다. 벨기에는 39.5%, 뉴질랜드는 38.9%, 스페인은 35.5%, 호주는 34.9%, 남아공은 25.2%로 그 뒤를 이었고, 일본은 20%의 이용률을 기록했다. 그러나 특히 유의해야 할 점은 한국의 경우

1 정신건강 문제로 관련 인력(의사, 정신건강의학과의사, 사회복지사, 목사 등)을 한 번 이상 방문한 경우 정신건강 서비스를 이용한 적이 있는 것으로 보았다.

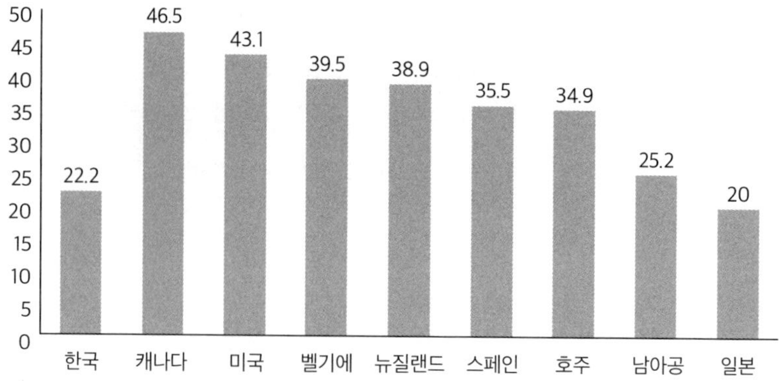

그림 2.2 정신질환 환자 중 정신건강 서비스 이용률의 국가별 비교
(한국: 평생, 그 외: 12개월)
(단위:%, 출처: 2016 정신질환실태 역학조사)

평생 동안의 이용 여부를 물은 반면 나머지 국가들은 지난 12개월 사이의 이용을 물었다는 점이다. 이를 고려한다면 한국의 정신건강 서비스 이용률은 현저하게 낮은 수준인 것으로 볼 수 있다.

낮은 정신건강 서비스 이용률은 중앙자살예방센터의 집단별 자료에서도 드러난다. '최근 1년 동안 정신적인 문제 때문에 방문, 전화, 인터넷 등을 통해 상담을 받아 본 적이 있습니까?'라는 질문에 상담해본 경험이 있다고 응답한 성인의 비율은 3.2%로 나타났다. 전체적으로 여성이 4.3%로 남성보다 2.1% 더 높았고 자살 생각 유경험자 중에서는 여성(17.3%), 남성(16.4%), 그리고 자살 시도 경험자 중에서는 여성이 47.1%로 남성(29.4%)보다 1.6배 더 높은 것으로 나타났다. 연령대별로는 30대가 4.6%로 가장 높았고, 70세 이상(3.9%), 40대(3.3%) 순으로 나타났다. 50대(2.6%)와 60대(2.0%)의 정신건강 문제 상담 경험률이 상대적으로 낮았다. 자살 생각 유경험자 중 정신건강 문제 상담 경험률은 역시 30대가 33.8%로 가장 높았고, 19~29세(22.9%)가 그 뒤를 이었으며, 40대부터는 연령대가 높을수록 상담률이 낮아진다(중앙자살예방센터, 2019). 종합하면 중장년 또는 노년 남성의 정신과 상담률이 전체 평균보다 저조하다.

또한 서울시 정신건강복지센터에서 실시한 <2017년 정신건강에 관한 서울시민 인식도 조사>에 따르면 정신건강에 문제가 있다고 생각이 들었을 때 '정신과 등 의료기관의 도움을 받음', '정신의료기관 외 상담기관의 도움을 받음'이라고 응답한 비율은 31.5%에 그쳤다. 대부분의 사람들은 가족, 친구, 지인에게 이야기하거나(27.3%) 도움을 받지 않고 스스로 해결했다고(27.3%) 응답했는데, 의료기관과 그 외 전문 상담기관에 도움을 요청하는 사례가 적은 것을 역시 확인할 수 있다.

정신건강 문제를 스스로 해결하는 이유를 물었을 때, 과반수 이상인 54.2%가 '일시적인 증세이므로 그냥 두면 나아질 것이라고 생각해서'라는 응답을 택했다. 또한 그다음으로는 '상담을 받더라도 별 효과가 없을 것 같아서'가 17.2%, '상담을 받는 것이 부담스러워서'가 14.3%, '상담을 받는 것이 번거롭기 때문에'가 11.4% 순으로 나타났는데, 이러한 답변들은 상담에 대한 부정적인 태도를 드러낸다(서울시정신건강복지센터, 2017). 무엇보다 과반수 이상이 '그냥 두면 나아질 것이라고 생각해서'라고 답변한 것은 정신건강에 대한 기본적 지식과 치료 및 회복 방안에 대한 리터러시가 부족함을 잘 보여준다.

정신건강 문제를 포괄적으로 다룬 앞선 조사들과 달리 우울감 경험자에 주목해 정신건강 서비스 이용률을 살펴본 조사도 있다(하규섭, 2015). 청소년과 성인 인구 중 우울을 주요한 문제로 정신건강 서비스를 제공한 인원을 추정 우울감 경험자로 나눈 우울 문제에 대한 정신건강(상담) 서비스 이용률을 확인한 결과, 12.5%에 그친 것으로 나타났다. 즉 추정되는 우울감 경험자 중 실제로 정신건강 서비스를 제공받은 인원은 약 10분의 1밖에 되지 않은 것이다.

세계 각국의 인구 1천 명당 하루 항우울제 사용량에 대한 통계 자료도 한국의 저조한 우울증 치료 현황을 보여준다. 2015년 기준 한국은 1천 명당 20.3명만이 항우울제를 사용하는 것으로 나타났다. 이는 OECD 국가 평균치인 1천 명당 60.3명과 비교했을 때 매우 낮은 수치이다(OECD, 2017). 특히 한국의 우울증이 자살까지 이를 정도로 심각한 상태인 사람이 많다는 점을 고려하면 지나치게 낮다고 볼 수 있다.

보건복지부의 발표에 따르면 자살 사망자의 87.5%가 정신질환이 있었을 것으로 추정되었다(보건복지부, 2017b). 또한 자살 사망자가 경험했을 것으로 추정되는 정신질환 유형에 대해 다중응답으로 처리하여 분석한 결과, 190명의 응답률을 보인 우울 장애가 다른 어떠한 정신질환보다도 높게 나타났다(그림 2.3 참조). 이는 71명을 기록하여 두 번째로 높은 응답률을 보인 물질 관련 및 중독 장애의 약 세 배에 가까운 수치이다. 그러나 그중 사망 전 정신건강 문제로 치료 및 상담을 받은 적이 있었던 것으로 파악된 자살 사망자는 49.8%에 그쳤으며, 정신건강 문제로 약물을 복용한 경험이 있었던 경우 또한 45.3%로 나타나 절반에

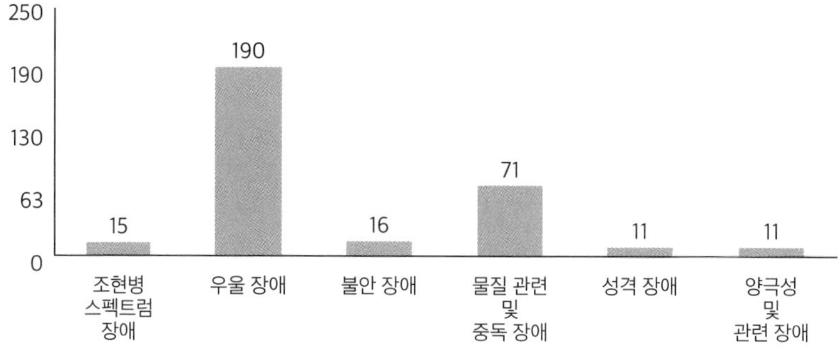

그림 2.3 자살 사망자의 추정 정신질환명 (다중응답, 10명 이상만 표기)

(단위: 명, 출처: 2017 심리부검 결과보고)

도 미치지 못하는 수치를 보였다.

외국과 비교해 우리 사회의 정신건강 상태가 더 열악함에도 불구하고, 이를 인정하고 전문가의 도움을 구하는 경우는 현저히 낮으며, 우울증과 관련한 자살 시도율이 2배 이상 높다는 것은 특별히 주목해야 할 부분이다. 우울증 치료를 주저하게 만드는 사회 문화적 요인에 대한 이해를 바탕으로 이를 개선할 수 있는 효과적인 소통 전략 마련이 필요하다. 정신질환 환자가 주저함 없이 좀 더 편히 전문가 도움을 받을 수 있는 사회적 환경이 조성되지 않으면 정신건강 서비스 활용도는 높아지기 힘들기 때문이다.

3. 한국인의 낮은 행복지수

한국인의 높은 우울감은 낮은 행복지수로도 나타난다. UN 자문기구 SDSN(지속가능발전해법네트워크)[2]은 지난 2012년부터 매해 156개국의 행복지수를 다루는 <세계행복보고서>(Helliwell, Sachs, & De Neve, 2020)를 발표하고 있다. <세계행복보고서>의 행복지수는 1인당 GDP, 사회적 지원, 기대 수명, 선택의 자유도, 사회적 관용, 부패에 대한 인식 등 여섯 가지의 평가 기준을 통해 각 나라 국민들이 느끼는 인식을 통해 산출된다.

2019년에 이어 2020년에도 핀란드가 행복지수에서 1위를 차지했다. 2위는 덴마크, 3위는 스위스였다. 아이슬란드가 4위, 노르웨이가 5

2 Sustainable Development Solutions Network의 약자로 2012년 UN 사무총장의 후원하에 설립되었다. 전 지구적 단위의 전문적인 과학 기술 간 협력을 통하여 지속 가능한 개발 목표 및 실질적인 해법을 장려하고 있다(https://www.unsdsn.org).

위를 차지했으며, 뒤이어 네덜란드가 6위, 스웨덴이 7위, 오스트리아가 9위를 기록해 유럽권 국가들이 강세를 보였으며, 뉴질랜드가 8위, 호주가 12위로 오세아니아 주요 국가 또한 상위권에 머물렀다. 다른 국가들의 성적을 살펴보면 영국이 13위를 기록했고, 독일은 17위, 미국이 18위, 프랑스가 23위로 주로 서구권 국가들이 높은 행복지수를 나타낸다. 아시아권 국가의 경우 대만이 25위를 기록해 가장 높은 순위를 차지했으며, 싱가포르가 31위로 그다음이었고, 일본이 62위, 중국이 94위 등으로 조사되었다.

한국은 10점 만점에 5.872점을 받아 61위를 기록했다. 2015년에 47위를 기록한 이후 2016년에 58위, 2017년에 56위, 2018년 57위에 이어 행복지수가 하향세이다. 한국은 기대 수명에서 10위로 높은 성적을 보였고, 1인당 GDP 또한 27위로 상위권에 올랐으나 선택의 자유도에서 140위, 부패에 대한 인식에서 81위를 기록했다. 한국인의 행복지수에 켜진 적색 신호가 오랫동안 지속되어왔고 녹색 신호로 바뀔 조짐이 보이지 않는 상황이다.

한국의 경제지표는 행복지수를 훨씬 앞지른다. 2018년 한국의 국내총생산(GDP)이 1조 5,308억 달러를 기록하며 12위를 차지했고, 국민소득이 3만 달러이면서 인구 5,000만 명 이상인 국가를 의미하는 30-50클럽에 미국, 일본, 독일, 프랑스, 영국, 이탈리아에 이어 일곱 번째로 이름을 올리는 성과 또한 거두었다(주정완·하현옥, 2019). 경제지표가 높다고 해서 반드시 국민들의 행복이 보장되는 것은 아니며 국민들의 행복지수가 자살률과 직접적인 인과관계를 보이는 것은 아니지만, 한국인의 행복지수는 경제지표에 비해 낮아도 너무 낮다. 지난 20여 년간 큰 경제 성장을 이룬 만큼 국민들의 행복 증진이 앞으로의 목표가 되어야 할 시점이다.

한국인의 저조한 행복감을 보여주는 또 다른 지표가 있다. OECD 회원국들을 대상으로 2011년부터 더 나은 삶에 대한 지수인 Better Life Index(이하 BLI 지수)가 발표되고 있다. 소득, 직업, 주거, 건강, 서비스 접근성, 환경, 교육, 안전성, 시민 참여 및 통치 체계, 공동체, 삶의 만족도 등 11개의 영역을 기준으로 평가가 진행되었는데, OECD 자체에서는 개개인이 중요하게 생각하는 영역의 가중치에 따라 BLI는 달라질 수 있기에 전체적인 순위를 제공하지 않고 있다. 모든 영역에 같은 가중치를 두고 순위를 살펴보면, 한국은 2017년 기준 총 38개국 중 29위를 기록하며 매우 낮은 BLI 지수를 보인다. 1위를 차지한 나라는 노르웨이였으며, 2위는 덴마크로 역시 북유럽 국가가 선두에 섰으며 3위는 호주, 4위는 스웨덴, 5위는 캐나다, 6위는 스위스 등으로 앞서 언급한 UN 자문기구 SDSN의 국가행복지수의 순위와 비슷한 것을 확인할 수 있다(OECD, 2019).

국내 통계치를 통해서도 낮은 삶의 만족도는 확인된다. 통계청에서는 매년 삶의 만족도 지표를 제공하고 있는데, 이는 현재의 삶에 대해 만족하는 인구의 비율이다. 매해 진행되는 사회 조사에서 '귀하의 생활을 전반적으로 고려할 때 현재 삶에 어느 정도 만족하십니까?'라는 질문에 대해 '매우 만족' 또는 '약간 만족'이라고 응답한 사람들을 기준으로 2017년의 삶의 만족도는 29.7%로 나타났다. 조사가 처음 시작되었던 2003년 20.4%에 비해서는 높지만, 2014년 34.1%를 기록한 것으로부터 2015년 33.3%에 이어 지속적으로 하락세를 보이고 있다(국가지표체계, 2019).

한국인의 삶의 만족도 향상, 행복지수 상승은 중요한 국가적 과제이다. 특히 낮은 삶의 만족도는 높은 자살률과 관련하여 긴밀히 살펴봐야 한다. 예를 들어 청소년의 주관적인 행복 수준과 자살 생각은 관련도가 높은 것으로 나타난다. “평상시 얼마나 행복하다고 생각합니까?”라는 질문에 불행하다고 응답한 청소년의 46.9%가 자살 생각을 경험한 것에 비해, 행복하다고 답한 청소년은 6.3%만이 자살 생각을 해보았다고 했다(질병관리본부, 2016). 2017년 조사에서도 행복한 편이라고 응답한 청소년(6.2%)에 비해 보통이라고 응답한 청소년(16.9%)과 행복하지 않은 편이라고 응답한 청소년(47.0%)의 자살 생각 경험률이 높게 나타났다. 특히 행복하지 않다고 답한 청소년의 자살 생각은 행복하다고 답한 청소년에 비해 7.6배나 높았다(질병관리본부, 2017).

또한 ‘평상시 스트레스를 얼마나 느끼고 있습니까?’라는 문항에 대해 스트레스를 느끼지 않는다고 응답한 청소년의 2.7%, 보통이라고 응답한 청소년의 5.8%가 자살 생각을 해보았다고 답한 반면, 스트레스를 많이 느낀다고 응답한 청소년의 24.5%가 자살 생각 경험을 한 것으로 나타났다. 이는 스트레스를 많이 느낀다고 응답한 청소년이 느끼지 않는다고 응답한 청소년에 비해 약 9배 더 높은 자살 생각 경험률을 가지고 있다는 결과이다(질병관리본부, 2017).

삶의 만족도 향상을 통한 정신건강 증진은 좀 더 건강한 사회를 위한 밑거름이고 동시에 높은 자살률을 해결하기 위한 실마리이다. 오늘날 건강의 개념은 질병과 고통의 유무를 떠나 정신적, 신체적으로 안녕한 상태를 의미한다. 좀 더 건강한 한국 사회를 만들기 위해서 정신건강에 대한 이해와 정신건강 증진을 위한 건강 행위 실천이 필요하며 우울증 등 정신질환 치료와 삶의 만족도 향상을 위한 국가적 노력이 요청된다. 이를 위해서는 한국인이 생각하는 정신건강, 정신질환, 자살에 대한 깊이 있는 이해가 선행되어야 하고 이를 바탕으로 정신건강 증진을 위한 설득력 있는 소통 전략 마련이 가능할 것이다.

CHAPTER

3 자살 현상과 한국 문화

1. 한국 사회의 '체면'

한국 사회는 체면 문화로 지칭된다. 우리 사회는 집단 구성원들 간의 관계 속에서 개인의 가치를 찾고자 하는 집단주의 문화이다(이종환, 2000). 한국을 포함해 일본, 중국 등 동아시아 국가들에서 강하게 나타나는 집단주의 성향은 체면과 집단 내 화합을 중시한다(권종욱 · 차인현, 2002). 그림 3.1은 홉스테드의 문화차원이론 중 '개인주의-집단주의' 차원에서 국가별 개인주의 성향을 보여준다. 0에 가까울수록 집단주의 성향이 높으며 100에 가까울수록 개인주의 성향이 높다. 한국의 개인주의 성향은 18로 타 국가에 비해 현저히 낮은 편에 속한다. 같은 동아시아국인 일본은 46이며, 미국은 91, 스웨덴은 71, 독일은 67이다.

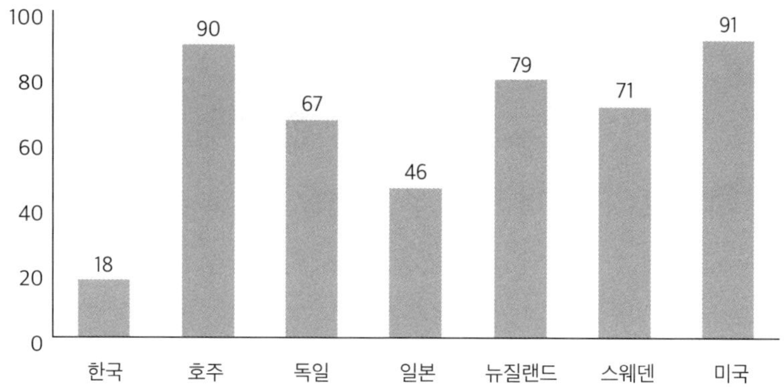

그림 3.1 홉스테드 문화차원이론의 개인주의 성향

(단위:%, 출처: Hofstede, Hofstede & Minkov, 2010)

집단주의 사회에서는 조화가 강조되고, 집단과 사회가 요구하는 역할과 기대에 비추어 자신의 가치를 찾고 변화시키려는 경향이 높다(Miller & Bersoff, 1992). 개인이 속한 다양한 집단의 규범을 의식하고 중시하며 공동 목표 추구를 위해 개인의 역할을 다하려 노력한다. 개인주의 문화와 비교해 남을 더 의식하고 형식과 보이는 것에 의미를 부여하는 체면 문화이다. 체면이란 '남을 대하기에 떳떳한 도리나 얼굴'로 정의되며(최상진 · 최인재, 1999), 한국인의 소통 방식과 위기 및 갈등 관리에도 중요한 역할을 하는 것으로 밝혀져왔다(김영욱 · 성현정 · 장유진, 2014; 양정은, 2014; 장기선 · 김영욱, 2013).

체면은 해외 연구에서 'chemyeon'으로 기술되며 원어 그대로 사용되고 있다. 서양에서도 페이스(face)라는 개념이 있으나, 체면은 한국 문화의 특성이 반영되어 그만의 독특한 특징을 갖고 있기에 정확히 대응하는 개념을 찾기가 힘들기 때문이다. 고프만(Goffman, 1955)은 서양의 페이스에 대해 ①자기 자신에 대한 이미지로 ②사회적인 상호 작용을 통해 요구되고 강화되며 ③긍정적인 사회적 가치로 구성되는 세 가지 특징을 갖는다고 했다. 체면 또한 이와 같은 세 가지 특징을 포함하지만 서양의 개념과는 다른 부분들이 존재한다.

먼저 체면은 페이스와 마찬가지로 자기 자신에 대한 이미지이지만, 서양 개념인 페이스가 개인적 혹은 개인의 심리적 이미지를 의미한다면 체면은 개인적인 자아보다 사회적인 자아에 더 가깝다. 또한 체면이 사회적인 상호 작용을 통해 요구되고 강화되는 것은 페이스와 일맥상통하지만, 체면의 대부분은 사회에 의해 주어지며 개인은 사회의 기대치를 충족시키면서 이를 보호한다는 점에서 페이스와 다르다. 덧붙여 체면은 긍정적인 사회적 가치로 구성된다는 점에서 페이스와 유사하지만, 서양의 페이스에서 긍정성은 연속적인 개념인 반면 체면은 성공-실패의 이분법적으로 이해되는 경향이 있다. 즉 체면은 사회적인 상호 작용을 통해 형성된 개인적 자아의 이미지인 동시에, 사회에 의해 정의된 사회적 자아의 이미지라는 독특한 특징을 가지고 있다(Lim & Choi, 1996).

체면은 같은 유교 문화권 국가 중국의 '리엔(lian)'과 '미엔쯔(mien-tzu)', 일본의 '멘쯔(mentz)'와 유사한 개념이나, 세부적으로 각기 다른 특징을 지니므로 구분해서 사용된다(Cheng, 1986; Lebra, 1976). 중국의 리엔은 스스로를 보고 느끼는 부끄러움이며, 미엔쯔는 다른 사람에게 비춰지는 나의 모습에 대한 부끄러움인 데 반해, 체면은 이 둘을 구분하지 않고 함께 포함한 개념으로 사용된다(Gao & Ting-Toomey, 1998; 최상진 · 김기범, 2000). 또한 일본의 멘쯔는 한국의 체면보다 집단주의적 성격이 강해, 집단과의 조화를 중시하며 이를 깨는 행동을 멘쯔의 손상으로 본다는 점에서 체면과의 차이점을 보인다(최상진 · 김기범, 2000).

일상생활에서 체면을 얼마나 중요하게 생각하는지를 측정하는 개념이 체면 민감성이다(이충원 · 김효창, 2006), 체면 민감성은 자괴의식성 체면, 사회격식성 체면, 창피의식성 체면으로 구성된다. 자괴의식성 체면은 자신의 의견이 거절되었을 때 느끼는 부끄러움, 또는 위신 때문에 부탁을 망설이거나 하고 싶지 않은 일을 하는 것 등을 지칭한다. 사회격식성 체면은 교양 있게 행동하거나 격식을 차리는 것, 실수할까 봐 조심스럽게 행동하는 것 등을 나타낸다. 창피의식성 체면은 남이 어떻게 생각하는지를 생각하며 타인의 눈치를 보는 것을 말한다(최상진 · 최인재, 1999).

체면 민감성은 정신건강과 밀접히 관련되어 있다. 구체적으로 체면의 하위 요인 중 창피의식성 체면과 자괴의식성 체면은 심리적 스트레스에 영향을 끼치며 자괴의식성 체면은 신체적 스트레스에도 영향을 미치는 것이 밝혀졌다(최상진 · 최인재, 1999). 남에게 비춰진 자신을 보고 느끼는 창피의식성 체면과 자신의 외적 행동을 보고 스스로 그러한 행동이 도리에 어긋났다는 것에 대한 부끄러움인 자괴의식성 체면이 일상적인 대인관계에서 정신적 스트레스로 작용하고 있음을 알 수 있다. 또한 자괴의식성 체면이 높은 사람은 외로움의 정도도 높은 것으로 조사되었으며, 자기의식적 정서인 수치심을 많이 느끼는 경우, 자괴의식성 체면이 외로움에 미치는 영향이 더 큰 것으로 나타났다(임낭연 · 서은국, 2011).

또한 체면은 도덕성 체면과 능력 체면으로 구분될 수 있다(최상진 · 김기범, 2000). 남과의 관계에서 도리에 어긋나는 행동을 했을 때 부끄러움을 느끼는 것이 도덕성 체면이다. 반면 본인과 관련되어 경쟁에서 졌을 경우, 경제적으로 빈곤한 경우 남부끄러움을 느끼는 경우는 능력 체면에 해당된다. 한국인들은 도리에 맞는 행위를 했을 때 체면이 서거나 지켜졌음으로 표현하고, 미흡한 행위를 했을 때 체면이 떨어지거나 손상되었다고 표현한다. 또한 체면이 섰다, 세워졌다라고 표현하는 경우는 능력 체면과 관련된다(최상진 · 김기범, 2000). 이러한 차원에서 체면은 개인적인 자아 이미지와 사회적인 자아 이미지를 모두 포함하는 독특한 개념이다.

체면이 한국인의 소통과 행동에 미치는 다각적인 영향력은 다음과 같은 일상적 표현들로 표출된다: '남의 이목을 조심해라', '체면을 잃지 마라', '체면이 말이 아니다', '남부끄러워 고개를 들고 다닐 수 없다', '무슨 낯으로 대할까'. 한국 사회에서 통용되는 이와 같은 표현들은 체면이 도덕적이고 능력적 차원에서 포괄적으로 미치는 영향력과 파급효과를 극명하게 나타낸다(Kim, 2003).

한국 사회에서 체면은 사회적으로 바람직하다고 인정된 가치들로 구성되며 그렇지 못한 것들은 체면을 잃게 만든다고 인식되어, 체면을 지켰느냐 아니면 잃었느냐가 중요한 가치 판단의 기준으로 작용한다(Lim & Choi, 1996). 한국 사회에서 다른 사람이 어떻게 생각하는지는 중요하며, 이를 통해 자신의 지위와 위신이 결정된다고 믿기 때문에 이를 유지하기 위한 노력이 강하게 나타나는 것이다(최상진 · 최인재 · 김기범, 1999). 따라서 정상적이지 못하고 부끄러운 일로 여겨지는 것들에 대해서는 체면을 잃는다는 차원에서 드러내기를 주저하거나 숨기게 되는 문화적 특성을 보인다.

우울증과 같은 정신질환은 낙인화가 되어 있는 질병으로 체면이 떨어지거나 세워지지 않는다고 받아들여질 수 있다. 이는 곧 증상을 숨기거나 도움받기를 거부하게 되는 사회적 현상으로 연결되어 저조한 정신건강 서비스 이용률로 표면화될 수 있다. 한국 사회의 독특한 문화 변인인 체면이 정신건강에 미치는 영향력에 대한 관심과 체계적 이해가 요청된다.

2. 한국 사회의 '눈치'

체면과 밀접히 관련된 '눈치'는 한국인의 소통 방식을 드러내는 또 다른 특징이다. 눈치는 본심을 드러내지 않고 상대방의 의도 또는 내심을 파악하는 것으로 정의되며(최상진, 2000), 생각, 감정, 기분 등 상대방의 마음이나 상황에 따라 이에 걸맞은 행동을 하는 것을 의미한다(허재홍·박원주·김승주, 2012). 집단주의 사회에서는 내집단이 원하는 것을 받아들이고 조화로운 관계를 유지하려는 경향이 높기 때문에 다른 사람이 원하는 것을 알아내려고 하는 동기가 생긴다고 한다(Yamaguchi, 1994). 즉 눈치와 같은 특성이 집단주의 사회에서 높게 나타나는 이유는 다른 사람과의 관계에 의해 나의 정체성이 규정되기 때문에 내 위치를 확인하고 그에 상응하려는 노력을 하기 때문이다(Bond & Hwang, 1986).

한국은 고맥락 문화로 간주된다. 문화가치이론에 따르면, 소통 방식에 따라 고맥락 문화와 저맥락 문화가 있다(Hall & Hall, 2001)(표 3.1). 대표적인 고맥락 문화권은 한국, 일본, 중국이다. 고맥락 문화권에서는 메시지가 함축적, 비유적, 암시적이며 감정이 중시되기 때문에 소통을 하기 위해서는 전달되는 메시지 자체뿐만 아니라 배경이나 상황과 같은 맥락이 중요하다(남혜경·김영준, 2019). 대화 배경이나 상황에 대해서 충분히 이해해야 메시지에 담긴 의미를 제대로 파악할 수 있기 때문에, 같은 말이라도 상황에 따라 다르게 해석되고 받아들여질 수 있다. 반면 저맥락 문화권에서는 메시지가 명시적이고 직접적이다. 따라서 대화를 하고 있는 맥락, 즉 배경이나 상황에 대한 의존도가 고맥락 문화권에 비해 상대적으로 낮다. 독일, 영국, 미국 등이 대표적인 저맥락 문화이다(Hall & Hall, 2001).

표 3.1 문화가치이론에 따른 고맥락-저맥락 문화 비교

(출처: Hall & Hall, 2001)

	고맥락 문화	저맥락 문화
표현 방식	암묵적, 비교적, 암시적 표현	직접적, 명시적 표현
소통 방식	함축적 커뮤니케이션	명료한 커뮤니케이션
해당 국가	한국, 일본, 중국	독일, 영국, 미국

한국과 같은 고맥락 문화는 직접 표현하거나 요구하는 것을 불편해하기 때문에 눈치와 같은 특성이 강하게 발현된다(Triandis, 1988). 고맥락 문화는 간접화법과 비언어 의사소통에 내재된 의미를 강조하며 직접적인 화법을 회피하는 의사전달 방식을 주로 사용하는 사회이다(Hall & Hall, 1990). 고맥락 사회는 말보다는 표정이나 몸짓 등의 비언어 정보를 더 중시한다. 따라서 고맥락 사회의 구성원들은 숨은 의미를 파악하고 알아차리는 것, 즉 눈치가 중요하고 이에 익숙하다(허재홍·박원주·김승수, 2012).

구체적으로 눈치 개념은 '파악 여부'와 '행동 여부'라는 두 가지 요소로 구성된다. '파악 여부'는 '다른 사람이 돌려 이야기하더라도 그 의미를 잘 파악한다', '무언가 필요한 상황이면 먼저 알아차린다' 등의 항목으로 측정되며, '행동 여부'는 '상대방의 기분을 고려하여 적절한 말을 하거나 행동을 한다', '다른 사람을 불편하게 하지 않는다', '남을 배려한다' 등의 항목으로 구성되어 있다. 즉 눈치는 상대방의 마음을 파악한 후 이에 맞게 행동하는 것으로, 눈치가 있다 또는 없다는 상황에 적합한 행동 여부를 가름하기도 한다(허재홍·박원주·김승주, 2012)

최상진과 최연희(1989)가 개발한 눈치민감도 척도는 '눈치 보는 이유'와 '눈치 보이는 이유'를 나누어 설명한다. '눈치 보는 이유'는 '상대방이 나에 대해 나쁜 인상을 갖게 되는 것을 원하지 않기 때문에', '원만

한 대인관계를 유지하고 싶어서' 등의 항목으로 구성되고, '눈치 보이는 이유'는 '나의 자존심이나 체면이 손상될 가능성이 있기 때문에', '상대방으로부터 거절을 당할지 모르므로' 등으로 측정된다. 눈치가 체면과 많은 관련성이 있음을 보여주며 체면이 지켜져야 하는 궁극적 목표라면, 눈치는 체면이나 자존심 같은 궁극적 목표를 지키기 위해 있어야 하고 갖추어야 하는 수단에 가깝다.

눈치는 집단주의와 정적인 상관관계가 있고, 집단주의 사회의 의사소통 방식인 고맥락 의사소통과 관련이 깊은 것으로 나타난다(허재홍 외, 2012). 개인의 정체성이 다른 사람과의 관계 속에서 규정되는 집단주의 문화 속에서 사회 구성원들과 조화롭게 지내는 것이 중요하기 때문에 대화의 내용보다는 어조, 눈빛과 같은 맥락을 이용한 대화 방식인 고맥락 의사소통 방식을 선호하게 되는 것이다(Hall & Hall, 1990; Triandis, 1995). 흥미로운 것은 눈치가 공감의 인지 요소와는 상관관계를 보였지만, 공감의 정서 요소와는 관계를 보이지 않는 것이다. 즉 눈치가 높다는 것은 상황 파악을 위해 다른 사람의 생각이나 감정을 인지적 차원에서 이해하는 것일 뿐 상대방의 감정을 내 것처럼 느끼는 것은 아니라는 것이다. 공감이 상대방에 초점을 두고 감정을 이해하고자 하는 것이라면, 눈치는 관계 개선에 초점을 두고 적절한 표현과 행동을 하는 것으로 구분될 수 있다(허재홍 외, 2012).

눈치는 대체적으로 개인의 안녕감과 대인관계 증진에 긍정적 영향을 미치는 것으로 알려진다(허재홍, 2014). 눈치는 한국 사회에서 중요한 부분이므로, 우울이나 불안과는 부적 상관관계를 가지며, 자아존중감을 매개로 하여 주관적 안녕감을 높인다(허재홍, 2014). 눈치는 대인관계를 유의미하게 설명하는데(허재홍·박원주, 2013), 눈치가 높은 집단은 낮은 집단보다 대인관계가 더 좋다(허재홍·박원주, 2013). 대학생 스트레스와의 관계에서 눈치는 스트레스에 부적인 영향을 미치어 눈치가 높을수록 대학생활에서 적은 스트레스를 받고 대학생활의 적응을 잘 하는 것으로 나타났다(김성균 외, 2018).

반면 눈치가 비언어적 상호 작용을 소통 과정에 사용하는 한국 문화의 특성인 만큼, 언어적 표현을 중시하는 외국인과 한국인의 소통에 장벽을 만드는 요인 중 하나라고 지적되기도 한다(Han, 2003). 즉 눈치가 소통을 증진시키는 역할을 하지만 때로는 소통의 방해 요소로 작용하기도 한다(Kim, 2003). 이처럼 체면과 눈치는 한국 문화 안에 존재하는 독특한 개념으로 이에 대한 체계적, 맥락적 이해는 필수적이다.

종합하면, 체면은 지켜야 하고 눈치는 있어야 한다는 것이 한국 문화의 특징이며, 이는 개인의 의도와는 상관없이 남에게 어떻게 보이는가에 따라 크게 좌우된다. 이렇게 타인의 시선을 의식해 특정 행동을 하거나 감추는 것은 우울증과 같은 정신질환에 대한 도움을 받는 데 있어 큰 장애물로 작용하게 된다.

3. 한국 사회의 '우리'

우리 가족, 우리 학교, 우리 회사라는 표현에서도 잘 나타나듯이 우리 문화는 소속을 중시하고 내집단과 외집단을 구분하여 관계를 정립하려는 성향이 강하다. 내집단과 외집단의 구분을 통한 집단 범주화는 내집단에서 결속을 강화하고 정체성을 돈독히 한다는 장점과 함께, 내집단에는 우호적이고 외집단에는 편견과 차별을 가하려는 특성을 지닌다(Devine & Elliot, 1995; Devine, Plant, & Harrison, 1999; Link & Phelan, 2001). '우리'가 되지 못한 외집단 구성원은 '그들'이 되고 '그들'을 향한 시각과 기준은 '우리'를 향한 시각과 기준과는 상이하게 나타난다.

집단 범주화는 정체성 획득과 관련이 있다(Tajfel, Turner, Austin, & Worchel, 1979). 사회 정체성(social identity)이란 사람들이 어떤 조직 및 집단에 소속되어 형성된 개인의 자아의식이다(Tajfel & Turner, 1979). 국적, 종교, 성(性) 등 다양한 사회적 범주에 소속함으로써 획득되는 사회 정체성은 개인의 인식에 중요한 틀로 작용한다(Tajfel & Turner, 1979). 사회 정체성에 기반하여 내집단(in-group) 구성원들 간의 유사성이 강조되고, 외집단(out-group) 구성원들 간의 차이가 부각된다(McGarty & Penny, 1988; Oakes & Turner, 1980). 결과적으로 집단 범주화를 통해 사람들은 내집단 구성원을 외집단 구성원보다 선호하고 편애하게 된다(Brewer, 1979; McGarty & Penny, 1988; Oakes & Turner, 1980). 내집단의 우수성과 외집단의 열등성을 정당화시킴으로써 집단 정체감을 고양시키고 강화시킨다(Tajfel & Turner, 1979).

범주화 이론(categorization theory)에 따르면, 인간은 자신과 유사한 부류에 속한 사람들을 내집단으로 자기와 다른 부류에 속한 사람들을 외집단으로 범주화하는 경향이 있다(Turner, Hogg, Oakes, Reicher, & Wetherell, 1987). 이를 통해 사회 정체성이 형성되고 자신을 사회적 범주의 구성원으로 강하게 인식하게 된다(Turner, 1985). 따라서 범주화(categorization)는 왜곡된 시각을 가져오기 쉽다는 문제점을 갖는다(Turner, 1985). 집단을 범주화하게 되면 범주 내의 대상은 모두 비슷한 특성을 갖는 동화현상(assimilation)이 발생하고, 범주에 들어가지 않는 경우엔 대비현상(contrast)이 일어난다(Tajfel, 1969).

우리 사회의 집단 정체감은 많은 경우에 학연, 지연으로 표출된다. 내집단 구성원 간의 강한 결속력은 외집단에 대한 배타적, 편견적 태도로 연결되어 자신이 속한 집단의 우수성과 외집단의 열등성을 정당화시키는 구조를 만들어낸다. 우리 가족, 우리 학교, 우리 회사, 우리 모임 등이 그들의 가족, 그들의 학교, 그들의 회사, 그들의 모임과 구분되며, 이러한 집단 범주화는 동화현상과 대비현상을 거쳐 집단 간 거리를 증폭시킨다. 거리감과 이질감은 외집단에 대한 낙인화와 부정적 태도를 형성하고 강화시킨다.

한국 사회를 흔히 '집단주의' 사회로 일컬으며 타인에 대한 공감과 상호 조화를 강조한다고 하지만 이러한 집단주의는 내집단에 한정되고 사고와 행동이 불일치하는 경향이 있다. 즉 상호 의존적인 집단은 집단의 일부가 되는 개인에게 집단의 조화에 대한 책임과 자유를 묻게 되는데, 한국 사회의 경우는 조화를 강조하는 반면 개인이 누릴 수 있는 자유에 대해서는 냉소적으로 바라보는 경향이 많다는 것을 의미한다(박선영, 2016). 집단주의는 내집단과의 연계성과 내집단에 대한 관심, 헌신이 강조되는 반면 개인주의는 내집단으로부터의 분리, 개인의 개체성과 독립성이 강조되는데(Triandis, 1995), 이때 주목할 만한 점은 집단주의 문화에서 높은 가치를 부여받는 개인의 순응은 '내집단'에 대한 것이라는 점이다.

집단주의는 내집단에 대한 정서적 애착이 강하고, 타인에 대한 민감성이 높으며 상호 의존적이고 조화로운 관계성을 추구한다. 그런데 이와 동시에 타인에 대한 신뢰가 떨어지며, 내집단과 외집단에 대한 차별이 강해진다. 즉 타자에 대한 배척을 통해 내집단의 결속력을 강화하는 것이다. 반면 개인주의는 다양성을 인정하며, 내집단과 외집단에 대해 차별적 반응이 덜한 편이다(Allik & Realo, 2004; Triandis, 1995). 이는 집단주의 문화를 가진 한국 사회에서 공감의 부재와 타자에 대한 배척이라는 상반된 모습으로 표출된다. 한국인의 집단주의는 내집단에 한정되며, 한국인은 특히 '을'인 외집단에 대해 '갑'으로 군림하는 모습을 보이는 것이다(박선영, 2016). 또 한국 고유의 가족이기주의 혹은 가족주의 이데올로기로 무장한 사회 구조 안에서 종종 우리는 타자를 배척하고 타자의 고통에 공감하지 못하며, 더 나아가서는 자신과 타자에 대한 무사유로 일관한다. 주체에서 배척된 '타자'는 사유의 대상이 되지 못하기 때문에 내집단이 아닌 타자에 대한 사유의 부재가 발생하는 것이다.

실제로 내집단, 외집단에 대한 국내의 연구에서는 '우리성(weness)'이라는 개념을 제시하며 사회 관계를 규정하는 한국 문화적 고유성을 확인한 바 있다(박정열 · 허태균 · 최상진, 2001). 한국인의 내집단 편향에 대해 제시된 '우리성(weness)'은, 한국인의 자아가 '우리' 속에서 자신의 역할을 인지하면서 규정되는 것에 주목한다(Choi & Choi, 1994). 이때 '우리'는 단순한 내집단의 개념과는 차이점이 있는데, 개인이 '우리' 집단 속에서 자타 간의 경계성이 약화되는 '자아 고(高) 관여적'이며, '탈(脫) 자기적 우리성'을 특징적으로 보이기 때문이다(최인재 · 최상진, 2002). 다시 말해 한국의 '우리'는 개인이 자신의 고유성을 전체 집단에 맞춰 변화시키고, 순응하며 전체에 융화되는 것을 목적으로 해 개인의 합으로는 도출될 수 없는 새로운 집단성을 창출하는 것이다. 반면 서양에서는 집단 안의 개인을 고유성이 소멸되지 않는 존재로 인식한다(Choi & Choi, 1994). 이러한 '우리성'에 입각해 한국인들은 '우리성' 관계에 포함된 사람들을 동질적인 하나로 연결되었다고 느끼며 그렇지 않은 타인들에 대해 '거리가 먼', '비호의적 관계에 있는 사람' 혹은 '이질적인 사람'이라고 인식한다(최상진 · 박수현, 1990; 최인재 · 최상진, 2002).

세계가치조사에서 측정하는 "다른 인종의 사람이 이웃으로 오는 것을 받아들일 수 있는가?"라는 질문에, 34.1%의 한국인이 받아들일 수

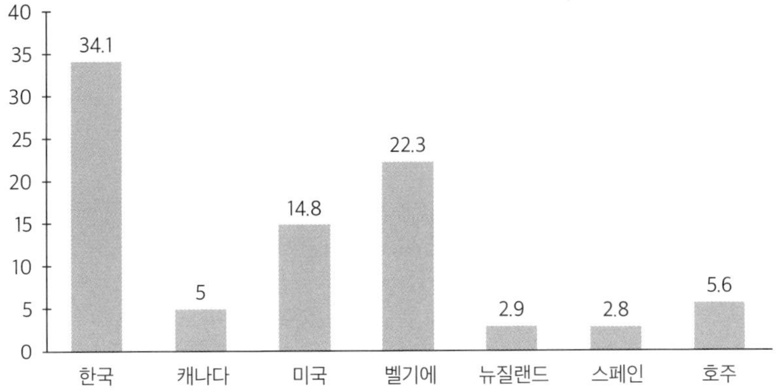

그림 3.2 타 인종에 대한 배타성 국가별 비교

(단위:%, 출처: Inglehart et al. (2014). World Values Survey)

없다고 답했다. 그림 3.2는 세계가치조사에서 측정한 타 인종에 대한 배타성을 OECD 주요 국가별로 비교한 것을 나타낸다. 이에 따르면 스웨덴에서는 2.8%, 미국에서는 5.6%로 나타났다. 우리나라의 34.1%라는 수치는 OECD 14개 국가 중 가장 높고 가까운 일본의 경우는 22.3%에 머물렀다(Inglehart et al., 2014). 학연, 지연에 집착하는 우리 문화의 외집단에 대한 배타성을 잘 나타내는 통계치이며 다문화 사회로 변모하고 있는 한국 사회에서 '우리'의 의미를 다시 한번 짚어보게 만든다.

일상에서 보편적으로 사용되는 '우리'라는 용어는 내집단에 대한 호의를 강화하고, 외집단을 배척하는 내집단 편향 현상인 '우리성'을 기반으로 나타나는 것이다. 이러한 집단 범주화는 질환을 가진 사람들에 대해 '질환자 집단'과 '일반인 집단'으로 범주화하여, 해당 환자들에 대한 고정관념과 차별 행동을 발생시킬 우려가 매우 높다(Devine, Plant & Harrison, 1999; 이하나 · 안순태, 2013). 즉 '그들'과 '우리'라는 이분화된 사고는 그들에 대한 편향된 시각과 태도를 유도하고 정신질환자를 우리 주변의 가족, 친지로 포용하지 못하고, 특정 집단으로 배척하여 공감을 불러일으키고 도움을 줄 수 있는 분위기를 저해할 수 있는 것이다.

4. 한국 사회의 '자기 통제'

한국 사회는 전통적으로 자기 통제와 자기 성찰을 강조한다. 집단주의 사회는 우울함, 불안함, 좌절 등과 같은 부정적 감정을 구성원 스스로 통제하는 것을 중요시한다(Kitayama et al., 1997). 이는 개인주의 문화가 개인의 의견을 표현하고 주장하는 것을 미덕으로 간주하는 것에 비해, 집단주의 문화는 전체에 개인을 맞추고, 조정하는 것을 바람직한 것으로 생각하는 데서 출발한다. 개인의 능력(abilities)과 생각(thoughts)과 감정(feelings)을 중시하는 개인주의 문화는 지위(status), 역할(roles), 관계(relationships)에 초점을 두는 집단주의 문화와 대조된다.

이는 미국 속담 "삐걱거리는 바퀴에 기름이 칠해진다(the squeaky wheel gets the grease)", 일본 속담 "삐죽 튀어나온 못이 망치를 맞는다(the nail that stands out gets hammered down)"가 나타내는 상반된 시각과 관련이 있다. 미국 문화에선 표시가 나고 표현을 해야 필요한 것을 얻을 수 있기에 듣기 싫은 삐걱 소리를 내는 바퀴에 윤활유가 주어진다. 그러나 일본 문화에선 다른 사람에 비해 두드러지고 표시가 나면 오히려 손해를 본다는 것으로 이는 동서양의 대조되는 문화적 가치이다(Markus & Kitayama, 1991). 한국 속담 "모난 돌이 정 맞는다"도 일본 속담과 같은 맥락으로, 유별나게 굴면 손해를 본다는 사회적 인식이 투영되어 있다.

집단주의 문화에서 행복과 웰빙의 의미는 개인주의의 행복, 웰빙과 그 의미가 다르다(Heine et al., 1999). 집단주의 문화에서 행복과 웰빙은 자아 비판(self criticism), 실패(failure), 고생(suffering)을 통해서 이루어진다고 믿는다. 자아 비판, 실패, 고생은 개인의 단점을 깨닫고 이를 통해 진정한 성찰과 행복이 이루어진다고 바라보는 논리이다. 성찰을 통한 성숙, 고생과 실패 후에 오는 성공의 개념은 고진감래(苦盡甘來), 새옹지마(塞翁之馬) 등과 같은 사자성어로 빈번히 언급되고, 바람직한 문화적 가치와 신념으로 표현된다. 성공과 더 나은 미래를 위해 "사서 고생을 한다"는 개념과도 연결되며 이러한 가치와 논리는 개인주의 문화에선 이해하기 힘든 철학이다.

개인주의 문화와 집단주의 문화는 감정에 대해서도 다른 입장을 보인다. 부정적인 감정은 피하고 긍정적인 감정을 최대화하려는 개인주의 문화에 비해, 부정적인 감정도 도움이 되고 긍정적인 감정과 부정적인 감정이 음과 양이라는 차원에서 균형을 이룰 때 더 평안하고 완성된 상태가 이루어질 수 있다는 믿음은 동양철학에 기반한 집단주의 사회에서 강하게 나타난다(Kitayama et al., 2000). 자아 비판, 실패, 고생 등의 개념이 힘들고 부정적인 감정들을 수반하고, 이를 통해 획득되는 성공과 행복의 긍정적 감정들이 함께 어우러질 때 감정의 균형이 음과 양의 조화 차원에서 이루어진다는 것이 집단주의적인 이해이다.

이는 한국 사람들이 자신의 부족한 부분에 집중하고 이를 개선시키려는 노력을 중시하는 것과도 일치한다(조긍호, 1996). 자기 성찰을 통해 자기 향상이 일어난다는 문화적 믿음은 긍정적인 감정뿐만 아니라 부정적인 감정의 경험을 통해 성장할 수 있다는 태도로 연결된다. 부정적인 감정이나 고통을 피하고 없애는 데 중점을 두는 서양 문화와 대조를 이룬다. 무엇보다 부정적 감정의 원인을 찾아내어 제거하려는 서양 문화와 비교해서, 부정적 감정의 주체인 개인이 이를 통제하고 극복하는 것을 미덕으로 간주하는 것이 동양철학이고 집단주의 문화의 특성이다.

즉 부정적 감정에 대한 자기 통제는 우울함, 불안감, 좌절 등과 같은 부정적 감정을 받아들여 스스로 이겨내려는 경향을 유도한다(Uchida & Kitayama, 2009). 이는 개인이 처한 상황에서 겪게 되는 심리적, 정신적 고통을 허용하려는 태도이며, 힘들고 어려운 상황을 피하기보다는 오히려 이를 받아들여 개인이 성장할 수 있다는 믿음과 관련된다(Heppner et al., 2006). 집단주의 성향이 높은 사람들은 힘들고 부정적인 감정 경험을 받아들이는 경향이 개인주의 성향이 높은 사람들에 비해 현격히 높게 나타났다(Suh & Diener, 1995). 개인주의 성향이 높은 사람들은 부정적 감정을 피하려는 성향이 높은 반면, 집단주의 성향이 높은 사람들은 힘들고 어려운 상황을 경험함으로써 자신이 성장할 수 있다고 믿는 경향이 있다고 한다.

고통을 피하려는 경향은 동서양을 막론하고 존재하지만 고통에 대한 수용성과 극복 방법에서 문화적 차이가 드러난다. 서양인들은 힘들고 고통스러운 감정은 피하고 없애려는 성향이 강한 반면 동양적인 철학에 근거하면 힘들고 고통스러운 감정을 잘 이겨내고 극복함으로써 더 강해지고 성장할 수 있다고 믿는 경향이 강하다. 고진감래(苦盡甘來)라는 사자성어가 동양인들의 이러한 성향을 잘 나타내며, 유교 문화권 교육 과정에서 강조되는 전통적 가치이다. '젊어서 고생은 사서 한다'라는 말을 집단주의 사회와 개인주의 사회에 속한 동시대의 젊은이들에게 던진다면 많은 서양의 젊은이들이 그 의미를 의아해하고 수용하기 힘들어할 것이다.

고통은 보통 정서적인 반응을 수반하기 때문에, 사람들은 같은 자극에도 그들의 문화적 배경에 따라 다르게 반응할 수 있다. 문화는 사회적인 구조에 의해 오랫동안 관습화된 행동이며, 내적 · 외적 자극에 영향을 받은 결과물이다. 고통에 대한 문화적인 반응은 금욕적, 감정적인 두 가지 카테고리로 나뉜다. 금욕적인 환자들은 고통을 소리 없이 견디고 그들의 고통에 대해 불평하지 않으려고 한다. 반면 감정적인 환자들은 고통을 말로 표현하고 드러내려고 한다(Davidhizar, Dowd, & Giger, 1997). 고통에 대한 금욕적인 반응은 명예와 수치를 중요하게 여기는 문화권에서 권장된다(Garro, 1990).

힘들고 어려운 감정에 대한 자기 통제의 강조는 우울함, 불안감, 좌절 등과 같은 부정적 감정을 받아들여 스스로 이겨내려는 경향을 유도하고, 이는 우울증과 정신질환 지료에 대한 시의적이고 적절한 상담과 치료를 저해할 수 있다(안순태 · 이하나, 2017a). 문화적 요인으로 자기 통제에 대한 강조가 자살 예방에 미치는 영향력에 대한 깊은 관심이 필요한 이유이다. 또한 이러한 문화적 요인들은 자살 위기자가 도움을 청하고 받을 수 있는 사회적 환경에도 영향을 줄 수 있다.

우리 문화가 가진 고유의 특성과 가치들이 정신건강에 미치는 영향력에 대한 평가와 개선이 필요하다. 체면, 눈치, 우리, 자기 통제와 자기 성찰이라는 문화적 가치를 국민건강 증진과 관련하여 체계적으로 분석하고 검토하여 바람직한 방향으로 행동 변화를 유도하기 위한 소통 전략이 제시되어야 한다. 이를 통해 선진국의 정신건강 증진 방안이나 자살 예방 캠페인을 답습하는 데 그치지 않고, 우리 고유의 문화적 가치를 반영한 설득 전략의 중요성과 필요성에 대한 공론화가 이루어질 수 있을 것이다.

CHAPTER

4 한국인의 자살 인식과 태도

1. 정신의료 서비스에 대한 한국인의 태도

정신질환을 앓고 있음에도 병원을 찾아가거나 주변에 도움 요청을 주저하는 것은 다른 사람이 어떻게 생각할까에 대한 염려와 자신의 위신이 실추될 수 있다고 생각하는 인식과 관련이 있다. 특히 정신질환의 경우 정상적이지 못한 미친 사람이라는 수식어와 함께 사회적 체면을 떨어뜨릴 수 있다고 생각하기 쉽다. 따라서 증상을 남에게 감추거나, 본인이 증상이 있다는 자체를 거부하고 인정하지 않으려는 상태로 남아 있게 되면 마음의 병은 깊어진다. 우울증과 같은 정신질환을 초기에 치료하지 못하면 마음의 감기에서 생명을 위협하는 폐렴으로 발전될 수 있는 것이다.

체면, 눈치, 자기 통제성을 강조하는 한국 문화의 특성은 정신건강 서비스 이용의 장애물로 작용할 수 있다. 실제로 최근 한 연구(안순태·이하나, 2018)는 체면을 중시하고 눈치를 보는 문화적 특징이 정신건강 서비스 이용을 저해하는 요인이라고 지적한다. 정신건강 서비스 이용을 방해하는 이유에 대해 약 50%가 '주변 사람들의 시선'이라고 답변했고, 또한 약 10%의 응답자는 '자기 자신에 대한 수치심'을 그 이유라고 밝혔다. 또 한국인의 정신질환 및 정신건강 서비스에 대한 인식을 조사한 연구 보고서에 따르면 정신건강 서비스를 이용하지 않는 이유로 '다른 사람들이 나에 대해 어떻게 생각할지 걱정되고 창피하기 때문에'라고 응답한 사람이 88.1%에 이르는 것으로 나타났다. 이와 같은 응답을 한 대상자에게 그 이유를 물어본 결과, "어머니가 입원 치료에 대해서 굉장히 싫어하세요…… 그런 것도 있고 소문날까 봐. 한동안 자리 비우면 어디 아팠다고 하는데 나중에 조회하다 보면 정신병 코드가 나오게 되면 어머니가 그것 때문에 싫어하시더라구요."라고 응답하여 가족 및 주변인이 꺼려한다는 점과 서비스 이용이 주변에 알려진다는 것 자체를 두려워하는 것으로 나타났다(전진아, 2019).

보건복지부가 2017년 발표한 <국가 정신건강현황 3차 예비조사 결과 보고서>에 따르면, 우울증 등 기분 장애를 겪은 이들의 30.5%가 정신의료 서비스를 이용하지 않은 이유는 '치료 사실을 타인이 알까 걱정돼서'이다. 이는 알코올사용장애, 니코틴사용장애, 불안장애 등 다른 모든 정신장애에 대해 정신의료 서비스를 이용하지 않은 이유를 물었을 때 같은 응답의 평균인 22.1%보다 훨씬 높은 수치이다. 또한, 주변의 편견이나 잘못된 정보 등으로 인해 '스스로 해결할 수 있다고 생각해서'라고 답한 이도 75.9%나 됐다(표 4.1). '나는 정신질환이 없다고 생각한다'라는 응답이 68.1%로 증상에 대한 자각이 부족하거나 이를 부인하

표 4.1 정신의료 서비스를 이용하지 않은 이유(복수응답 가능)

(단위: %, 출처: 2017 국가 정신건강현황 3차 예비조사 결과보고서)

정신의료 서비스를 이용하지 않은 이유	모든 정신장애	기분장애
나는 정신질환이 없다고 생각했다.	81.0	68.1
그 정도 문제는 스스로 해결할 수 있다고 생각했다.	75.6	75.9
문제가 저절로 좋아질 거라고 생각했다.	16.7	63.1
문제로 인해 많이 괴롭지 않았다.	33.3	30.7
문제가 저절로 좋아졌다.	55.5	33.3
치료받는 것을 다른 사람들이 알면 어떻게 생각할까 걱정되었다.	22.1	30.5
치료 효과가 있을 거라고 생각하지 않았다.	16.2	22.7
어디에 가서, 누구를 만나야 하는지를 몰랐다.	12.3	24.1
치료비가 얼마나 들까 걱정이 되었다.	13.4	25.5
거리, 교통편, 아이 등의 이유로 치료를 받으러 갈 수가 없었다.	6.6	14.9
전에도 치료를 받은 적이 있으나, 별로 치료 효과가 없었다.	2.2	2.1
기타	1.2	4.3

는 성향도 높은 것이 드러난다. 이런 답변들은 체면, 눈치, 자기 통제성을 강조하는 우리 문화 특성이 정신건강 서비스 이용에 미치는 영향을 단적으로 보여준다.

<2019년 국민 정신건강지식 및 태도조사 결과보고서>에서도 유사한 결과를 확인할 수 있다. 정신건강 관련 상담을 받지 않으려는 이유 중 가장 큰 비중을 차지하는 것은 '그냥 두면 나아질 것 같아서'(29.9%)였으며, '별 효과가 없을 것 같아서'(23.6%) 역시 매우 큰 비중을 차지하는 것으로 나타났다. 또한 '스스로 극복해야 하는 것이라서'(22.0%), '치료에 대한 두려움이 있어서'(10.3%), '적당한 치료기관을 알지 못해

서'(6.2%) 등이 치료 기피 이유로 나타났다(국립정신건강센터, 2019b).

2. '자기 통제'를 강조하는 한국 문화와 자살

우리 사회에서 자기 통제력의 중요성은 시의적이고 적절한 우울증 치료와 상담을 막는 장애 요인이다. 이는 특히 청소년과 노인 자살률이 유난히 높은 현상을 잘 설명해준다. 진학 문제와 입시 준비로 많은 정신적 스트레스를 겪는 청소년의 경우 우울증 및 정신질환의 발병 가능성이 높음에도 불구하고, 이겨내야 한다, 참아야 한다는 사회적 분위기 속에서 조기 치료의 가능성을 놓치게 될 가능성이 높다. 힘들고 어렵게 공부해야 좋은 대학에 갈 수 있고 성공할 수 있다는 사회적 믿음은 이를 이겨내지 못하는 청소년은 유약하고 의지가 박약한 존재라는 틀로 바라보게 하거나 청소년 스스로 그 틀에 갇히게 만들 수 있기 때문이다.

교육부, 보건복지부, 질병관리본부가 협력하여 조사한 <2016년 청소년 건강행태 온라인조사>에 따르면, 최근 12개월 동안 2주 내내 일상생활을 중단할 정도로 슬프거나 절망감을 느낀 적이 있는 청소년은 25.5%에 이르렀다. 이는 성인의 우울감 경험률에 비해 약 두 배 높은 수치이다(보건복지부, 2016). 청소년 가운데 네 명 중 한 명이 우울감을 경험하고 있는 것이다. 또한 최근 12개월 동안 심각하게 자살을 생각한 적이 있는 청소년은 12.1%로 조사되었다. 구체적으로 최근 12개월 동안 자살하기 위해 구체적인 계획을 세운 적이 있는 학생은 4.0%, 자살을 시도해본 적이 있는 학생은 2.4%였으며 자살 시도 후 병원에서 치료 경험이 있는 학생은 0.4%인 것으로 조사되었다(질병관리본부, 2016). 이러한 청소년의 자살 생각률, 자살 시도율은 청소년의 높은 자살률로 이어지는데, 실제로 <2016 청소년통계>(통계청 · 여성가족부, 2016)에 의하면 2015년 청소년의 사망 원인 중 1위는 고의적 자해(자살)로, 인구 10만 명당 7.2명으로 가장 높았다.

자살 문제를 호소하는 청소년들의 게시판 상담 사례를 분석한 연구에서, 대부분의 청소년들은 문제의 원인을 자신의 성격과 능력에서 찾으려는 경향을 보였다(지승희 · 신효정 · 이명우, 2008). 구체적으로 내성적이고 소심한 성격, 잘못된 행동, 공부 방법의 잘못, 외모적인 문제 등과 같이 자신의 성격이나 행동에서 원인을 찾는 사례가 60%에 달했다. 세부적인 내용을 살펴보면 '나는 독창적 아이디어가 부족해서 굉장히 뒤처진 상황이다', '내가 아빠와 닮아서 엄마가 미워했나 생각 든다', '말걸 용기가 부족하고 말을 걸어도 좋아하지 않는 것 같다', '말 더듬고, 내성적에다 외모 꽝, 살쪄서 애들이 싫어한다', '소심이 지나치다. 열 받아도 화를 참는 성격이다' 등이었다.

이는 청소년의 다섯 가지 생활 스트레스(자기 문제, 가족관계, 학교생활, 환경 문제, 교우관계 스트레스) 중에서 자기 문제와 관련된 스트레스가 청소년의 자살 생각에 가장 크게 영향을 미치는 것과 같은 맥락이다(고재홍 · 윤경란, 2007). 연구 결과, 자기 문제 스트레스, 가족관계 스트레스, 학교생활 스트레스, 환경 문제 스트레스 순으로 자살 생각에 영향을 미치는 것으로 조사되었으며, 교우관계 스트레스는 유의한 영향력을 끼치지 못했다. 청소년들이 자기 자신과 관련된 문제에 대해 스트레스를 받고, 이것이 자살 생각으로 이어지는 경우가 가장 많았다는 것이다.

한국 사회의 높은 노인 자살률도 자기 통제력을 강조하는 문화적 상황과 관련이 있어 보인다. 노인들의 경우 힘들고 어려운 상황을 극복하거나 숨기려고 애를 쓰고 결국 시의 적절한 도움과 치료를 못 받게 되는 경우가 많다. 노인 세대는 우울하고 불안한 감정은 스스로 이겨내야 한다는 문화적 믿음이 유난히 강한 연령층이기 때문에 남에게 도움을 요청하고 치료를 받는다는 생각조차 하기 힘든 경우가 많다고 한다. 노인에 대한 낙인이 강하게 나타나고 있는 한국 사회에서(안순태 · 강한나 · 정순둘, 2018), 스스로 이겨내지 못하고 도움을 청하는 것은 가족과 주변인들에게 민폐를 끼치는 바람직하지 않은 노인의 모습으로 인식되기 때문이다.

노인의 자살 동기에 대한 신문 기사를 분석한 결과, 신병 비관(지병, 질환 등)으로 인한 극단적인 선택이 23.5%로 가장 높았고, 그다음으로는 신변 비관(가족의 죽음 등) 21.0%, 생활고(채무, 빚 등) 16.0%, 자녀에 대한 부담 8.7%가 뒤를 이었다(김형수, 2006). 최명민, 김도윤, 김가득(2015)은 심리부검 결과보고서를 토대로 자살 관련 심리사회적인 요인을 분석했는데, 농촌 지역 남성 노인의 경우 질병으로 인한 통증, 경제적 부담감, 관계 단절과 고독 등이 복합적으로 작용해 자살에 이르게 된다고 한다. 특히 한때 가정을 통솔하는 역할이나 경제적 책임을 감당하는 역할을 맡았었지만, 나이가 들면서 지병이 생기고 경제적인 활동이 줄면서 가족들에게 무능한 존재라는 인식을 갖게 된다고 한다. 여성 노인의 경우도 나이가 들어 집안일도 제대로 못하는 자신을 무기력한 존재로 인식하게 된다. 농촌 지역의 노인 자살자들은 스스로를 '쓸모없는 존재' 또는 '남에게 부담이 되는 존재'라고 인식하고 있었다.

한국자살예방협회(2011)는 노인 자살 예방을 위한 소책자를 내놓으면서, 자살 위험 신호를 제시하고 있다. 노인의 자살 위험 신호에 대해 신체, 사회, 경제적 지원 상실과 같은 상황적 단서, 감정의 큰 기복, 눈물, 표정 등과 같은 감정적 단서, 수면 양상, 음주, 혼자 있으려 함, 위생 상태 등과 같은 행동적 단서가 제시되었으며, 언어적 단서로는 "부담되기 싫어" 등과 같은 말이 자살 위험 신호가 될 수 있다고 한다.

청소년과 노인뿐만 아니라 대부분의 자살자들이 생전에 정신적 어려움을 스스로 참고 견디고자 노력했다는 것은 자살자의 유서나 심리적 부검을 통해 잘 나타난다(김가득, 2016; 오진탁, 2014). 한국 사회에서 개인이 처한 상황에 상관없이 스스로 어려움을 극복해야 하고 그러지 못할 경우 의지가 박약하고 유약한 사람으로 비춰진다는 것에 대한 두려움도 자살자의 유서 등에서 흔히 발견된다(오진탁, 2014). 스스로 극복하고 일어나야 한다는 사회적 신념이 우울증 등 정신질환 증상이 있는 사람들에게 미치는 의도하지 않은 심각한 결과인 것이다.

3. 부정적 감정에 대한 수용성과 자살

부정적 감정 수용성, 즉 어렵고 힘든 감정이 개인을 성장시킨다고 믿는 한국 사람일수록 자살에 처한 원인을 개인의 나약함으로 생각하는 경향이 높다(안순태 · 이하나, 2017a). 또한 어렵고 힘든 감정이 개인을 성장시킬 수 있다고 믿는 사람일수록 우울증 등 정신질환을 치료하기 위해 정신과 상담을 받는 것을 주저하는 것으로 나타났다. 더 나아가 어렵고 힘든 감정이 개인을 성장시킨다고 생각할수록, 자살자나 자살 위기자에 대해 부정적인 태도를 나타내었다(안순태 · 이하나, 2017a).

구체적으로 표 4.2에서 나타나듯이 자살에 대한 책임성 인식은 부정적 감정 수용과 유의미한 관계를 맺고 있었다. 회귀분석 결과, 전체적으로는 연령이 증가할수록, 정신과 치료 경험이 없는 사람일수록, 부정적 감정 수용성이 높을수록, 그리고 자살 리터러시가 낮을수록 자살에 대한 원인을 개인의 나약함으로 인식하는 경향이 높게 나타났다. 즉 힘들고 어려운 감정들을 스스로 이겨냄으로써 성장할 수 있다는 믿음을 강

표 4.2 자살에 대한 책임성 인식 (안순태·이하나, 2017a)

구분	모형1	모형2	모형3	모형4
성별 (준거집단=남자)	-.11*	-.07	-.03	-.03
연령	.22**	.21**	.13**	.15**
학력	-.06	-.06	-.01	-.02
월수입	.00	-.01	.00	.00
본인 정신과 치료 경험 (준거집단=있다)	-.09	-.10*	-.13**	-.12**
자살 시도자 접촉 경험 (준거집단=있다)	-.03	-.02	-.01	-.01
우울수준	.10*	.10*	.05	.05
부정적 감정 수용성		.20**	.16**	.16**
자살 리터러시			-.44**	-.45**
상호 작용				-.11*
F	4.66**	6.30**	17.61**	16.69**
R^2	.08	.12	.30	.31

참조: * $p< .05$, ** $p<.01$

하게 가지고 있는 사람일수록 자살의 원인을 개인의 책임으로 돌리는 성향이 높게 나타났다. 부정적 감정 수용성과 자살 리터러시의 상호 작용이 유의미했는데, 이는 부정적 감정 수용성이 높더라도 자살 리터러시가 높으면 자살의 원인을 개인의 나약함으로 평가하는 정도가 낮아졌다는 것을 의미한다(안순태 · 이하나, 2017a).

정신과 상담에 대한 태도에 있어서도 부정적 감정 수용성은 유의미한 영향을 미치고 있었다. 표 4.3에 따르면, 부정적 감정 수용성이 낮을수록, 자살 리터러시가 높을수록 자살 문제로 정신과 상담을 받는 것에 대해 긍정적으로 인식하는 것으로 나타났다. 즉 힘들고 어려운 감정을 스스로 이겨냄으로써 성장할 수 있다는 믿음이 강할수록 정신과 상담에 대한 저항감이 높은 것으로 나타났다. 부정적 감정 수용성과 자

표 4.3 정신과 상담에 대한 부정적 태도 (안순태·이하나, 2017a)

구분	모형1	모형2	모형3	모형4
성별 (준거집단=남자)	-.13*	-.09	-.06	-.06
연령	.06	.06	.00	.02
학력	-.04	-.04	-.01	-.02
월수입	.02	.01	.02	.02
본인 정신과 치료 경험 (준거집단=있다)	.05	.03	.01	.02
자살시도자 접촉 경험 (준거집단=있다)	-.04	-.03	-.03	-.03
우울수준	.08	.07	.04	.03
부정적 감정 수용성		.21**	.19**	.19**
자살 리터러시			-.30**	-.33**
상호작용				-.19**
F	1.74*	3.84**	8.01**	9.22**
R^2	.03	.08	.16	.20

참조: * $p< .05$, ** $p<.01$

살 리터러시의 상호 작용이 유의미했는데, 이는 부정적 감정 수용성이 높더라도 자살 리터러시가 높으면 자살 문제로 정신과 상담을 하는 것에 대해 긍정적으로 인식하는 태도가 크게 향상되었다(안순태 · 이하나, 2017a). 표 4.2와 표 4.3의 결과는 부정적 감성 수용성이 자살 관련 인식에 미치는 영향력과 함께, 자살 리터러시의 증진이 그 영향력을 상쇄할 수 있다는 것을 보여주고 있다.

연구 결과는 어렵고 힘든 감정이 개인을 성장시킨다고 믿는 사람일수록, 자살의 원인을 자살 시도자에게 돌려서 "자살 시도자에게 문제의 책임이 있다고 생각한다", "자살 시도자를 무력하거나 나약하다고 생각한다"라는 항목에 긍정적인 태도를 나타낸다는 것이다. 또한 정신과 상담에 대한 부정적인 태도로 연결되어 "자살 문제로 인해 정신과 치료를 받는 것이 사회적으로 당당하지 못한 일이라고 생각한다", "자살 문제로 인해 정신과 상담을 받는 사람들에 대해 비우호적으로 대할 것 같다"라는 항목들에 강하게 동의하는 경향이 높았다. 이러한 경향은 자살 행위에 대한 전반적인 태도와도 밀접한 관계를 보였는데, "자살이 윤리적인 죄악이라고 생각한다", "자살이 가족 및 친지들에게 가장 못할 짓 중 하나라고 생각한다"라는 항목에 매우 강하게 동의하는 것으로 밝혀졌다(안순태 · 이하나, 2017a).

이와 같은 한국인의 자살 인식은 중요한 시사점을 제공한다. 자살 위기자들이 도움을 요청하고 받기 용이한 환경을 조성하기 위해서는 자살과 자살자에 대한 부정적 태도가 감소되어야 하고 그러기 위해서는 자살이 개인 스스로가 해결할 수 있는 문제가 아니라는 것을 주지시켜야 한다는 것이다. 귀인 이론에 따르면 행동이나 결과물에 대한 원인을 어디에 두는가에 따라 책임성이 달리 인식되고 책임성 부여에 따라 긍정적, 부정적 태도가 형성된다고 한다(Weiner, 1986). 자살 위기 상황에 대한 책임을 개인에게 돌리는 경우, 개인의 통제가 어려운 사회 구조나 생물학적 요인에 원인을 돌리는 경우보다 자살과 자살 시도자에 대한 부정적 태도가 높은 것으로 발견되었다(Lee & An, 2016).

한국 문화의 특징으로 인해 깊게 뿌리박힌 자기 통제와 자기 극복의 문제를 정신건강과 관련하여 명확하게 알리고 도움이 필요한 사람들이 기회를 잃지 않도록 하는 것은 자살 예방을 위한 첫걸음이자 궁극적 목표가 되어야 한다. 우울하고, 불안하며, 의욕이 상실되는 감정을 경험하는 경우 혼자서 극복하고 이겨내는 것이 아니라 전문가와의 상담을 통해 정확한 진단과 치료가 필요하다는 것을 알려야 한다. 자기 통제와 자기 성찰의 문화가 지니는 장점과 가치를 인정함과 동시에, 이러한 전통적 가치관이 정신건강에 미치는 부정적 영향력에 대한 체계적 평가와 대책이 필요하다.

4. 집단 범주화와 자살

집단 범주화는 낙인 형성과 밀접한 관련이 있다(Crocker & Major, 1989). '그들'과 '우리'로의 범주화는 내집단과 외집단의 구분으로 동화현상과 대비현상을 극명하게 하여, 내집단을 더 우호적으로 이끌며 외집단에게는 편견과 차별을 불러일으킨다(Devine, 1995; Devine, Plant, & Harrison, 1999; Link & Phelan, 2001). 내집단 구성원을 외집단 구성원보다 더 긍정적으로 평가하고(Brewer, 1979; Brown, 1984), 내집단 구성원들에게 일어난 부정적 결과에 대한 원인을 외부에서 찾고자 하는 경향이 발견되었다(Hewstone, Bond, & Wan, 1983). 즉 동일한 현상과 문제가 발생했을 때, 내집단과 외집단에게 다른 기준과 관점을 적용하여 관찰하고 해석하는 경향이 있다.

즉 한국 사회에 뿌리깊게 박혀 있는 내가 속한 집단과 그렇지 않은 집단을 강하게 구분하는 경향은 '우리'가 아닌 '그들'을 이질적인 배척의 대상으로 간주하게 만든다(박정열 · 허태균 · 최상진, 2001). '자살하는 사람을 이해할 수 없다'라는 답변은 그들이 우리와는 다른 이질적 집단이라는 말과 같은 맥락에서 이해될 수 있다. 이는 남을 의식하는 체면문화 성향과 함께 정상인 '우리'와는 다른 '그들'이 되기를 거부하는 인식과 태도를 유도하며, 이러한 인식과 태도는 자살 위기자가 도움을 청하기를 주저하게 만들고 일반인이 정신질환자를 대하는 태도를 더 부정적으로 만든다.

반면 외집단에 대한 배타적이고 차별적인 태도는 외집단이 내집단으로 재범주화되어 인식될 때 변화될 수 있다. 즉 재범주화(recategorization)는 특정 집단에 대한 낙인을 낮추는 데 효과적인 전략이다(Holmes, Corrigan, Williams, Canar, & Kubiak, 1999; Link & Cullen, 1986; Sherif, Harvey, White, Hood, & Sherif, 1961). 재범주화 전략은 외집단에 대한 매력을 증가시켜 집단 간 차이를 감소시킨다(Gaertner & Dovidio, 2000; Gaertner, Dovidio, Anastasioa, Bachman, & Rust, 1993). 거리감과 이질감이 줄어듦으로써 이해와 포용이 증가하고 이는 낙인의 감소로 연결될 수 있다. 다시 말해 재범주화는 동화현상(assimilation)을 유도하고, 이는 동정심과 이해력, 긍정적 태도를 유발한다.

재범주화를 통해 외집단에 대한 호감을 증가시킬 수 있음이 실증적으로 확인되었다(Gaertner, Mann, Dovidio, Murrell, & Pomare, 1990). 예를 들어 혼시와 호그(Hornsey & Hogg, 2000)는 '같은 대학 학생'으로 재범주화하는 방법을 통해 '인문대학 학생들'과 '자연과학대학 학생들'이 하나의 정체성으로 묶일 수 있음을 보여주었다. 백인이 같은 집단으로 범주화된 흑인과 상호 작용을 했을 때 흑인에게 더 우호적이었다는 연구(Nier et al., 2001)도 같은 맥락이다. 재범주화는 정체성을 조정하여 '그들'을 '우리'로 인식하거나 '우리'에 가깝게 인식하게 하여 부정적 태도를 감소시키고 긍정적 태도를 유발한다.

재범주화 이론은 낙인 찍힌 사람과의 접촉이 낙인을 감소시킬 수 있다고 설명한다(Holmes et al., 1999; Link & Cullen, 1986). 개인적 접촉이 부재하거나 결여되면 구성원에 대한 정보 왜곡이 생기기 쉽고 고정관념이 형성될 가능성이 커지지만(Tan, Fujioka, & Lucht, 1997), 경험을 통한 개인적 접촉은 편견과 고정관념을 약화시킬 수 있다(Rothbart & John, 1985). 즉 외집단 구성원과의 접촉은 외집단을 향한 태도와 행동을 변화시킬 수 있다(Miller & Brewer, 1984).

집단 접촉을 통한 재범주화의 효과는 직접적 접촉뿐만 아니라 미디어를 통한 간접 접촉을 통해서도 가능하다(Corrigan, Larson, Sells, Nissen & Watson, 2007). 헤렉과 카피타니오(Herek & Capitanio, 1997)는 에이즈 환자와의 직접적인 접촉뿐만 아니라 미디어를 통한 간접적인 접촉이 낙인을 제거하고, 환자들을 대하는 태도에 긍정적인 효과가 있음을 확인했다. 뉴스나 드라마 등 미디어를 통해 낙인화된 질병을 그들의 문제에서 우리의 문제로 재범주화하는 것은 낙인 감소에 도움이 된다(Corrigan et al., 2007; Corrigan & Watson, 2004; Herek & Capitanio, 1997). 낙인은 인식의 문제이고, 낙인 감소를 위한 미디어의 역할과 역량은 많은 사회에서 입증되어왔다.

실제로 실험 연구를 통해 자살 인식에 관한 한국인의 집단 범주화 효과는 유의미한 것으로 밝혀졌다(Lee & An, 2013). 자살 위기자를 내집단으로 기술한 뉴스에서 자살 위기자를 외집단으로 묘사한 기사에 비해 자살 위기자에 대한 동정과 공감이 더 높게 나타났다. 즉 자살 위기자를 '우리'가 아닌 특정 집단의 '그들'로 기술한 뉴스를 읽은 후 자살 위기자에 대한 태도는 더 부정적이었다. 실업자, 학업 실패자 등으로 자살하는 사람들이 특정 집단의 사람들이라는 기사가 자살 낙인을 증가시키고 도움을 주려는 태도를 감소시킨다는 결과이다. 반대로, 어느 누구나 정신질환과 우울증의 위험이 있고, 우리 가족, 우리 친구 등 주변 사람들에게도 쉽게 일어날 수 있다는 보도는 거리감과 이질감을 감소시켜 동정과 이해로 표현되는 긍정적 태도를 유도했다.

자살 위기 상황을 실업자, 일탈자 등의 특정 집단의 문제로 기술하는 사회적 담론은 개선되어야 하고, 이는 미디어 보도뿐만 아니라 드라마, 영화, 다큐멘터리 등 모든 미디어 콘텐츠에 해당된다. 또한 우리 모두의 문제로 정신질환과 자살 문제를 제시하는 공공 캠페인의 활용이 필요하다. 집단 범주화 등 자살 예방을 막는 방해 요소를 사회적 담론에서 주의 깊게 관찰해야 하고, 재범주화를 통한 적극적인 인식 개선이 동시에 진행되어야 할 것이다.

CHAPTER

5 낙인과 건강 불평등

1. 사회적 편견과 배척이 정신건강에 미치는 영향

자기 성찰과 통제를 미덕으로 삼는 우리 문화는 남을 의식하여 체면을 중시하고 내집단과 외집단에 대한 구분이 뚜렷하며, 많은 경우 다수와 상이한 의견을 가진 대상을 바람직하지 못한 것으로 간주하고 거리를 두는 경향이 높다. 동서양을 막론하고 모든 사회에서 소수자 집단은 편견과 낙인에 취약하다. 그러나 문화적 특성에 따라 그 정도의 차이는 눈에 띄게 달라진다. 그들과 우리라는 이분화된 논법에 좀 더 익숙한 우리의 사고방식은 혈연, 지연, 학연 등으로 얽힌 내집단 속에서 자기 정체성을 찾고자 하고 그 속에 포함되지 않은 외집단에 대한 강한 배척성을 보인다. 젊은 나는 노인과 다르며, 다른 나라에서 온 이주여성, 이주노동자는 낯선 사람들이며, 성 정체성을 외치는 성소수자 집단은 특이하고 이상한 사람들로 받아들이면서, 노인 낙인, 이주여성 낙인, 성소수자 낙인이 빈번히 표출된다.

사회적 낙인으로 고착화된 배척성과 편견은 사회적 약자를 규정하고 구분하며, 이는 외집단의 정신건강을 저해하는 요인으로 작용한다. 사회적 편견과 부정적 인식은 물리적 환경만큼 정신건강에 미치는 영향력이 크며 이는 사회 내 건강 불평등을 더욱 표면화시키게 된다. 편견과 차별에 취약한 노인, 결혼이주여성, 성소수자의 건강 위험성은 훨씬 높기 때문이다(김승섭, 2017). 건강 불평등이 사회적 낙인과 차별을 유도하고 이를 통해 형성된 사회적 낙인과 차별은 건강 불평등을 강화시키는 악순환이 이루어진다.

질병의 사회적 원인을 연구하는 사회역학 관점에서 혐오, 차별, 편견은 사회적 상처로 사회 구성원의 건강을 해친다. 김승섭(2017)은 "사회적 환경과 완전히 단절되어 진행되는 병이란 존재할 수 없다"라고 지적하며 "사회적 원인을 가진 질병은 사회적 해결책이 필요하다"고 주장한다. 의료기술의 발전과는 별도로 개인의 건강 증진을 위해서는 사회구조적인 변화, 그리고 사회 인식의 변화가 필수적이라는 것이다. 다문화가정 청소년, 이주노동자, 비정규직 노동자들을 대상으로 한 연구에서 대수롭지 않은 일이라 넘겨버렸던 경험들이 실제로 정신건강을 해치고 있었다는 결과들이 나타났다. 편견이나 차별로 인해 표현하지 못하고 오히려 애써 괜찮다고 생각하고 행동할 때 우리 몸이 더 아프다는 것을 김승섭(2017)의 연구는 보여준다. 이러한 현상을 김승섭(2017)은 "몸은 정직하기 때문"이라고 설명하며 다음과 같이 기술한다. "인간은 사회 속에서 살아갑니다. 우리 몸에서 나타나는 병리적인 변화는 항상 유전적인 요소와 환경적 요소가 함께 상호 작용하며 나타나고 진행됩니다.

공동체와 완전히 분리되어 독자적으로 살아가는 개인은 존재할 수 없기에, 사회적 환경과 완전히 단절되어 진행되는 병이란 존재할 수 없습니다"(pp.70-71).

사회적 환경의 중요성은 낙인과 같은 사회적 인식이 정신건강에 미치는 결정적 영향력과 직결된다. 재소자, 결혼이주여성, 비정규직 노동자, 성소수자들을 대하는 사회적 편견과 낙인이 그들의 건강에 영향을 미치고, 이를 위한 해결책 중의 하나는 이러한 사회적 인식의 개선과 함께 사회적 연결망의 강화이다. 이는 회복탄력성(resilience)의 개념과 상통하며 어려움과 난관에 부딪혔을 때 이를 극복하고 이전의 상태로 돌아가기 위해 필요한 보호 요인이다. 서로의 존재가 연결될수록, 사회가 함께 건강해질 수 있다는 주장(김승섭, 2017)은 회복탄력성 강화를 통한 정신건강 증진과 같은 맥락이다. 회복탄력성 증진을 위해 위험 요인을 제거 또는 감소시키고 보호 요인을 강화시키는 것은 개인의 노력만으로 이루어지지 않으며 사회 공동체의 책임이고 의무이다. 2018년 영국에서 세계 최초로 신설된 외로움 담당 장관(Minister for Loneliness)은 정신건강 증진을 위한 사회적 책임을 표명하고 이에 대한 국가적 지원을 잘 나타낸다.

우리 사회의 노인, 청소년 자살률이 높은 것도 건강 불평등에 미치는 사회적 인식과 낙인의 영향력을 반증한다. 청년기의 고민과 어려움을 스스로 이겨내지 못하는 젊은이들을 우리는 의지가 박약하고 나약한 자로 쉽게 낙인찍어버린다. 의지하고 도움 받아야 하는 힘없고 노쇠한 노인은 연금충, 틀딱충이라는 신조어[1]를 만들어 지칭해버리기도 한

1 "'틀딱충', '연금충' 온라인 노인 비하 발언 도 넘어", 매일신문(2019.5.6.) (http://mnews.imaeil.com/Society/2019050617095402010)

다. 사회적 낙인으로 고착화된 편견과 배척성을 지닌 우리 문화의 단면을 살펴봐야 한다.

건강 불평등을 야기하는 부정적 인식과 태도에 대한 체계적 이해를 바탕으로, 사회 융합을 막는 장애물을 파악하고 이를 제거, 감소시킬 수 있는 소통 전략 마련이 시급하다. 건강 불평등을 완화시키고 국민 정신건강 증진을 위한 선행 과제로서 우리 사회 속 낙인의 개념과 파급 효과에 대한 깊은 고민과 대책이 필요하다.

2. 낙인의 개념과 파급 효과

낙인(stigma)은 사람이나 대상을 바람직하지 못한 결함이 있는 것으로 바라보는 데서 시작한다(Goffman, 1963). 개인의 평판에 대한 불명예, 오점을 나타내는 표식(Wahl & Harman, 1989)으로 정의되기도 하고, 이러한 표식으로 사람과 대상에 대한 가치를 낮추는(Dovidio, Major, & Crocker, 2000) 결과적인 차원에서 정의 내려지기도 한다. '낙인찍히다(stigmatized)'는 타인에 의해 결함이 있는 것으로 평가받고 바람직하지 못한 속성을 지니고 있는 것으로 인식되는 것이다.

낙인은 사회적 낙인(social stigma)과 자기 낙인(self stigma)으로 구분되며, 사회적 낙인은 특정 집단이나 대상에 대한 사람들의 인식이고, 자기 낙인은 사회가 부여한 편견과 부정적 인식을 내재화(internalization)하여 스스로를 열등하다고 받아들이는 것이다(Corrigan & Watson, 2002). 많은 경우 사회적 낙인은 자기 낙인으로 전환되어 낙인찍힌 사람이 스스로에 대한 부정적인 인식을 형성하게 되는 낙인의 내재화(internalization)를 거치게 된다(Corrigan, 2004). 다시 말해 사회적 낙인은 특정 집단과 대상에 대한 일반인들의 인식을 결정할 뿐만 아니라 낙인찍힌 대상의 자기 낙인을 유도한다. 사회적 낙인이 일단 형성되면 낙인찍힌 대상에 대한 편견과 차별적 시선이 자기 낙인을 촉발하고 자기 낙인은 낙인찍힌 대상의 삶 전반에 부정적인 영향을 미치게 된다.

수정된 낙인 이론(Modified Labeling Theory)은 사회적 낙인으로 인한 자기 낙인의 내재화를 설명한다(Link et al., 1989). 낙인의 대상이 가치 절하된 스스로의 존재를 인식하게 되면 이는 사회화 과정을 통해 일련의 신념으로 남게 된다. 자기 낙인은 자아존중감(self-esteem)을 저해하고 사회 적응과 삶의 만족도를 낮추는 장애물로 작용한다. 낙인화를 유발하는 편견과 고정관념은 사회구성원들 간에 공유되는 집단적 인식으로 낙인화된 집단의 구성원을 배제하거나 차별하게 되는 근거가 된다(Leary & Schreindorfer, 1998; Eccleston & Major, 2006).

즉 사회적 낙인은 사회에 의해서 부여된 것으로, 낙인의 대상과 내용은 시대와 상황에 따라 다르다(Crocker, Major, & Steel, 1998; Jones et al., 1984). 한 문화에서 낙인으로 간주되는 것이 다른 사회와 문화에서는 낙인으로 여겨지지 않을 수 있다(Hebl & Heartherton, 1998). 예를 들어, 특정 사회에서 비만 낙인으로 연결되는 체형과 외모가 다른 문화에선 미에 대한 다른 기준으로 인해 긍정적으로 여겨질 수도 있다. 오래전 농경 사회에서 풍성함과 부의 상징이던 체형이 이제는 오히려 빈곤층 또는 저소득층과 연결되고, 더 나아가 자기 통제와 관리의 부족이라는 사회적 낙인을 내포하게 된 것은 낙인의 형성과 강화가 시대와 상황에 따라 변화하는 역동적인 개념임을 잘 보여준다.

낙인은 사회적, 문화적 부산물로, 다양한 낙인의 유형이 사회마다 존재하며 그 정도 또한 다르다. 그 예로, 한국 사회에 존재하는 낙인 중 하나는 이주여성 낙인이다. 단일민족이라는 특성을 오랫동안 지녀온 한국 사회가 다문화 가족의 증가와 함께, 새롭게 등장한 결혼이주여성이라는 집단을 편견과 차별의 시선으로 바라보는 것이다. 결혼이주여성의 대부분이 경제적 수준이 낮은 국가 출신이라는 것과 관계하여 이들을 불쌍하고 무기력한 사람들로 바라보는 시선이 지배적이다(설진배 · 김소희 · 송은희, 2013). 문제는 이러한 편견과 차별적 시선이 결혼이주여성을 하나의 소수자 집단으로 구분하는 낙인으로 작용하여 해당 집단의 구성원이라는 자체만으로 사회적 낙인의 대상이 되어버린다는 것이다.

결혼이주여성에 대한 실태 조사에 의하면 약 40%의 결혼이주여성이 한국 사회에서 편견과 차별을 경험했다고 하며, 이러한 경험은 삶에 대한 만족도에 부정적 영향을 주는 것으로 밝혀졌다(통계청, 2016b). 결혼이주여성들은 "한국 국적을 취득하며 한국인이 되었다고 생각하지만, 한국 사회는 국적 여부와 상관없이 나를 한국 사람으로 대하지 않으며…… 이러한 태도로 인해 자존심에 상처를 입고, 한국 생활에 대한 의지가 저하된다"고 답했다(김이선 · 김민정 · 한건수, 2006). '어려운 상황에 놓인 피해자', '빈곤한 나라에서 온 무지한 자'로 대하는 인식이 한국 생활에 적응하는 데 가장 큰 어려움(정경운, 2007)이라는 답변들은 낙인의 부정적 파급 효과를 잘 보여준다. 낙인의 형성과 강화는 소수자 집단의 사회 적응과 삶의 만족도를 저하시키고, 궁극적으로는 사회 통합을 낮추는 요소로 작용한다.

따라서 사회적 낙인이 자기 낙인으로 내재화되는 것을 막거나 완충 작용을 할 수 있는 사회적, 개인적 기제가 필요하다. 이주여성의 낙인에 대한 최근 연구(An, Lim, & Lee, 2020)는 한국의 베트남 이주여성에 대한 사회적 낙인이 자기 낙인으로서 내재화되는 과정에서 소셜 미디어를 통한 사회 자본의 중요성을 보여준다. 그림 5.1은 사회적 낙인의 부정적인 영향력이 사회적 연결망에 기반을 둔 사회 자본을 통해 완화될

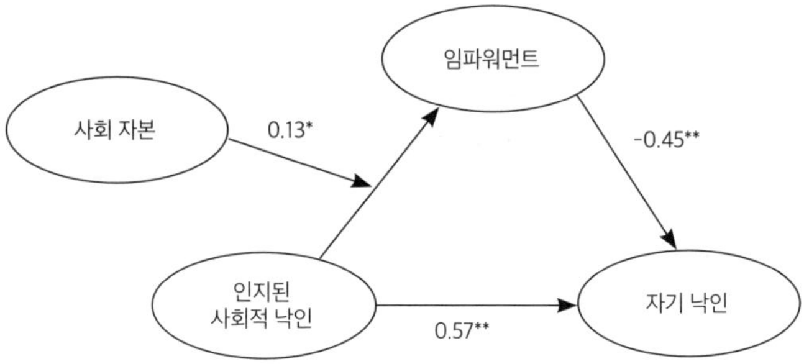

참조: * p<.05, ** p<.01

그림 5.1 소셜 미디어를 통한 사회 자본이 자기 낙인에 미치는 구조적 관계 (An, Lim, & Lee, 2020)

수 있다는 것을 나타낸다. 소셜 미디어의 이용을 통한 사회 자본의 형성은 이주여성들의 임파워먼트에 긍정적인 영향을 주며, 이는 자기 낙인으로 내재화되는 것에 대한 완충 작용을 해주었다. 즉 시간과 공간의 제약 없이 가족, 친구들과 이야기할 수 있는 소셜 미디어를 통한 사회 자본을 많이 가지고 있는 베트남 이주여성의 경우 임파워먼트를 갖추게 되고, 이는 자기 낙인을 줄여주는 역할을 했다. 이는 사회적 연결망의 강화를 통해 정신건강 증진이 도모될 수 있다(김승섭, 2017)는 것을 실증적으로 보여주는 연구 결과이다. 그림 5.1에서 보이듯이 사회 자본과 임파워먼트의 조절 효과, 매개 효과가 없다면 인지된 사회적 낙인이 자기 낙인에 미치는 직접 효과는 정적으로 나타난다. 건강 불평등을 해소하고 정신건강 증진을 위해, 사회적 낙인의 내재화를 막아주는 기제로서 사회 자본의 효과와 이로 인한 임파워먼트의 형성을 주시할 필요가 있다.

한 사회에 존재하는 다양한 낙인은 소수자 집단을 결함이 있는, 바람직하지 못한 부류의 사람들로 특징짓게 만든다. 비만 낙인은 뚱뚱한 사람은 게으른 사람, 자기 관리를 못하는 무책임한 사람이라는 고정관념을 강화시키며, 이주여성에 대한 낙인은 돈을 위해 팔려온 여자, 불쌍한 여자라는 편견을 고착화시킨다. 노인에 대한 낙인은 노인은 무능력하면서 괴팍하고, 동시에 권위주의적이라는 부정적 인식을 전달한다. 노인 낙인의 경우 노인 혐오라는 사회적 담론으로 표출되어 고령화 사회로 접어든 한국 사회에 세대 갈등을 유발하기도 한다(이현미 · 김준영, 2019).

즉 낙인은 사회와 문화를 배경으로 형성되기 때문에 한 사회에서 무엇이 낙인화되어 있는지, 어떻게 낙인화되는지 살펴보는 일은 중요하다. 낙인을 줄이기 위해서는 그 사회에서 인식되는 낙인 구조를 이해하는 것이 필수적이기 때문이다. 정신질환 및 자살과 관련하여 호주(Batterham et al., 2013), 미국(Corrigan et al., 2007), 유럽(Scocco et al., 2012), 한국(안순태 · 이하나, 2017b)의 자살에 대한 사회적 낙인 구조가 상이하고 이는 각 문화의 특성을 반영하고 있다. 낙인 감소를 위한 효과적인 소통 전략 마련을 위해 문화적 특성이 투영된 사회적 낙인의 구조를 파악해야 한다.

3. 낙인 감소 전략과 귀인 이론

귀인 이론(attribution theory)은 낙인 형성과 감소를 위한 유용한 틀을 제공한다. 귀인(attribution)은 사람들이 자신이나 타인에게 일어난 일에 대한 원인을 지각하고 판단하는 틀이다(Heider, 1958; Weiner, 1979). 발생한 사건의 원인을 유추하는 것은 추후 그 대상에 대한 감정이나 행동에 영향을 미친다. 하이더(Heider, 1958)는 사람들이 사건이나 행동에 대한 원인을 크게 두 가지 방향으로 귀속시킨다고 설명한다. 개인의 인성, 태도, 능력, 생활습관 등과 같은 내부귀인과 운, 주변 환경, 규범 등과 같은 외부귀인으로 구분되며, 내부귀인은 행위자에게 문제 발생의 원인을 돌리고, 외부귀인은 다른 누군가 혹은 무엇에 원인이 있다고 유추하는 것이다. 문제의 원인을 내부 또는 외부로 귀인하는지에 따라 대상과 집단에 대한 태도에 큰 차이가 생긴다. 내부적인 노력 부족과 잘못된 태도로 인해 발생한 결과물에 대해 훨씬 더 비판적인 반면, 외부적인 주변 환경 때문에 일어난 일에 대해서는 훨씬 더 관용적인 태도는 일상에서도 쉽게 관찰 가능하다.

와이너(Weiner, 1979)는 귀인과정을 통제성(controllability)으로 설명하는데, 이는 사건이나 행동 원인을 개인이 얼마나 통제하고 조절할 수 있는지에 관한 것이다. 노력하고 애쓰는 것은 개인이 통제할 수 있는 요인(controllability)이지만, 운이나 주변 환경 등은 개인이 통제할 수 없는 요인(uncontrollability)으로 간주된다. 통제성은 책임성(responsibility)과 연결되어, 원인에 대한 책임(onset controllability)과 문제의 해결에 대한 책임(offset controllability)으로 구분된다(Weiner, 1988). 원인에 대한 책임(onset controllability)이 있다고 판단되는 경우 그렇지 않은 경우 보다 더 부정적인 감정과 행동이 나타난다(Corrigan, 2000; Schwarzer & Weiner, 1991). 반면, 문제의 원인을 개인이 통제할 수 없다고 인지하는 경우 좀 더 동정하고 도움을 주려 한다(Zucker & Weiner, 1993).

귀인 이론은 정신질환자나 자살 위기자에 대한 사람들의 태도를 잘 설명해주고 낙인 감소를 위한 전략의 방향성을 제시해준다. 정신질환과 관련해서 긍정적인 태도와 적극적인 도움 행위를 유발하기 위해서는 호르몬의 불균형 등과 같은 생물학적 원인 또는 개인이 통제할 수 없는 상황 탓으로 귀인과정을 바꿔주는 것이 필요하다(Karasawa, 1991;

Weiner, 1988; Weiner et al., 1988). 즉 정신질환 낙인의 경우, 질환의 원인이 개인의 통제 밖에 있었다는 정보를 제공받은 사람들은 좀 더 긍정적인 감정과 도움을 주겠다는 의사를 보였다(Weiner et al., 1988). 비만 낙인의 경우 비만의 원인이 통제 가능한 운동 부족 때문이라는 정보를 제공받은 사람들은 비만 환자들에 대한 태도가 부정적이었지만, 유전적 요인 때문이라는 정보를 제공받은 사람들은 훨씬 더 호의적 태도를 보이고, 도움을 주고자 하는 의도도 높았다(Jeong, 2007). 즉 뚱뚱한 사람을 대할 때 그 원인이 운동 부족, 자기 관리의 부족이라고 귀인하는 경우와 유전적으로 비만 세포를 타고난 사람이라고 귀인하는 경우 상반된 태도가 관찰된다.

그러나 통제 불가능하다는 귀인만으로 정신질환자에 대한 낙인이 제거되는 것은 아니다(Fisher & Farina, 1979; Mehta & Farina, 1997). 정신질환을 개인이 통제 불가능한 원인으로 설명하면 공감과 동정 등 긍정적인 감정이 촉발되지만, 정상인과는 다른 종(species)이라는 인식과 함께 예측 불허하고 위험하다는 부정적 감정 반응을 이끌어낼 수도 있기 때문이다(Mehta & Farina, 1997). 따라서 통제 불가능한 원인에 대해, 치료와 노력을 통해 회복이 가능하다는 정보가 함께 제시되어야 한다(Corrigan, 2000). 이는 원인에 대한 책임과는 다른 문제 해결에 대한 책임성(offset controllability)이다.

즉 낙인 감소를 위해서는 원인에 대한 책임성뿐만 아니라, 해결에 대한 책임성을 설명함으로써 낙인찍힌 개인의 책임이 아니며, 스스로가 현재의 상황을 벗어나기 위해 애를 쓰고 있다는 것을 보여주는 것이 중요하다(Schwarzer & Weiner, 1991). 문제 상황을 해결하고 벗어나려는 노력(coping effort)은 감정 및 행동 반응을 결정하는 데 중요한 역할을 한다. 우울증과 정신질환이 호르몬의 영향으로 인해 발생하기 때문에 개인이 통제하기 힘들지만, 개인이 상황을 개선시키기 위해 노력을 한다는 것과 하지 않는다는 것이 큰 차이를 가져온다. 통제 불가능한 원인으로 인해 질병을 얻었을지라도, 회복을 위한 노력을 한 사람들에게 더 많은 동정과 도움을 주려는 의도가 나타난다는 것이다(Schwarzer & Weiner, 1991).

내집단, 외집단으로 분류하는 집단 범주화도 낙인 인식에 큰 영향을 미친다. 자살 시도자에 대한 낙인과 관련하여, 원인이 통제할 수 있는 것인지의 여부와 자살 시도자를 내집단 또는 외집단으로 범주화하는 인식의 상호 작용이 결정적인 차이를 가져온다고 한다(Lee & An, 2013). 자살 원인을 통제 가능하다고 본 사람들보다 통제 불가능하다고 본 사람들에게 더 낮은 낙인이 나타났고, 특히 자살 시도자를 내집단으로 분류하는 경우에는 더 낮은 낙인이 나타났다. 가장 높은 낙인이 나타난 경우는 자살 시도자를 외집단에 속한 사람으로 분류하고 이들의 자살 원인이 통제 가능한 원인이라고 생각하는 경우였다(그림 5.2).

즉 가족, 친구와 같이 내집단으로 받아들이는 경우에는 통제 가능한 원인이라고 인식하더라도 낙인이 크게 증가하지 않았다. 자살이 우리 주변의 누구에게나 일어날 수 있는 일이라고 인식하는 것이 자살 시도자에 대한 낙인 감소를 위해 필요하다는 것을 잘 나타낸다. 한국 사회에서 자살 시도자에 대한 낙인을 감소시키기 위해서는 자살의 원인이 개인이 통제할 수 없는 것으로 설명하는 것이 필요하며, 무엇보다 자살 시도자를 내집단으로 받아들이는 것이 중요하다는 것을 보여준다. 자살 시도자를 의지가 박약한 자, 실패한 자 등의 특정 부류로 규정하여 외집단으로 선 긋기를 하는 것 대신, 우리 주변의 친구, 가족 누구에게나 일어날 수 있는 일로 받아들이는 인식의 변화가 필요하다.

낙인이 건강 불평등에 미치는 파급 효과에 대한 이해와 사회적 낙인

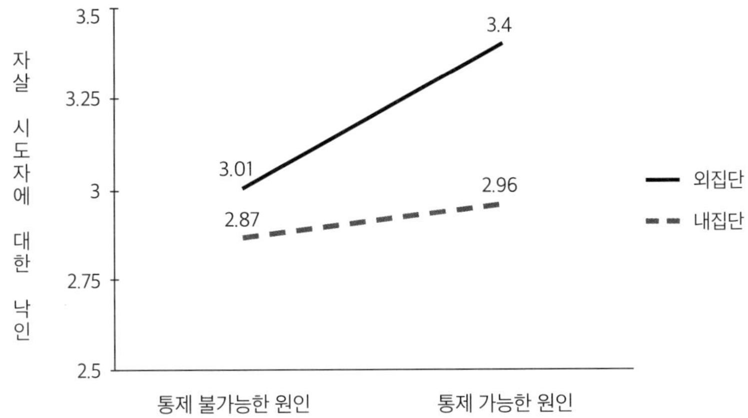

그림 5.2 자살 시도자 낙인에 있어 통제성과 집단 범주화의 상호 작용

(Lee & An, 2013)

이 자기 낙인으로 내재화되는 것을 막아주기 위한 사회적 차원의 대책 마련이 필요하다. 무엇보다 사회적 낙인이 집단적으로 공유되는 인식으로 사회적 산물이라는 점은 변화 가능성을 반증한다. 사회적 낙인이 제거 또는 감소될 수 있는 소통 전략에 대한 고민이 중요한 이유다. 자살 예방을 위해 자살 고위험군에게만 초점을 둘 것이 아니라 일반인들의 인식과 태도를 변화시켜 정신건강 서비스 활용이 좀 더 용이한 사회적 환경을 조성하는 데 중점을 두어야 하는 이유이기도 하다. 한국인의 자살에 대한 인식, 자살 낙인에 대한 깊이 있는 이해를 바탕으로 그 변화가 가능할 것이다.

CHAPTER

6 자살자에 대한 사회적 낙인

1. 자살 낙인에 대한 이해

많은 사회에서 자살 예방의 가장 큰 걸림돌은 시의적 도움 추구를 주저하게 만드는 사회적 낙인이다(Eagles, Carson, Begg, & Naji, 2003; Jeon et al., 2014). 우울증과 자살 충동으로 힘들어하는 많은 사람들이 정신과 치료에 대한 두려움과 사회적 낙인으로 적절한 치료와 도움을 받지 못하는 경우가 많다(Cvinar, 2005; Eagles et al., 2003). 한국 사회의 높은 우울증 유병률과 자살률에도 불구하고 정신건강 서비스 활용이 매우 낮은 이유도 정신질환에 대한 강한 사회적 낙인 때문이다. 정신과 내원에 대한 사회적 편견과 이로 인한 상담 기피를 해소하기 위해 건강보험 청구 절차가 정신과질환 청구코드인 F에서 보건일반상담 Z코드로 변경되기도 했다(이준혁, 2013).

자살에 대한 사회적 낙인은 자살을 시도한 사람들이 가지고 있는 속성에 대한 공중의 인식이다. 동서양을 막론하고 자살은 병리학적 측면보다는 인간이 지켜야 하는 범위를 벗어난 행동의 측면이 강조되어왔다(Joiner, 2007). 중요한 점은 낙인이 특정 사회와 문화를 배경으로 형성되고 강화되기 때문에 낙인을 감소시키기 위해서는 그 사회의 독특한 낙인 구조에 대한 파악이 이루어져야 한다는 것이다. 한국 사회에서 자살, 자살자에 대한 인식이 어떤 요소로 구성되어 있는지 체계적으로 검토되어야 하고, 이를 통해 특정 낙인 요소를 제거 또는 감소시킬 수 있는 효율적인 소통 전략이 강구될 수 있다.

한국 사회에서 스스로 목숨을 끊는다는 것에 대한 반응은 단순히 부정적인 것에 그치지 않고, 우리 문화 속에서 형성되고 공유되어온 다양한 믿음과 연결되어 표출된다. 자살에 관한 우리의 인식 속에는 진주 촉석루에 기록되어 있는 논개의 강단 있는 투신자살도 있고, IMF 위기 후 직장을 잃고 세상을 등진 중년 남성의 애달픈 자살도 있고, 학업 성적에 고민하다 생을 마감한 안타까운 청소년의 자살도 있기 때문이다. 자살에 대한 다양한 인식과 태도는 우리가 공유하고 있는 집단적 기억 속에서 만들어진 독특한 결과물이다.

자살 시도자에 대한 낙인은 한국 사회에만 존재하는 것은 아니다. 일본과 중국 등 아시아권 국가는 물론 미국과 호주 등의 서구 국가에도 존재한다(Batterham et al., 2013; Domino et al., 2000; Pompili et al., 2003; Tzeng & Lipson, 2004). 각 사회의 집단적 기억 속에서 만들어지고 변모하는 자살 낙인에 대한 체계적 이해는 사회적 산물로서 형성된 낙인이 주는 부정적 영향력을 어떻게 제거, 감소시킬 수 있는지에 대한 단서를 제공한다. 한국형 자살 예방 전략 도출을 위해서 다른 나라와 비교하여 자살에 대해 한국인이 지니고 있는 독특한 인식과 태도에 대한 파악이 먼저 이루어져야 하는 이유이다. 미국과 호주의 자살 낙인 감소 전략을 우리 사회에 그대로 적용하면 그 효과가 제한적일 수밖에 없기 때문이다.

2. 해외의 자살 낙인

배터햄과 동료들(Batterham et al., 2013)은 호주의 대학생들을 대상으로 자살에 대한 사회적 낙인에 대한 척도를 개발했다. 이는 각각 낙인(stigma), 소외/우울(isolation/depression), 찬미/정상화(glorification/normalization)의 세 가지 차원으로 총 58개 항목으로 구성되어 있다. 표 6.1에서 보이듯이, 낙인 차원은 이기적임, 나약함, 무책임함, 비겁함, 한심함 등의 31개 항목을 포함했고, 소외/우울 차원은 단절됨, 외로움, 소외됨, 비참함 등의 16개 항목을, 찬미/정상화 차원은 용감함, 합리적임, 헌신적임, 숭고함 등의 11개 항목을 포함했다.

미국의 자살에 대한 사회적 낙인은 코리건과 동료들(Corrigan et al., 2017)에 의해 연구되었고(표 6.2), 인지적 측면인 고정관념(stereotype), 감정적 측면인 편견(prejudice), 행동적 측면인 차별 행동(discrimination)의 세 차원으로 나누어져 있다. 구체적으로 고정관념에는 약함, 광적임, 심적 고통의 3개의 요인이, 편견에는 무서움/불신, 분노의 2개의 요인이, 차별 행동에는 회피, 무시, 강압의 3개의 요인이 포함되었다. 호주에서 발견된 찬미/정상화 요인은 나타나지 않고 오히려 회피, 무시와 같은 행동적 요인이 강하게 표출되어 있다.

스코코와 동료들(Scocco et al., 2012)은 자살 시도자를 향한 일반인들

표 6.1 호주의 자살에 대한 사회적 낙인(Batterham et al., 2013)

낙인	1. 다른 사람들에게 해를 끼침	소외/우울	32. 행복하지 않음
	2. 이기적임		33. 우울함
	3. 마음을 상하게 함		34. 고통 받음
	4. 무모함		35. 슬픔
	5. 나약함		36. 상처가 있음
	6. 무책임함		37. 단절됨
	7. 관심을 필요로 함		38. 희망이 없음
	8. 비겁함		39. 고립됨
	9. 무의미함		40. 외로움
	10. 무식함		41. 비참함
	11. 불공평함		42. 궁지에 몰림
	12. 정당화될 수 없음		43. 소외됨
	13. 어리석음		44. 낙담함
	14. 잔혹함		45. 절교
	15. 부담이 됨		46. 침잠함
	16. 이상함		47. 불안해함
	17. 비정상적임	찬미/정상화	
	18. 실패자		
	19. 얄팍함		48. 이해할 수 있음
	20. 수치스러움		49. 일을 저지름
	21. 한심함		50. 용감함
	22. 복수심을 보임		51. 동기 부여가 됨
	23. 폭력적임		52. 합리적임
	24. 용서받을 수 없음		53. 현실적임
	25. 곤란함		54. 강함
	26. 오만함		55. 헌신적임
	27. 비도덕적임		56. 영향력이 강함
	28. 쓸모없음		57. 두려움이 없음
	29. 게으름		58. 숭고함
	30. 야만적임		
	31. 악랄함		

의 차별 행동에 주목하여 낙인 척도를 개발했다. 이탈리아의 파도바대학과 연계된 정신건강센터를 통해 일반인을 모집하여 진행된 이 연구

는 기존의 차별 행동 척도를 번역하고 자살 행동에 맞게 수정하여 12가지 항목으로 정리했다. 12가지 항목은 '(자살 시도자를) 친한 친구로 받아들일 수 있는지', '(자살 시도자를) 보통의 사람과 같이 똑똑하다고 생각하는지', '(자살 시도자를) 보통의 사람과 같이 믿을만하다고 생각하는지', '(자살 시도자를) 공립학교의 선생님으로 받아들일 수 있는지', '(자살 시도/시도자를) 개인적인 실패의 증거라고 느끼는지', '자녀를 돌볼 사람으로 채용하지 않을 것인지', '(자살 시도/자살 시도자를) 낮추어 바라볼 것인지', '자살 시도자가 직무에 적합한 능력을 가졌다면 채용할 것인지', '다른 지원자들을 위해 자살 시도자의 지원을 무시할 것인지', '자살 시도자를 다른 사람과 똑같이 대할 것인지', '자살 시도자가 친척이나 친구와 데이트하는 것이 꺼려지는지', '자살 시도자인지 알게 되면 자살 시도자의 의견을 덜 심각하게 받아들일 것인지' 등이다.

사베드라와 동료들(Saavedra et al., 2020)은 스페인 사람들이 가지고 있는 자살에 대한 사회적 낙인을 정리했다. 스페인의 자살에 대한 사회적 낙인은 크게 위험-공포, 연대의 부족, 강압, 회피로 나누어진다. 위험-공포는 심각한 정신질환을 가진 사람들을 위험하게 여기면서 공포나 분노의 감정을 갖는 것을 의미한다. 연대의 부족은 자살에 대해 도움이나 공감이 부족하다고 느끼는 것이고, 강압의 경우 강제적인 억류나 의학적 치료의 강요와 같은 행동을 말한다. 회피의 경우는 심각한 정신질환을 가진 사람들로부터 도망치거나 피하려는 행동을 의미한다.

중국인들의 자살에 대한 낙인(Zou et al., 2016)은 '자살은 가족과 친구를 배신하는 행동이다', '사람들은 자살하는 행동을 깔본다', '사람들은 자살에 대해 분노한다', '대부분의 사람들은 자살하는 행동을 경멸한다', '자살은 의심의 여지없이 무책임한 행동이다', '자살하는 사람이나 자살을 시도하는 사람은 어리석다', '자살은 자기를 존중하지 않는 사람이 하는 행동이다', '자살하는 사람은 교육을 잘 받지 못했다', '자살하는 사람은 이기적이다', '자살은 비겁한 행동이다' 등의 10개 항목을 포함했다. 호주와 미국 등 서구에서 개발된 자살 낙인에는 나타나지 않는 '가족과 친구를 배신하는 행동'이라는 측면을 주목할 필요가 있다. 유교 문화권에서 중시되는 가족을 포함한 주변인에 대한 신의와 도리에 어긋나는 행동으로 자살을 보는 경향이 발견되었다.

자살에 대한 동서양의 인식 차이는 대만 연구(Tzeng & Lipson, 2004)에서도 나타난다. 자살 시도자들과 가족이 겪는 자살 낙인은 자살을 불효로 보는 문화적인 분위기에 기인한다는 문화적인 맥락을 보여준다. 중국 연구에서 나타난 가족과 친구를 배신하는 행동과 상통하는 개념이다. 자살은 영혼 윤회가 불가한 상태로 여겨지는 나쁜 기운과 연결되고 있었다. 자살 시도자들, 가족들, 주변인들은 모두 자살을 '나쁜 운', '간화(간[肝]의 기운이 지나치게 왕성하여 생기는 열)'라고 여기거나 '(자살 시도 행위가) 부주의한 행동을 한 것이라고 생각하는 경향이 발견되었다.

표 6.2 미국의 자살에 대한 사회적 낙인(Corrigan et al., 2017)

<table>
<tr><td rowspan="15">고정관념</td><td rowspan="7">약함</td><td>겁쟁이</td></tr>
<tr><td>비이성적</td></tr>
<tr><td>관심을 필요로 하는</td></tr>
<tr><td>실패</td></tr>
<tr><td>약함</td></tr>
<tr><td>이기적임</td></tr>
<tr><td>도덕적으로 약함</td></tr>
<tr><td rowspan="4">광적임</td><td>치료를 따르지 않음</td></tr>
<tr><td>광적임</td></tr>
<tr><td>얕보임</td></tr>
<tr><td>약물 남용</td></tr>
<tr><td rowspan="4">심적 고통</td><td>우울함</td></tr>
<tr><td>감정에 휩싸임</td></tr>
<tr><td>고통 받음</td></tr>
<tr><td>도움을 필요로 함</td></tr>
<tr><td rowspan="7">편견</td><td rowspan="3">무서움/불신</td><td>두려움</td></tr>
<tr><td>전염에 대한 공포</td></tr>
<tr><td>정직에 대한 의심</td></tr>
<tr><td rowspan="4">분노</td><td>화가 남</td></tr>
<tr><td>불만스러움</td></tr>
<tr><td>부끄러워해야 함</td></tr>
<tr><td>창피를 당해야 함</td></tr>
<tr><td rowspan="5">차별 행동</td><td rowspan="5">회피</td><td>친구/가족의 연락 회피</td></tr>
<tr><td>떨어져 지냄</td></tr>
<tr><td>가게에서 다른 통로로 이동함</td></tr>
<tr><td>진지한 관계를 맺지 않을 것임</td></tr>
<tr><td>동료로 같은 팀을 지양함</td></tr>
</table>

차별 행동	회피	이메일에 답변하지 않음
		거리를 둠
		그들과 아무것도 하고 싶지 않음
		범죄자처럼 취급함
		고용하고 싶지 않음
		업무를 더 과하게 평가함
		피함
		식기류를 갖게 허용해서는 안 됨
	무시	다른 이들이 불편함
		다른 이들이 험담함
		그들 주변에서 조심함
		다른 이들이 믿지 않음
	강압	위험한 물건으로부터 거리를 두게 함
		약을 먹도록 강요함
		입원시킴
		감금함
		주의 깊게 관찰함

3. 한국 사회의 자살 낙인

한국 사회의 자살 낙인에 대한 연구에서는 '무능함', '부도덕', '이기적', '연민', '반사회적', '찬미'의 총 6가지 요인이 발견되었다(안순태 · 이하나, 2017b) 표 6.3의 6가지 요인 중, 가장 강력한 자살 낙인은 '부도덕'으로, '자살하는 사람은 남에게 죄를 짓는 사람이다', '자살하는 사람은 도덕성이 부족하다', '자살하는 사람은 비난받을 행동을 한다', '자살하는 사람은 사람의 도리를 모른다'와 같이 자살자의 도덕성에 대해 평가하는 내용이다. 이는 중국과 대만의 자살 낙인에서 발견된 가족과 친구를 배신하는 행위와 유사한 개념이다. 한국인에게 자살은 도덕성을 판단하는 기준이 되며, 치료와 도움을 받아야 할 문제가 아니라 개인의 책임성이 더 중요한 것으로 여겨진다는 것을 나타낸다.

그다음으로 높게 나타난 '이기적' 낙인도 같은 맥락에서 설명된다. 한국 사회의 동양적이고 유교적인 가치관이 투영되어 있으며, 미국이나 호주의 자살 낙인에서는 크게 나타나지 않는 요소이기도 하다(Batterham et al., 2013; Corrigan et al., 2017). 호주와 미국의 자살 낙인에도 이기적이고 부도덕하다는 내용이 포함되어 있지만 '부도덕'과 '이기적'이라는 측면이 독자적으로 분리되어 강하게 나타나지는 않았다. 호주와 미국의 경우 비정상적이고 바람직하지 않은 속성들 중의 하나로 비도덕적이고 이기적이라는 측면이 들어가 있을 뿐이다. 그러나 한국의 자살 낙인의 경우 '자살하는 사람은 자기 자신만을 생각한다', '자살하는 사람은 이기적이다', '자살하는 사람은 모진 사람이다', '자살하는 사람은 불효를 저지르는 사람이다' 등으로 구성되어 가족이나 주변 사람을 배려하지 않는 행위로 여겨진다. 특히 자식이 부모보다 먼저 사망하는 것을 불효로 여기는 전통적인 유교문화적 맥락 때문에 인륜을 저버리는 행위로 여겨지기도 한다.

연민 낙인은 부도덕, 이기적 낙인과 함께 서구의 낙인 척도에서는 발견되지 않는 독특한 낙인으로, 같은 아시아 문화권인 중국의 자살 낙인 연구에서도 관찰된다(Zou et al., 2016). '자살하는 사람은 아픔이 있는 사람이다', '자살하는 사람은 안타깝다', ' 자살하는 사람은 현실이 행복하지 않다고 느낀다', '자살하는 사람은 힘든 상황에 처해 있다'로 구성되며, 자살하는 사람을 부정적이라기보다는 안타깝게 생각하는 태도이다.

또 다른 낙인은 반사회적 낙인으로, '자살하는 사람은 사회에 대한 적응력이 떨어진다', '자살하는 사람은 사회로부터 고립된 사람이다', '자살하는 사람은 사람들과 잘 어울리지 못한다', '자살하는 사람은 집단이나 사회로부터 소외되어 있다'로 구성된다. 무능함 낙인은 '자살하는 사람은 신중하지 못하고 무모하다', '자살하는 사람은 무책임하다', '자살하는 사람은 스스로를 통제하지 못하는 사람이다', '자살하는 사람은 의지가 약하다'를 포함한다. 자살하는 사람을 결함이 있는 실패자로

표 6.3 한국 사회의 자살에 대한 사회적 낙인(안순태·이하나, 2017b)

무능함	1. 자살하는 사람은 신중하지 못하고 무모하다 2. 자살하는 사람은 무책임하다 3. 자살하는 사람은 스스로를 통제하지 못하는 사람이다 4. 자살하는 사람은 의지가 약하다
부도덕	1. 자살하는 사람은 남에게 죄를 짓는 사람이다 2. 자살하는 사람은 도덕성이 부족하다 3. 자살하는 사람은 비난받을 행동을 한다 4. 자살하는 사람은 사람의 도리를 모른다
이기적	1. 자살하는 사람은 자기 자신만을 생각한다 2. 자살하는 사람은 이기적이다 3. 자살하는 사람은 모진 사람이다 4. 자살하는 사람은 불효를 저지르는 사람이다
반사회적	1. 자살하는 사람은 사회에 대한 적응력이 떨어진다 2. 자살하는 사람은 사회로부터 고립된 사람이다 3. 자살하는 사람은 사람들과 잘 어울리지 못한다 4. 자살하는 사람은 집단이나 사회로부터 소외되어 있다
찬미	1. 자살하는 사람은 헌신적인 사람이다 2. 자살하는 사람은 열성적이다 3. 자살하는 사람은 이성적이다 4. 자살하는 사람은 강직하다
연민	1. 자살하는 사람은 아픔이 있는 사람이다 2. 자살하는 사람은 안타깝다 3. 자살하는 사람은 현실이 행복하지 않다고 느낀다 4. 자살하는 사람은 힘든 상황에 처해 있다

여긴다는 측면에서, 미국이나 호주 등 다른 문화권에서도 공통적으로 나타나는 낙인이다.

마지막으로 찬미 낙인이 있다. 찬미 낙인은 자살하는 사람을 자신의 신념을 지키는 강직하고 숭고한 사람으로 생각하는 것으로, 다른 문화권에서도 공통적으로 발견되는 자살 낙인이다. 주로 문학작품이나 드라마 속에서 신념이나 명예를 지키기 위하여 항거의 의미로 목숨을 끊는 인물들이 등장하는데, 이들이 찬미 낙인을 반영하고 있는 캐릭터라고 할 수 있다. 찬미 낙인의 측정은 '자살하는 사람은 헌신적인 사람이다','자살하는 사람은 열성적이다', '자살하는 사람은 이성적이다', '자살하는 사람은 강직하다'로 구성되었다.

이와 같이 한국인이 인식하는 자살 낙인은 우리가 공유해온 집단적 인식 속에서 형성되고 강화되어온 독특한 구조를 지니고 있다. 다른 나라의 낙인 감소 전략이 한국에서 효과적으로 실행될 수 없는 근거이기도 하다. 우리만의 낙인 구조를 이해해야 하고, 이를 위해서는 우리의 자살 낙인이 집단별로 어떠한 특성을 지니고 인식되는지 살펴봐야 한다. 효과적인 낙인 감소 전략 개발을 위해서는 목표 공중에 대한 정확한 이해와 상황 파악이 선행되어야 하기 때문이다.

4. 집단별 특성에 따른 자살 낙인 구조

그림 6.1은 인구통계학적 변인들과 자살 시도자를 향한 사회적 낙인들이 한국 사회에서 어떤 구조적 관계를 이루고 있는지 보여준다(안순태 · 이하나, 2017b). 이에 따르면 남성은 여성에 비해 '무능함', '부도덕', '찬미' 요인을 더 높게 가지고 있는 것으로 나타났다. 즉 남성의 경우 자

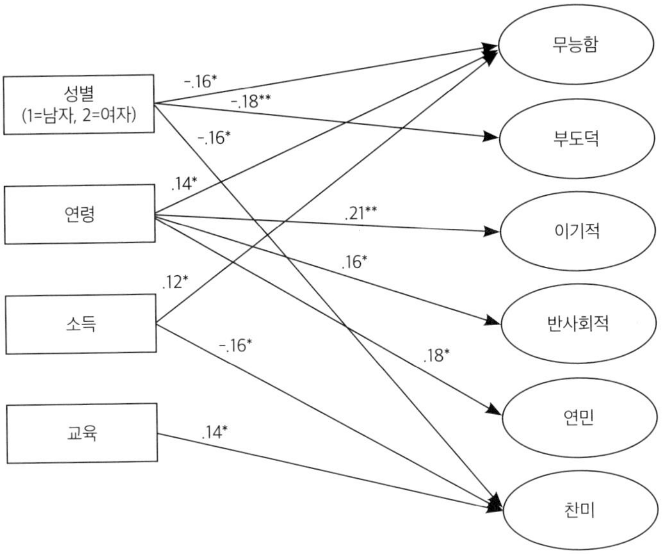

참조: *p<.05, ** p<.01, *** p<.001

그림 6.1 자살시도자를 향한 사회적 낙인과 인구통계학적 특성
(안순태·이하나, 2017b)

살하는 사람이 무능하고 부도덕한 동시에 신념을 지키는 사람이라고 보는 경향이 여성보다 높았다. '찬미' 요인을 높게 본다는 점은 많은 문화권에서 남성의 자살률이 특히 높다는 점을 감안할 때 주시할 필요가 있다. 한국 남성의 경우 자살률은 여성보다 2배 높지만(통계청, 2016a) 정신건강 서비스 이용률은 훨씬 낮다(건강보험심사평가원, 2015). 우울증으로 힘들어하거나 자살 위기에 처한 남성이 도움 요청이나 치료를 주저하고 있음을 나타낸다. 자살에 이를 정도로 정신적인 어려움을 겪어도 남성의 경우 스스로 무능하고 부도덕하다고 느끼는 경향이 높고, 자살을 통해 명예를 지키려는 성향이 강하다는 것이 '무능함', '부도덕', '찬미' 낙인이 강하게 표출되고 있는 현상을 통해 유추 가능하다.

또한 연령은 '이기적' 낙인과 높은 연관성을 보였다. 이는 나이가 많은 경우 자살을 불효라고 보고 자살자를 모진 사람이라고 생각하는 경향이 강하다는 것을 의미한다. 한국 사회에서 연령이 높을수록 유교 사상이 강하게 반영된 가치관으로 자살을 판단한다는 것이다. 이는 자살자를 중요한 도리를 저버린 사람으로 여기는 것이며, 가족들에게 집안 체면을 깎는 수치를 안겨준다는 인식과도 관련이 있다(김가득, 2012). 자살 유가족들이 가족 구성원이 자살로 사망한 경우 이를 부끄러워하고 알리지 않으려는 경향으로 연결된다(오진탁, 2014).

또한 소득 수준이 높은 사람일수록 '무능함' 낙인이 높게 나타났다. 이는 병리학적인 관점이 아니라 책임성과 능력의 관점에서 자살 행동을 판단하는 것으로 특히 소득이 높은 사람들이 자살 위기에 대한 공감 능력이 떨어짐을 보여준다. 특히 '찬미' 낙인 요인이 높게 나타나는 집단이 남자, 저소득자, 교육 수준이 높은 사람이라는 것은 주목할 필요가 있다. 교육 수준은 높지만 저소득자 남자의 경우 자살을 강직하고 용감한 결정으로 바라보는 '찬미' 낙인이 높게 나타난다는 것은 자살에 대한 미화와도 연결된다는 점에서 좀 더 체계적인 분석과 대책 마련이 요청된다.

한국 사회의 자살 낙인 구조는 미국이나 호주에서는 발견되지 않는 요소들을 포함하고 있으며 인구통계학적인 특성에 따라 상이하게 발현된다. 즉 한국 사회의 독특한 자살 낙인 구조는 다면적이며 연령, 성별, 소득 등 집단의 특성에 따라 낙인 인식의 유형과 정도가 다르다. 이것은 한국형 자살 낙인 전략이 필요하며, 무엇보다 목표 공중에 적합한 소통 전략이 수립되어야 함을 잘 보여준다.

CHAPTER 7

비대면 정신건강 검진과 자살 예방

1. 모바일 정신건강 서비스의 유용성

정신건강 서비스 활용에 대한 한국인의 주저함과 거리낌은 비대면으로 모바일을 활용한 정신건강 서비스의 이용 가능성과 연결될 수 있다. 면대면 상담과 정신과 방문은 주저하더라도 온라인을 통한 비대면 상담과 진단에 대해서는 좀 더 적극적일 수 있기 때문이다. 한국인의 정신건강 서비스에 대한 부정적 태도는 정신질환 치료와 상담의 장애물로 밝혀져왔고(보건복지부, 2017a; Jeon et al., 2014), 모바일 앱을 통한 진단과 상담은 효과적인 대안이 될 수 있을 것으로 보인다. 특히 국민 90%가 스마트폰을 사용하고 있다는 점을 고려하면(APAC, 2016) 스마트폰을 활용해 정신건강 서비스 접근성과 활용도를 높이는 방안에 대한 적극적 고려가 요청된다.

정부는 2020년 7월 한국판 뉴딜의 일환으로 비대면 진료 등 디지털 기반 스마트 의료 인프라 구축을 위해 2025년까지 3천억 원의 투자 계획을 발표했다. 이 계획에는 디지털 기반 스마트병원 구축, AI 활용 질환 진단 소프트웨어 개발 및 건강취약계층을 대상으로 한 디지털 돌봄 등이 포함된다(김정현, 2020; 주경준, 2020). 이와 같은 비대면 진료 활성화는 정신건강 상담 서비스에 있어서도 긍정적인 변화일 것으로 보인다. 상담을 위해 방문하거나 이를 다른 사람에게 들키는 것을 꺼리는 문화 속에서 사람들은 비대면 진료 확대를 통한 모바일 정신건강 상담을 더 적극적으로 받아들일 수 있을 것이다.

스마트폰의 활용은 최근 헬스케어 분야에서 높은 관심을 받는 영역이다. 이용의 편이성과 유용성으로 인해 의료 서비스 제공자와 이용자가 시공간적 구애를 거의 받지 않는 모바일 헬스케어가 다양한 분야에서 활발히 개척되고 있다. 특히 정신건강 관련 앱은 정신질환뿐만 아니라 다양한 일상의 스트레스를 관리할 수 있는 정보와 진단, 치료, 상담 서비스를 포괄하여 개발되고 있다(Luxton et al., 2011). 스마트폰의 앱은 타인의 시선을 의식하지 않고 자율적으로 상태를 확인하고 도움을 받을 수 있기에 정신과 상담에 대한 문턱을 크게 낮추는 역할을 했다는 평가를 받고 있다(Brian & Ben-Zeev, 2014).

정신건강 증진을 위한 모바일 앱의 활용은 오래전부터 연구되어온 컴퓨터를 활용한 정신건강 정보와 서비스의 연속선상에 있다. 컴퓨터를 매개로 한 정신건강 상담이 전통적인 면대면 상담과 같은 효과를 줄 수 있다(Cohen & Kerr, 1999). 무엇보다 온라인 상담이 물리적, 시간적 편의성과 함께 정신과 상담에 대한 부담과 사회적 낙인에 대한 우려를 덜어주는 것으로 나타났다(Musiat & Tarrier, 2014; Lal & Adair, 2014). 정신건강 상담 모바일 앱을 통한 정신질환 치료의 접근성과 효과는 실증적으로 검증되었으며(Donker et al., 2013; Firth et al., 2017), 특히 모바일 메시지 기능을 이용해 정신적 문제에 대해 이야기 나누는 것이 정신질환의 예방과 치료에 도움이 됨이 밝혀졌다(Berrouiguet et al., 2016). 국내 연구에서도 기존 컴퓨터에 비해 정신건강 앱의 접근성이 높고 사용자 맞춤형 정보가 더 용이하며 개인정보 노출에 대한 우려가 낮다는 것들이 알려졌다(이수민 외, 2020; 정광재 · 이보겸, 2016).

모바일 앱의 유용성은 그 편리성과 함께 정신질환 치료와 일반 공중의 정신건강 증진을 함께 도모할 수 있다는 점이다. 정신질환 증상이 있는 사람들에게는 초기 진단과 정보를 제공하고 정신질환을 앓고 있지 않은 사람들에게는 자신의 감정 상태와 문제점을 확인시켜 정신적 상태를 측정해주고 더 나은 상태로 개선할 수 있는 방향을 제시하며 실질적 도움을 줄 수 있다(Luxton et al., 2011). 국내에서도 앱 개발이 진행되어 수원시 정신건강복지센터의 '마음건강로드맵' 보훈공단의 '내 손안의 정신건강 전문의', 정신건강사업단의 '정신건강자가진단', 보건복지부의 '마성의 토닥토닥' 등은 정신건강 증진을 위한 모바일 앱의 예이다.

또한 카카오톡과 같은 모바일 플랫폼을 이용한 정신건강 상담도 이루어지고 있다. 카카오톡 플러스채널에서는 정신건강 상담을 해주는 채널들을 찾아볼 수 있는데, <다 들어줄 개>[1]는 대표적인 채널 중 하나이다. 모바일 이용을 편안하게 여기는 청소년들을 대상으로 카카오톡 플러스채널뿐 아니라 문자나 페이스북 등으로도 상담을 제공하고 있다. 365일 24시간 모바일을 통해 전문 자원봉사자를 통해 상담을 받을 수

1 http://teentalk.or.kr/index.php

있다.

해외에서는 원격진료의 확대를 통해 정신건강 상담이 적극적으로 활용되고 있다. 미국의 경우 원격진료 서비스 시장이 최근 5년간 연평균 34.7%의 폭발적 성장을 보이고 있으며, 2024년에는 그 시장 규모가 37억 달러에 이를 것으로 예상된다. 원격진료 서비스 중에서도 정신과 상담은 첨단 장비 없이 화상 상담으로 쉽게 진행할 수 있다는 점에서 활용도가 높다(임소현, 2020). 일본 역시 2015년에 의사-환자 간 원격진료를 전면 허용하고 2018년에는 원격진료에 건강보험을 적용하는 등 적극적으로 원격진료를 확대하고 있다. 원격진료의 범위에 해당되는 질환 중 하나가 정신질환으로, 정신과 관련 보험 의료기관에 통원하기 어려운 자에 대하여 원격진료가 가능하다(김령희 외, 2020).

중요한 것은 활용도 높은 모바일 앱의 개발과 더불어 모바일 앱 활용에 대한 동기화이다. 아무리 좋은 내용의 모바일 앱이 만들어지더라도 이를 이용하고자 하는 사람들의 동기화가 이루어지지 않는다면 모바일 앱 개발을 위한 시간과 노력은 그 결실을 볼 수 없기 때문이다. 실제 이용자들의 이용 동기를 높이는 요인을 활용하여 모바일 앱이 제작되고 구현되어야 한다.

2. 정신건강 증진을 위한 모바일 앱 이용과 동기화

비대면 정신건강 상담 서비스에 대한 동기화를 위해 모바일 앱의 이용 의도에 대한 이해는 필수적이다. 그림 7.1은 정신건강 증진을 위한 모바일 정신건강 앱 이용 의도에 대한 연구 모델이다(안순태 · 이하나, 2018). 정보-동기-행동 기술 모델을 통하여 어떤 인지적, 심리적 요인이

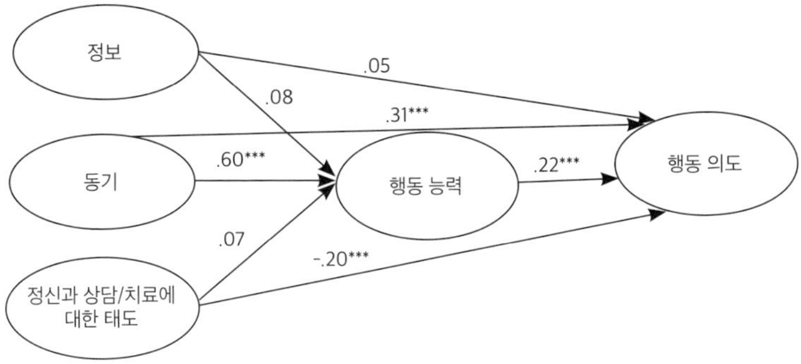

참조: * *p*<.05, ** *p*<.01, ****p*<.001

그림 7.1 정신건강 증진을 위한 모바일 앱 이용 의도에 대한 연구 모델
(안순태·이하나, 2018)

정신건강 앱 이용에 영향을 미치는지 살펴보았다. 이용 동기가 강한 경우 정신건강 앱 사용에 대한 자신의 역량을 높게 평가했으며, 이용 의도 역시 높게 나타났다. 또 정신과 상담과 치료에 대한 부정적인 태도가 앱 이용에 직접적인 영향을 미치기도 했다. 정신건강 서비스의 이용을 꺼리는 이유에 대해서 많은 사람들이 주위 사람들의 시선을 우려했으며, 이런 경향을 가진 사람일수록 정신건강 앱의 이용 의도가 높게 나타났다. 즉 정신과 상담에 대해 부정적 태도를 가진 사람들일수록 정신건강 앱에 오히려 긍정적 반응을 보인 것이다(안순태 · 이하나, 2018).

그림 7.1의 연구모형에서 구체적인 동기는 '정신건강 앱 사용에 대한 태도', '정신건강 앱 사용에 대한 주관적 규범', '정신건강 앱 사용에 대한 사회적 지지'의 세 가지 요인으로 측정되었다. 즉 이용자의 동기는 정신건강 앱 사용에 대한 긍정적인 태도와 연관되며 주변 사람들의 정신건강 앱 사용의 필요성에 공감하는 분위기가 필요하며, 앱 사용에 대해서도 지지해줄 것이라는 믿음이 있어야 증가할 수 있다는 것이다. 이러한 변화는 캠페인을 통해 성취 및 강화될 수 있고, 태도와 믿음

의 변화는 궁극적으로 이용 의도의 증가 및 실제 이용과도 연계될 수 있다. 그림 7.1의 연구 모델은 동기화를 통해 정신과 상담을 촉진시킬 수 있다는 것을 보여주며, 이는 효과적인 소통 전략을 통해 달성할 수 있다. 즉 정보 전달에 초점을 맞춘 건강 중재 방안보다는 동기의 향상을 위한 개인적/사회심리학적 요인이 강조되는 중재 방안이 유용해 보인다.

무엇보다 정신과 상담에 부정적인 사람들이 모바일 앱을 통한 정신과 상담에 높은 관심을 보였다는 점이 모바일 정신건강 앱의 목표 공중을 잘 나타내준다. 이는 정신질환과 정신건강 서비스 이용에 대한 사회적 낙인의 영향력을 반증하는 결과이다. 정신건강 앱 이용이 정신질환 낙인의 영향을 최소화하는 정신건강 증진 방안이 될 수 있음을 보여준다. 다시 말해 정신건강 서비스에 대한 부정적 태도가 장애물인 동시에 모바일 정신건강 상담을 촉진시킬 수 있는 기회로 작동할 수도 있다는 것을 시사한다.

3. e헬스리터러시와 정신건강에 대한 위험 인식

정신건강 모바일 앱 이용을 증진시키기 위해서는 정신건강에 대한 올바른 위험 인식이 갖추어져야 한다. 정신건강은 단지 정신질환이 없는 상태가 아니라 정신의 건강을 유지하고 증진시켜 최적의 건강 상태를 유지하는 것을 의미한다(박선환 외, 2001). 신체적 질병의 발병 가능성에 대한 위험 인식이 건강 증진 행동으로 연결되는 것과 같은 맥락에서 정신건강에 대한 위험 인식은 정신건강 증진을 위한 중요한 선행 요건이다. 코로나19 감염에 대한 위험 인식이 높아지면 손을 씻고 마스크를 작용하는 건강 증진 행위로 연결되는 것처럼, 정신질환에 대한 취약성을 높게 인식하는 것이 정신건강 상태를 확인하고 상담 받고자 하는 긍정적 태도를 유발할 것이다.

모바일 정신건강 상담을 도모하기 위해서는 정신건강에 대한 위험 인식과 더불어 e헬스리터러시가 갖추어져야 한다. 정신질환에 대한 정확한 인식과 관리, 예방에 필요한 정보를 구별할 수 있는 능력이 선행되어야 그 효과를 볼 수 있기 때문이다(서미경 · 이민규, 2013). 필요한 온라인 건강 정보를 찾고, 이해하고, 평가하고, 건강 문제를 해결할 수 있는 능력을 e헬스리터러시(eHealth literacy)라고 한다(Norman & Skinner, 2006). e헬스리터러시가 낮을수록 건강 정보를 이해하는 데 어려움을 겪으며 만성질환 관리가 잘 되지 않고 암 검진 등과 같은 예방 행위가 잘 실천되지 않는 것으로 밝혀져왔다(Scott et al., 2002).

그림 7.2는 정신건강에 대한 위험 인식과 e헬스리터러시, 정신과 상담 태도가 정신건강 증진을 위한 정신건강 서비스 모바일 앱 이용 의도에 미치는 영향력에 대한 연구 모델이다(강승미 · 안순태, 2019). 연구 모델은 정신건강에 대한 위험 인식이 정신건강 서비스 모바일 앱 이용 의

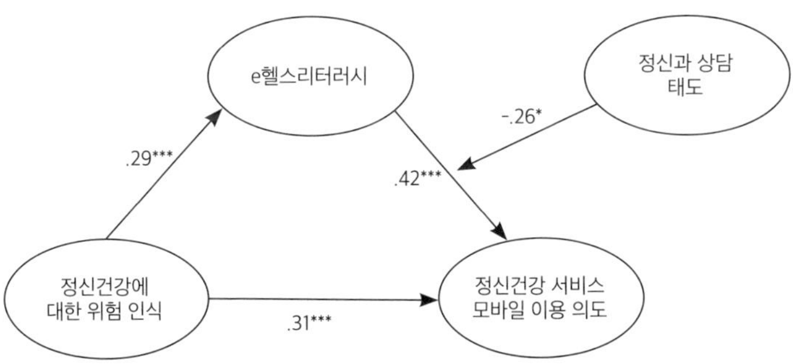

참조: * p<.05, ** p<.01, ***p<.001

그림 7.2 정신건강에 대한 위험 인식과 e헬스리터러시의 영향력 (강승미 · 안순태, 2019)

도에 미치는 영향이 e헬스리터러시를 통해 나타나며, 이 영향력은 정신과 상담 태도에 의해 조절될 것이라는 구조적 관계를 제시하고 있다.

정신건강에 대한 위험 인식이 e헬스리터러시를 통해서 정신건강 모바일 서비스 이용에 미치는 영향력을 조절하는 변인이 정신과 상담 태도이다. 개인이 정신건강에 대한 위험을 높게 인식하고 온라인 건강 정보를 활용할 수 있는 능력이 있다고 하더라도, 이용 의도는 정신과 상담 태도에 의해 달라질 수 있다고 연구 모델은 설명하고 있다. 정신과 치료를 받으면 문제 있는 사람으로 낙인찍히는 것에 대한 두려움 등이 모바일 정신건강 서비스 이용에 결정적 영향을 줄 수 있기 때문이다.

그림 7.3은 e헬스리터러시와 정신과 상담 태도 간 상호 작용 효과를 보다 구체적으로 보여준다. 정신과 상담 태도가 긍정적인 경우 모바일 앱 이용 의도는 e헬스리터러시에 따라 큰 차이가 나타나지 않았으나, 정신과 상담 태도가 부정적인 경우에는 높은 e헬스리터러시 수준을 갖

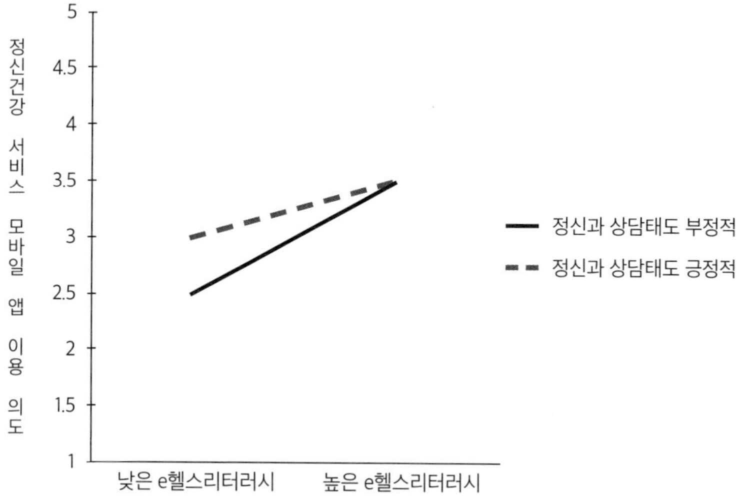

그림 7.3 e헬스리터러시와 정신과 상담 태도의 상호 작용 (강승미·안순태, 2019)

춘 경우에만 모바일 앱 이용 의도가 크게 높아졌다.

이와 같은 연구 결과는 정신과 상담 태도가 부정적인 집단의 모바일 앱 이용 의도를 변화시키는 데 e헬스리터러시가 매우 중요함을 보여준다. e헬스리터러시를 통해 정신과 상담 태도가 부정적인 사람이라도 정신건강 서비스 모바일 앱에 대한 접근성을 높일 수 있다는 것이다. 정신과 상담 태도는 체면 등 사회문화적 맥락 속에서 형성되기 때문에 이를 호의적으로 바꾸기 위한 논의는 지속적으로 이루어져야 한다. 정신질환에 대한 인식 개선과 서비스 접근성 확보 등 정책적인 노력이 계속되어야 한다. 인식 개선과 더불어 정신과 상담 이용 의도를 높일 수 있는 동기화 전략과 e헬스리터러시와 같은 디지털 시대의 기본 소양과 역량을 높일 수 있는 방안 마련이 요청된다. 특히 노인과 같은 취약계층의 경우 e헬스리터러시를 갖추도록 교육과 지원이 이루어진다면 정신과 상담에 대한 태도가 부정적일지라도 모바일을 통한 정신건강 상태 측정과 상담을 효과적으로 증진시킬 수 있을 것으로 사료된다.

CHAPTER

8 자살과 정신건강 리터러시

1. 정신건강 및 자살 리터러시

국내 정신질환 환자는 매년 늘고 있는 것으로 조사되지만(보건복지부, 2016), 정신건강에 대한 이해와 정신건강 증진을 위한 노력은 매우 저조하다. 우울증을 앓고 있는 사람들 중 약 68%가 자신의 정신건강에 문제가 없다고 답했고, 약 60%는 정신건강 서비스를 전혀 이용하지 않은 것으로 나타났다(보건복지부, 2016). 낮은 정신건강 서비스 이용률은 정신질환의 원인에 대한 부정확한 이해와 대처 방법에 관한 지식 부족과 관련되어 있다(Rudd, Goulding, & Carlisle, 2013). 정신건강 리터러시는 증상에 대한 인식뿐만 아니라 치료 및 자살 위기 상황에서 도움 추구 행동을 촉진한다(Batterham, Calear, & Christensen, 2013).

정신건강 리터러시는 '정신건강 증상에 대한 인식', '원인에 대한 지각', '질병 치료 및 예방에 도움이 되는 지식' 등을 포괄하는 개념이다(Jorm, 2000). 보나비와 동료들(Bonabi et al., 2016)은 도움 추구 행동 및 정신건강 서비스 이용에 긍정적 영향을 미치는 정신건강 리터러시의 역할을 확인했고, 배터햄과 동료들(Batterham et al., 2013) 및 안순태와 이하나(2017a)도 정신건강 리터러시가 자살에 대한 잘못된 이해와 낙인을 낮추는 것을 보여주었다. 더 나아가 정신건강 리터러시는 정신건강에 대한 이해 수준을 높여, 위기 당사자들에게 적합한 조언을 제시하도록 하는 데 효과가 있다(Jorm, 2012). 정신건강 리터러시가 위기자들뿐만 아니라 일반인을 대상으로 교육되어야 하는 이유이다.

표 8.1은 정신건강 리터러시 측정을 위한 척도의 예이다(홍현숙 외, 2008). 총 13개 항목으로 정신질환은 예방이 가능함을 기본으로 하여 신체적 증상에 대한 이해, 취약성, 유병률, 사망자, 원인, 우울증상에 대한 이해 등으로 구성되어 있다. 높은 정신건강 리터러시가 자살에 대한 사회적 낙인을 낮추고 시의적이고 적절한 도움 추구를 유도한다는 연구 결과(안순태 · 이하나, 2017a; Batterham et al., 2013; Jorm, 2012)들은 정신건강 리터러시 교육과 정책의 중요성을 잘 나타낸다.

무엇보다 높은 정신건강 리터러시는 자살 위기 신호를 파악하고 이에 대한 적절한 대응을 유도한다. 약 6천 명의 호주 사람들을 대상으로 한 연구(Reavley & Jorm, 2011)에서 리터러시 수준이 높은 참가자들은 우울증, 자살에 대한 신호를 정확히 인식함은 물론, 전문적 치료, 심리상담 등과 같은 적극적인 대처 방안을 제시하는 경향이 높게 나타났다. 캐나다 연구에서도 유사한 결과가 확인되었다(Kutcher, Bagnell, & Wei, 2015). 최근 호주의 실험 연구(Cruwys, An, Cheng, & Lee, 2018)에서도 높은 정신건강 리터러시는 자살 위기 상황에 처한 사람들에게 좀 더 적

표 8.1 정신건강 리터러시 (홍현숙·김수진·송진희·하유정·노성원, 2008)

정신건강 리터러시 항목	참/거짓
정신건강의 일반적 정의는 단순히 정신질환에 걸리지 않은 상태를 말한다.	×
정신건강 문제와 정신질환은 같은 개념이다.	×
정신질환은 예방이 가능하다.	○
인터넷 중독, 폭식증은 정신질환이다.	○
정신질환에 의해 두통, 설사, 소화불량 등 다양한 신체적 증상이 나타날 수 있다.	○
정신질환은 암, 당뇨, 심장질환보다 흔한 질병이다.	○
평생 동안 정신질환을 경험하는 사람은 3명 중 1명 이상이다.	○
자살로 인한 사망자 수는 교통사고로 인한 사망자 수보다 많다.	○
정신질환은 지식, 소득 수준에 관계 없이 누구나 걸릴 수 있다.	○
정신질환은 유전이나 유약한 성격과 같은 특정한 원인에 의해서만 발생한다.	×
누가 없는데도 옆에서 말하는 소리가 들리거나 누군가 계속 감시하고 있다는 생각이 지속되는 경우 주요 정신병을 생각할 수 있다.	○
쓸데없는 생각이라는 것을 알지만 같은 생각이 머릿속에 계속 떠오른다면 강박증을 생각할 수 있다.	○
무기력함, 만성 피로감, 비관적인 생각이 계속되는 것은 우울증의 증상이다.	○

절한 조언을 하는 역할을 하는 것으로 밝혀졌다. 정신건강 리터러시가 높은 사람들은 일상적인 스트레스와 전문가의 도움이 필요한 상황을 좀 더 정확히 구분하고 이에 걸맞은 대처 방안을 제시한다.

그러나 한국 사람들의 정신건강 리터러시는 상당히 낮은 것으로 나타났다. 호주 및 독일인들과 비교해 한국인의 우울증 증상에 대한 이해 수준이 낮으며, 그 심각성에 대한 이해도 떨어지는 것으로 나타났다(이선혜 · 서진환, 2010). 자살 심리부검 결과에 따르면(보건복지부, 2015), 자살자의 90% 이상이 자살 시도 전 위기 신호를 보냈으나 유가족 중 약 70%는 사망 후 위기 신호를 이해했고, 14%는 신호가 있었는지조차 알지 못했다고 한다. 또한 자살 위기에 처한 사람에 대한 걱정의 정도가 일반적인 스트레스를 호소하는 사람에 대한 걱정과 큰 차이를 보이지 않아 자살 위기를 일반적으로 나타나는 개인적인 스트레스와 비슷한 정도로 생각하고 있었다.

일반인들이 우울증 및 정신질환 증상을 어떻게 이해하는지, 자살 위기 상황을 얼마나 정확히 파악할 수 있는지, 적절한 조언을 제시하는지 등은 정신건강 리터러시 차원에서 중요한 문제이다. 자살 위기 상황에 대한 잘못된 대처 방법은 증상을 악화시키거나 돌이킬 수 없는 결과를 유도할 수 있기 때문에 적극적이고 적절한 위기 대응 방법에 대한 이해와 실행은 정신건강 문제 해결에 결정적이다(Horwitz, Hill, & King, 2011). 사회적 차원에서 정신건강 리터러시의 중요성에 대한 인식과 증진을 위한 중재 방안 마련이 필요하고, 특히 높은 자살률을 고려하여 한국형 자살 리터러시에 대한 연구와 이해가 시급하다.

표 8.2는 정신건강 중 구체적으로 자살에 대한 이해를 측정하기 위해, 호주에서 개발된 자살 리터러시이다. 총 12개 항목으로 자살 징후, 자살 위험 요인, 예방과 치료에 대한 이해를 바탕으로 구성되어 있다. 한국인의 자살 리터러시 척도 개발이 요청되고, 청소년과 노인의 높은 자살률을 고려한 맞춤형 자살 리터러시 개발도 필요하다.

2. 한국인의 정신건강 리터러시

한국인의 낮은 정신건강 리터러시는 큰 문제점으로 지적되어왔다. 이하나와 안순태(2017)는 인스턴트 메신저를 매개로 한 커뮤니케이션 상황에서 한국인들의 정신건강 리터러시를 측정했다. 정상과 우울증,

표 8.2 자살 리터러시(Chan, Batterham, Christensen, & Galletly, 2014)

자살 리터러시 항목	참/거짓
자살에 대해 생각하는 사람들은 자신의 생각을 다른 사람에게 털어놓지 않는다.	×
정신과 의사 또는 심리상담가를 만나는 것은 자살을 예방하는 데 도움이 된다.	○
자살하는 사람들의 대부분은 심각한 정신병을 앓고 있는 사람들이다.	×
자살에 대해 말하는 것은 자살의 위험을 증가시킨다.	×
자살을 하고 싶은 사람들은 항상 자살을 시도하려 하며, 항상 자살을 생각한다.	×
자살을 시도한 모든 사람들이 사전에 계획을 갖고 있던 것은 아니다.	○
소수의 사람들만이 자살을 생각한다.	×
정신과 의사는 자살하는 모든 사람을 우울증으로 진단할 것이다.	×
남자는 여자보다 더 자살 시도를 하는 경향이 있다.	○
자살에 대해 이야기하는 사람들은 거의 자살을 하지 않는다.	×
자살 시도를 원하는 사람들은 그들의 마음을 쉽게 바꿀 수 있다.	○
알코올과 자살은 밀접한 관련이 있다.	○

자살 징후를 정확히 인지하고 있는지, 증상에 따라 조언 방식에 차이가 나타나는지 등을 알아보기 위해, 3가지 유형의 메시지로 실험을 진행했다. <실험물 A>는 전문가의 도움이 필요하지 않은 일반적 스트레스 상황을 나타내고, <실험물 B>의 경우, 스트레스 상황에 대한 설명과 함께 '무기력', '입맛 없음', '잠을 잘 자지 못함' 등 우울증 증상들에 대한 단서가 포함되어 치료가 필요한 우울증 상태를 나타낸다. <실험물 C>의 경우 자살 위기 상황을 나타내며, '사는 것이 재미없음', '인생에 대한 불안함', '스스로를 쓸모없다고 생각함', '살 가치를 느끼지 못함' 등과 같은 자살 징후 단서들이 제시되었다. 그림 8.1은 실험에 사용된 세 가지 상황에 대한 인스턴트 메신저 내용이다.

위의 3가지 메시지 중 하나를 보여준 후, 메시지를 보낸 사람의 상태

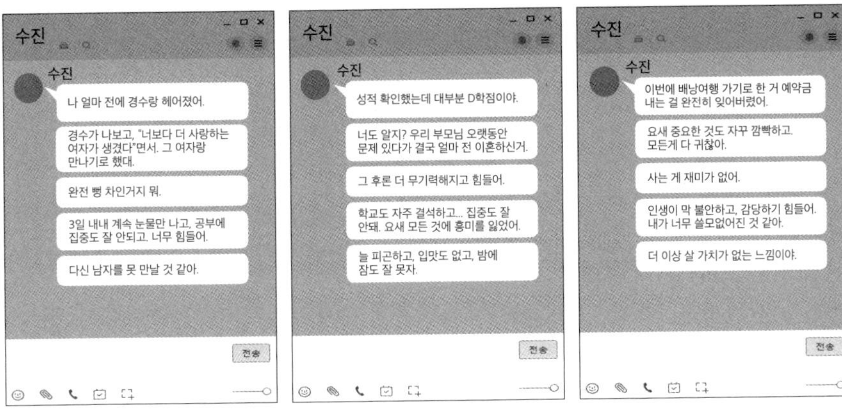

그림 8.1 실험에 사용된 세 가지 상황의 메시지 (이하나·안순태, 2017)

가 어떠하며, 무슨 문제가 있다고 생각하는지 개방형 질문을 사용하여 실험 참가자들이 자유롭게 생각을 적도록 했다. 다음은 메시지를 보낸 사람이 참가자의 '가족'이라는 가정하에, 메시지 발신자에 대한 걱정 정도를 5점 리커트 척도(1점: 전혀 걱정되지 않는다, 5점: 매우 걱정된다)로 측정했다. 마지막으로 메시지를 보낸 사람이 참가자의 '가족'이라는 동일한 가정하에, 메시지 발신자에게 가장 먼저 해주고 싶은 조언이 무엇인지 질문했다.

개방형 질문에 대한 답변을 의미연결망으로 분석한 결과, 3가지 메시지 유형에 따른 차이가 두드러지게 나타나지 않았다(그림 8.2, 그림 8.3, 그림 8.4). 정상 메시지를 접한 집단 A의 경우, '개인 문제'를 중심으로 '우울'과 '힘듦'이 주로 연결되어 있었고, 우울증 메시지를 접한 집단 B의 경우도, '개인 문제'를 중심으로 '힘듦'과 '우울'이 주로 연결되는 양상을 보여주었다. 자살 메시지를 접한 집단 C의 경우, '무기력'을 중심으로 '의욕 상실'과 '나약'이 연결되어 있었지만, 자살이라는 단어의 빈도수가 5건으로, 주인공의 자살 위기에 대한 인지가 매우 낮았다. 또

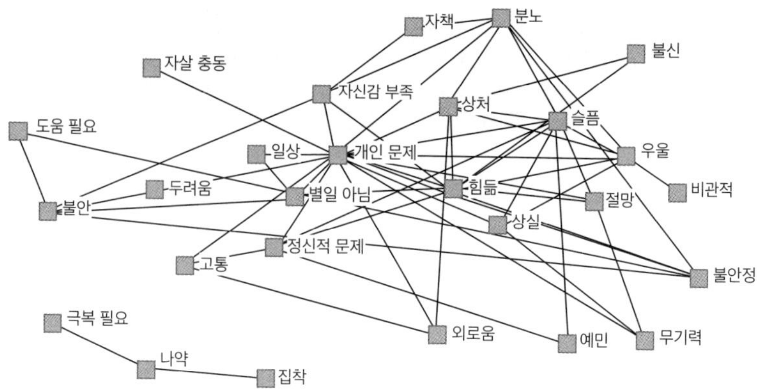

그림 8.2 일반적 스트레스 상황 A에 대한 언어 네트워크 분석 (이하나·안순태, 2017)

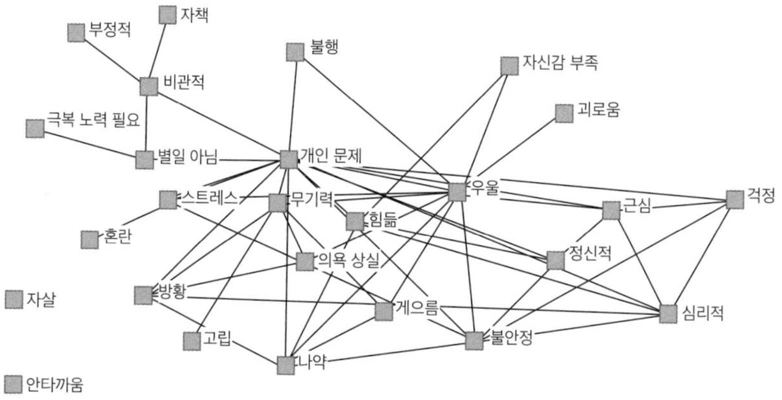

그림 8.3 우울증 상황 B에 대한 언어 네트워크 분석 (이하나·안순태, 2017)

한, 3가지 상황 모두에서 공통적으로 '개인 문제', '우울'이 가장 빈번히 언급되고 있었고 이는 정상과 우울증, 자살 징후에 대해 이해와 구분이 명확하지 못하다는 것을 보여주는 결과이다.

무엇보다 '개인 문제'라는 언급이 가장 빈번히, 3가지 상황 모두에서

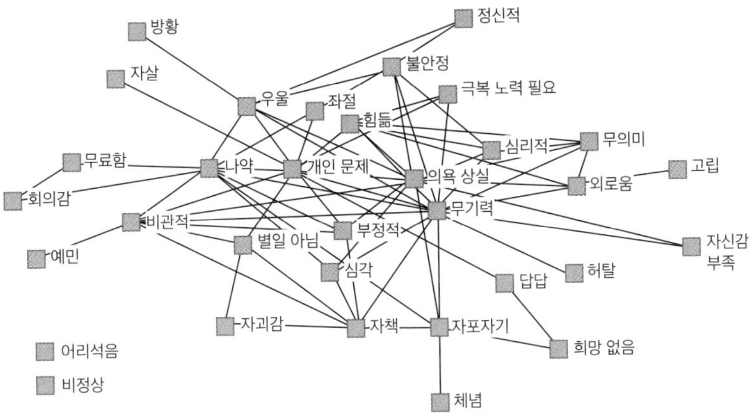

그림 8.4 자살 징후 상황 C에 대한 언어 네트워크 분석 (이하나·안순태, 2017)

높게 나타났다. 즉 정신건강 문제보다는 개인적인 사건을 더 크게 인식하고 있었고 개인 스스로 이겨내야 한다는 믿음이 강하게 표출되고 있었다. 3가지 상황 모두에서 '별일 아님', '극복 노력 필요'라는 단어가 공통적으로 나타났는데(표 8.3), 이는 개인적 사건으로 인해 발생하는 부정적인 감정은 개인이 스스로 극복해야 한다는 믿음이 강하다는 것을 보여준다. 무엇보다도 증상의 심각성과 관계없이 3가지 상황 모두에서 유사한 반응이 나타났고, 전문가의 도움이 필요한 두 번째와 세 번째 상황이 첫 번째 상황과 구분되지 않고 있다는 것이 문제점이다.

또한 상황에 대한 걱정 정도를 분석한 결과, 3가지 상황에 대한 답변이 통계적으로 유의미한 차이를 보이지 않았다. 증상에 따라 조언 유형을 살펴보았을 때도, 정상 메시지 A를 접한 집단과 우울증 메시지 B를 접한 집단 사이에 큰 차이가 발견되지 않았다. 대부분 '시간이 해결해줄 것이다', '친구와 수다를 떠는 것이 좋다', '상황이 나아지도록 노력을 해라' 등과 같이 소극적인 대처 방안을 제시하고 있었다. 연구 결과는 우

표 8.3 상황별 주인공 상태를 나타내는 핵심어 (이하나·안순태, 2017)

하위 집단	핵심어		
	일반적 스트레스 상황 A	우울증 상황 B	자살 위기 상황 C
1	별일 아님, 일상, 극복 노력 필요, 나약, 집착	극복 노력 필요, 부정적, 비관적, 자책, 별일아님	개인 문제, 부정적, 별일 아님, 비관적, 자책, 극복 노력 필요
2	자살 충동, 개인 문제, 힘듦, 절망, 우울, 슬픔	스트레스, 우울, 불행, 괴로움	우울, 좌절, 불안정, 방황, 정신적
3	자신감 부족, 분노, 자책, 두려움,	자신감 부족, 힘듦, 정신적	자신감 부족, 답답, 자괴감
4	두려움, 불안, 불안정	개인 문제, 근심, 걱정, 심리적, 불안정, 혼란	회의감, 무료함, 나약, 심각
5	무기력, 상실, 외로움, 고통	무기력, 의욕 상실, 게으름, 방황, 고립, 나약	허탈, 외로움, 고립, 무의미, 심리적, 무기력, 의욕 상실
6	정신적 문제, 예민		희망 없음, 자포자기, 체념
7	외로움, 고통		
8	불신, 상처		

리나라 일반 성인 남녀의 정신건강 이해 수준이 전반적으로 낮으며, 우울증 및 자살 위기 상황에 대처하는 능력과 지식이 부족한 것을 보여준다. 3개의 상황에 대한 구분이 잘 이루어지지 않고 있었으며, 무엇보다 이에 대한 차별적 대처가 부족한 것은 국민을 타깃으로 한 정신건강 리터러시 중재 방안의 필요성을 잘 나타낸다.

정신건강의 경우, 환자 본인의 자각과 도움 추구도 중요하지만, 주변 사람들의 상황의 심각성에 대한 인식과 적극적인 조언이 필수적이다(Jorm, Kitchener, Kanowski, & Kelly, 2007; Miraldi, 2003). 즉 우울증 및 자살 징후에 대한 정확한 이해와 대처 방안에 대한 지식이 중요하며, 이는 자살 위기 대상자뿐만 아니라 일반인들의 태도와 역할이 필수적임을 잘 나타낸다. 이러한 차원에서 "건강 문제에 대한 관심과 지식을 높여 바람직한 건강 행동을 촉구하는 커뮤니케이션 활동(Bernhardt, 2004)"으로 정의되는 헬스 커뮤니케이션은 사회 구성원 모두가 건강한 심리적 상태를 유지, 관리하는 데 도움을 주는 중요한 영역이다.

우울증과 자살은 한국 사회가 해결해야 할 주요한 사회적 문제임에도 불구하고, 관련된 헬스 커뮤니케이션 차원의 논의가 제한적이다. 많은 국내 연구들(강상경, 2010; 김현주, 2008; 김형수, 2002; 박재규 · 이정림, 2011; 정영미, 2007; 최원기, 2004)이 우울증 및 자살의 영향 요인 파악에 국한되어 있고, 노인 및 청소년과 같은 특정 집단에 치중되어 있는 상황이다(김정진, 2009; 김형수, 2002; 송영달 외, 2010; 이경진 · 조성호, 2004). 우울증 및 자살 위기에 처한 사람들을 대하는 한국 사람들의 소통 방식과 대처 방안에 대한 깊이 있고 체계적인 연구가 요청된다. 이를 통해 한국형 자살 리터러시 척도 개발이 이루어질 수 있고, 사회 구성원의 안녕과 건강을 위한 자살 예방 전략과 정책이 마련될 수 있을 것이다.

3. 한국인의 자살 리터러시에 대한 비교문화적인 고찰

한국인의 자살 리터러시가 현저히 낮다는 사실은 타국가와의 비교 연구를 통해서도 드러난다(An et al., 2020). 한국인의 자살 위기자에 대한 소통 방식과 대처 방안은 호주인과 크게 차이가 나는 것으로 나타났다. 구체적으로 한국인과 호주인을 대상으로 자살 충동을 나타내는 메시지를 주변 친구나 가족으로부터 받았을 때 어떻게 대응하는지 실험 연구를 통해 확인했다. 실험 메시지는 이성친구와 이별한 상황에서 본인의 힘듦을 표현하는 내용으로 구성했으며, 이와 관련해 경미한 스트레스를 표현하는 메시지 유형 A와 자살 충동을 표현하는 메시지 유형

B에 한국인과 호주인이 각각 어떻게 반응하는지 살펴보았다.

실험 참가자들은 메시지 유형 두 가지 중 한 가지를 읽고, 메시지 발신자를 참가자의 가장 친한 친구 중 한 명으로 가정한 후 질문에 응답했다. 먼저 개방형 질문을 사용하여 '메시지 발신자가 현재 어떤 상태에 있는지', '무슨 문제가 있다고 생각하는지', '그에게 어떤 조언을 해주고 싶은지'를 답하게 했다. 이어서 메시지 발신자에 대한 걱정 정도를 5점 리커트 척도(1점: 전혀 걱정되지 않는다, 5점: 매우 걱정된다)로 측정했고, 어떤 조언을 해주고 싶은지를 다음 중에서 고르게 했다: '시간이 해결해줄 것', '스스로를 바쁘게 만드는 것', '가벼운 운동을 하는 것', '친한 사람들과 시간을 많이 보내는 것' 등과 같은 소극적 대처와 '병원을 방문', '심리 상담을 받는 것', '약 처방을 받는 것', '자살도움센터에 전화하는 것' 등의 적극적 대처.

분석 결과, 자살 생각에 대한 반응에서 호주와 한국 간 차이가 통계적으로 유의하게 나타났다. 그림 8.5는 회귀분석을 통한 상호 작용 결

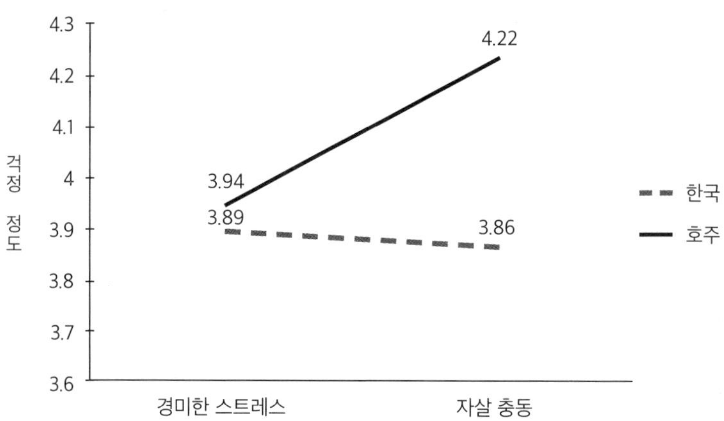

그림 8.5 경미한 상황과 자살 위기 상황에 대한 호주와 한국의 걱정 차이
(An et al., 2020)

과이다. 메시지 발신자에 대한 걱정에 있어 호주 사람들은 경미한 경우에 보여주는 걱정 정도(3.94)와 자살 위기 상황에 대한 걱정 정도(4.22)가 확연히 구분되었다. 반면 한국 사람들은 경미한 상황에 대한 걱정 정도(3.89)와 자살 위기 상황에 대한 걱정 정도(3.86)에 대한 차이가 없었다.

즉 호주 사람들은 자살 위기 상황에 대해 상당히 높은 걱정을 나타냈음에 비해, 한국 사람들은 두 가지 상황을 구분하지 못하고 비슷한 수준으로 걱정하고 있었다. 한국인의 자살 리터러시가 호주와 비교해 매우 낮음을 보여주는 결과이다. 또한 자살 위기 상황에 있는 사람들에게 호주 사람들은 '병원을 방문', '심리 상담을 받는 것', '약 처방을 받는 것', '자살도움센터에 전화하는 것' 등 적극적인 대처 방안을 조언했고, 한국 사람들은 상대적으로 소극적인 대처 방안을 제시했다. 심각한 상태를 인지하지 못하고 '시간이 해결해줄 거야, 바쁘게 살면서 잊어봐' 등과 같은 조언을 자살 위기 상황에 하고 있었다는 것은 큰 문제점으로 지적되었다.

또한 메시지 발신자의 상태에 대한 답변을 의미연결망으로 분석한 결과, 호주와 한국의 차이가 나타났다. 그림 8.6에서 보이듯이 경미한 상황을 나타내는 메시지 유형 A를 접한 한국인과 자살 위기 상황을 표현하는 메시지 유형 B를 접한 한국인들 모두 '이별(breakup)'이 핵심어로 나타났다. 그림 8.6에서 한국인의 답변을 나타내는 위의 두 개 연결망 그림에서는 모두 breakup이 가장 큰 글씨로 중간에 위치하고 있다. 경미한 상황과 자살 위기 상황에 대한 구분이 나타나지 않았다.

반면 호주인의 경우, 경미한 스트레스를 표현하는 메시지 유형 A에 대해서는 '이별(breakup)', '우울(depression)', '화(upset)' 등이 핵심어로 나타났으나, 자살 충동을 표현하는 메시지 유형 B를 접한 호주인은 '우

그림 8.6 메시지 발신자 상태에 대한 한국과 호주의 차이(위 한국, 아래 호주)
(An et al., 2020)

울(depression)', '부정적 생각(negative mind)' 등이 핵심어인 것으로 확인되었다. 그림 8.6에서 호주인의 답변을 나타내는 아래 두 개 연결망 그림은 서로 다른 양상을 보인다. 이러한 결과는 한국인이 자살 생각을 가진 사람과 경미한 스트레스를 느끼는 사람을 구분하지 못하고 있음에 비해, 호주인은 자살 위기 상황에 대해 좀 더 명확하게 선을 긋고 있음을 나타낸다.

'어떤 조언을 해주고 싶은지'에 대한 답변에서도 호주와 한국의 차이가 극명하게 나타났다. 그림 8.7과 같이 경미한 스트레스를 표현하는 메시지 유형 A와 자살 충동을 표현하는 메시지 유형 B 모두에서 한국인들은 '새로운 사람을 찾아(find someone new)', '힘내(cheer up)', '잊어버려(forget)', '시간이 해결해줄 거야(time will solve)' 등의 조언이 가

그림 8.7 '어떤 조언을 해주고 싶은지'에 대한 한국과 호주의 차이(위 한국, 아래 호주)
(An et al., 2020)

장 큰 글씨로 중심부에 위치하고 있다. 이와 비교해서, 호주인들의 반응은 두 가지 상황에서 상이하게 제시되었다. 경미한 스트레스를 표현하는 메시지 유형 A를 접한 호주인은 '이야기하자(lets talk)', '테일러는 가치없어(Taylor is worthless)', '내가 도와줄게(I am here for you)' 등이 가장 빈번히 나타난 반응이었다. 이와 달리 자살 충동을 표현하는 메시지 유형 B를 접한 호주인은 '이야기하자(lets talk)', '넌 소중한 사람이야(You are valuable person)', '도움이 필요해(need help)' 등의 조언을 가장 많이 했다. 한국인 응답에는 전혀 나오지 않은 '전문가의 도움(professional help)', '의사를 만나봐(seek doctor)'라는 조언이 나온 점도 주목할 만하다.

4. 자살 예방을 위한 자살 리터러시

자살 리터러시(suicide literacy)는 정신건강 리터러시의 한 부분으로 자살의 위험 요인과 신호를 이해하는 능력이다(Calear, Batterham, & Christensen, 2012). 자살과 관련된 일반적인 지식과 구별되며, 자살 위기 상황에 대처할 수 있는 역량을 포함하는 개념으로 자살 충동을 느끼는 사람들에게 실질적 도움을 줄 수 있는 것으로 밝혀졌다(Batterham et al., 2013). 조이너(Joiner, 2007)는 자살률을 줄이기 위해서는 자살에 대한 편견을 바로잡는 것이 결정적이라고 했고, 자살 리터러시의 중요성을 강조했다. 국내 연구에서도 자살 인식에 관한 자살 리터러시의 유의미한 조절 작용이 밝혀졌다(안순태 · 이하나, 2017a).

한국 사회의 자살 낙인과 편견은 자살 리터러시의 결여와 밀접한 관련이 있다. 자살과 정신질환에 대한 잘못된 이해와 편견이 사회 전반에 만연한 것으로 관찰된다. 이원영과 동료들(2013)의 연구에서, 자살은 신앙심이 깊지 않은 사람, 비만인 · 결손가정 등에서 자주 발생한다는 등의 잘못된 편견이 관찰되었다. 이러한 편견은 실무 종사자들에게서도 관찰되었는데, 김혜진과 동료들(2015)이 정신보건사업 종사자들을 대상으로 자살 지식을 평가한 결과 실무 종사자들의 자살에 대한 지식이 상당히 낮게 나타났다. 자살 관련 지식은 편견을 낮추고 예방 행동을 높여준다는 결과(황나래 · 홍해숙, 2013)는 우리 사회에서 자살 리터러시 증진의 필요성을 잘 지적해준다.

자살 및 정신건강 리터러시의 필요성은 해외 연구에서도 찾아볼 수 있다. 기존 연구에 따르면 정신질환이 있는 사람을 인지하는 것만으로는 낙인을 증가시킬 가능성이 있지만, 리터러시의 향상을 통하여 정신질환이 낙인의 대상이 아닌 치료가 필요한 질병으로 보는 인식을 가지게 되며(Kutcher et al., 2015; Jorm, 2000), 리터러시의 향상이 정신질환의 도움 추구 행동에도 긍정적인 태도를 가져올 수 있었다(Jung et al., 2017). 즉 리터러시가 향상됨에 따라 정신질환에 대한 도움 추구 행동에 대해서도 긍정적인 태도를 갖게 되는 것으로 나타났다(Jung et al., 2017).

특히 자살 리터러시는 한국 문화의 특징으로 인한 자살 관련 인식과 편견에 효과가 있는 것으로 나타났다(안순태 · 이하나, 2017a). 자살 리터러시는 자살의 원인과 증상, 자살 예방 지식을 포함하는데, 자살 낙인 감소에 긍정적으로 작용한다. 즉 자살 리터러시가 높을수록 자살 원인을 개인의 나약함으로 돌리는 경향이 낮아졌으며, 자살 위기 상황에서 전문가 도움 요청에 긍정적으로 반응했다. 이는 자살 리터러시의 효과를 보여준 해외 연구들(Batterham et al., 2013; Chan et al., 2014)과 일치한다. 자살 리터러시의 증진을 통해 자살 위기자를 대하는 태도와 좀 더 적극적으로 도움을 줄 수 있는 환경 조성이 가능해질 수 있는 것이다.

더 나아가 자살 리터러시는 부정적 감정 수용이라는 문화적 변인의 영향력을 조절하는 것으로 나타났다. 즉 자살 리터러시는 부정적 감정 수용이 자살의 원인을 나약하다고 평가하는 인식을 낮추는 데 효과가 있었고, 자살 문제로 인한 도움 요청을 부정적으로 보는 인식을 긍정적으로 바꿔주는 영향력을 보여주었다. 이는 특히 부정적 감정 경험에 대한 수용 정도가 높은 경우에 더욱 효과가 있는 것으로 관찰되었다. 부정적 감정 경험에 대한 수용 정도가 높은 사람들은 자살의 원인을 개인에게 돌리며 우울함과 불안함 등을 이겨내지 못하는 것은 개인의 나약함으로 이해하는 경향이 높은 사람들이다. 또한 정신과 상담에 대해서도 부정적인 태도를 가지고 있는 사람들로 우울함, 불안과 같은 힘든 상황을 접했을 때 스스로 이겨내야 한다는 믿음을 강하게 지니고 있어서 자살 예방 차원에서 주요한 목표 공중으로 설정되어야 할 집단이다. 이러한 사람들에게 자살 리터러시의 영향력이 크게 나타난다는 것은 매우 고무적인 결과이다.

즉 불안과 우울 등 힘든 상황은 스스로 극복해야 한다고 믿는 사람들에게 자살의 원인과 치료 방법 등 적절한 자살 리터러시가 갖추어졌을 때 자살 예방을 위한 긍정적 효과가 강하게 나타날 수 있다는 것은 중재 방안의 중요성을 지적해준다. 우리 사회의 자살 관련 인식이 자기 통제와 집단 범주화라는 문화적 틀에서 자살 예방에 부정적인 영향력을 보여주고 있다는 점을 고려하면 이러한 인식을 상쇄시켜줄 수 있는 중재 방안으로 자살 리터러시의 가능성을 주시해야 한다. 이는 '자살자는 이기적이고 불효자이다' 등과 같은 문화적 믿음이 우리 사회에 독특한 자살 낙인 구조를 형성해왔고 결과적으로 정신질환 증상을 이해하고 표현하며 전문가의 도움을 받는 것을 저해하는 장애 요인이었다는 점을 인식하고 해결하기 위한 출발점이기도 하다.

주목할 점은 안순태와 이하나(2017a) 연구에서 자살 리터러시는 자살에 대한 책임성과 정신과 상담에 대한 태도에만 유의미한 영향력을 보여주었고, 자살 행위에 대한 태도에는 유의미한 영향력을 나타내지 않았다는 것이다. 자살 리터러시가 자살 행위에 대한 태도에 미치는 영향력이 나타나지 않은 것은, 서구 모형에 기반을 둔 자살 리터러시의 한계점을 지적해준다. 기존 서구의 자살 리터러시가 자살 원인과 예방에 대한 객관적 정보와 지식 전달에 치우쳐 있다면, 한국형 자살 리터러시는 도덕적이고 윤리적인 측면까지 포괄하는 방향으로 수정되어야 할 것이다.

구체적으로 안순태와 이하나 연구(2017a)에서 자살 리터러시는 다음의 항목으로 측정되었다: “자살에 대해 생각하는 사람들은 자신의 생각을 다른 사람에게 털어놓지 않는다”, “정신과 의사 또는 심리상담가를 만나는 것은 자살을 예방하는 데 도움이 된다”, “자살하는 사람들의 대부분은 심각한 정신병을 앓고 있는 사람들이다”, “자살에 대해 말하는 것은 자살의 위험을 증가시킨다”, “자살을 하고 싶은 사람들은 항상 자살을 시도하려 하며, 항상 자살을 생각한다”, “자살을 시도한 모든 사람들이 사전에 계획을 갖고 있던 것은 아니다”, “소수의 사람들만이 자살을 생각한다, 남자는 여자보다 더 자살 시도를 하는 경향이 있다”, “자살에 대해 이야기하는 사람들은 거의 자살을 한다”, “자살 시도를 원하는 사람들은 그들의 마음을 쉽게 바꿀 수 있다”, “알코올과 자살은 밀접한 관련이 있다”, “대부분의 자살 원인은 개인적 동기 때문이다”, “적절한 치료를 받는다면 자살은 충분히 막을 수 있는 행동이다”. 이러한 기존 서구의 자살 리터러시에 더하여 한국적인 자살 리터러시 요소가 포함되지 않으면 중재 방안으로서 효과는 제한적일 수밖에 없다. 한국 사회 특유의 자살 낙인에 대한 좀 더 심층적 후속 연구가 필요하고 이를 바탕으로 한국형 자살 리터러시가 개발되어야 할 것이다.

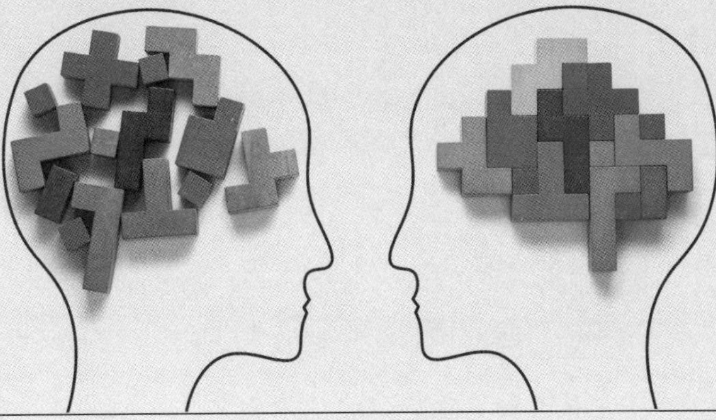

2부

자살 예방을 위한 헬스 커뮤니케이션

CHAPTER

9 건강 정보와 자살 보도

1. 미디어와 건강 정보

오늘날 미디어를 통해 쏟아지는 건강 정보의 양은 어느 때보다 많아졌고, 이에 대한 사람들의 관심과 소비도 증가했다. 의학, 건강 관련 뉴스는 미디어 수용자가 가장 선호하는 정보 유형이다(한국언론진흥재단, 2014), 건강 정보에 대한 선호도, 소비와 유통 상황을 고려하면 건강 정보 내용은 어느 때보다 중요하다. 어떤 종류의 건강 정보가 생산되고, 유통되며, 소비되는지는 한 사회의 건강과 웰빙에 결정적 역할을 할 수 있다.

한국언론진흥재단이 2014년에 발표한 <2014 언론수용자 의식조사>에 따르면, 우리나라의 20대에서 50대의 국민들은 19개의 뉴스 분야 중 '건강'이 5점 만점에 3.87점을 기록하며 가장 선호도가 높은 뉴스 분야로 조사되었다. 3.67점으로 3위를 차지한 사건/사고, 3.37점으로 7위를 차지한 경제일반, 3.35점으로 8위를 차지한 지역 뉴스 정도만이 경성뉴스에 해당하며, 2위인 취미/레저/여행(3.70점), 5위 날씨(3.46점), 6위 쇼핑/상품 정보(3.38점) 등 대부분이 생활밀착형 주제로 드러났는데(강아영, 2015) 그중에서도 건강에 대한 관심이 가장 높았다(그림 9.1).

그림 9.2에서 보이듯이 건강 정보를 획득하기 위해 가장 많이 활용

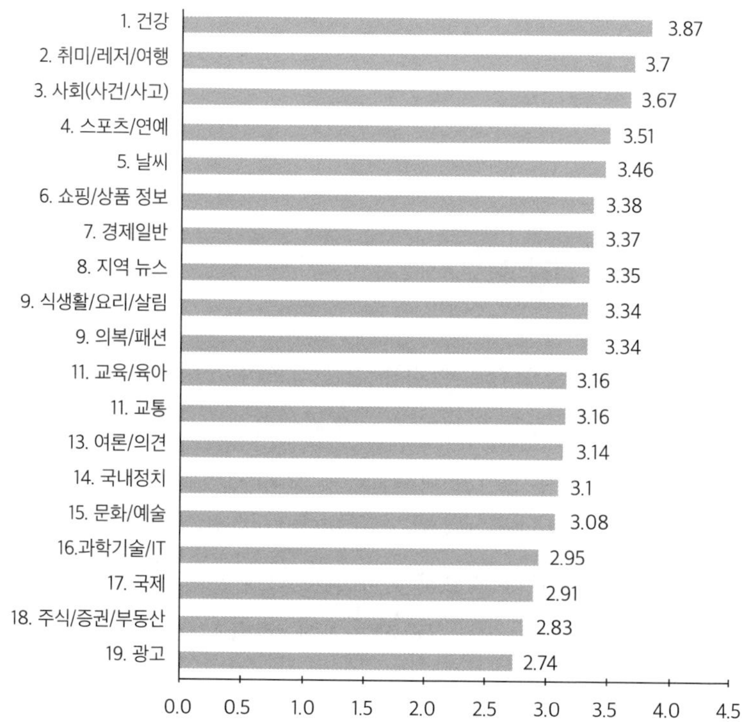

그림 9.1 20-50대 성인들의 뉴스 분야별 관심도 (n=3,921, 5점 척도로 평가)
(출처: <2014 언론수용자 의식조사>)

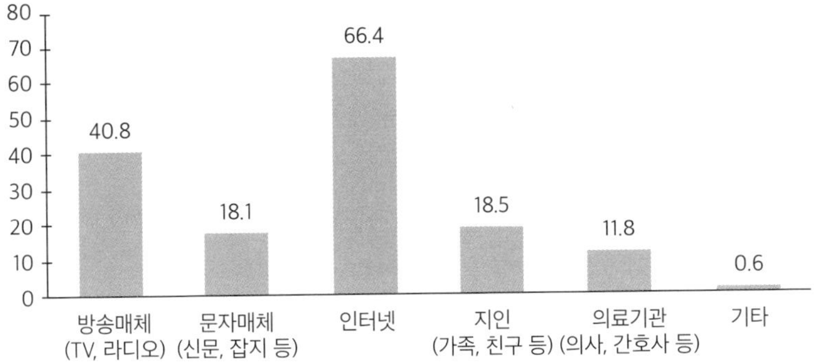

그림 9.2 소비자의 건강 정보 획득 방법 (n=476, 단위: %, 중복응답)
(출처: 조경원, 2006)

하는 것은 인터넷인 것으로 나타났다(66.4%). 그다음으로는 TV, 라디오와 같은 방송 매체가 40.8%를 기록했으며, 가족이나 친구 등 지인은 18.5%, 신문, 잡지 같은 문자 매체는 18.1%의 응답률을 보이며 뒤를 이었다. 의사, 간호사와 같은 전문적인 의료기관에서 직접 건강 정보를 획득하는 비율은 11.8%로 상당히 낮은 활용률을 보였다.

한편, 인터넷 건강 정보를 가장 많이 활용하는 소비자들에게 그 획득 경로를 구체적으로 물었을 때, 주로 이용하는 방법은 검색 사이트 이용으로 나타났다(81.9%). 그림 9.3에서 보이듯이, 병원 홈페이지나 보건의료 포털 사이트, 건강 정보 사이트 방문은 이에 비해 미미한 수준에 머무른 것으로 조사되었다(조경원, 2006).

건강 정보의 중요성은 건강 패러다임의 변화와 함께한다. 건강과 웰빙에 대한 사람들의 관심이 증폭되면서 사후 치료보다, 예방하고 관리하는 사전 관리에 초점이 가게 된 것이다. 인터넷을 통한 건강 정보 탐색과 이용에 대한 초기 연구 결과(Baker et al., 2003)에서도 '질환의 증상이나 상태, 치료에 대한 이해도 향상'이 67%, '건강 관리 능력 향상'

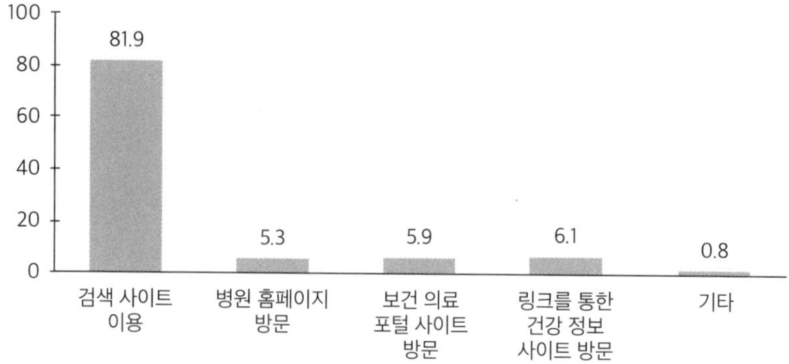

그림 9.3 인터넷 건강 정보 획득 경로 (n=476, 단위: %)
(출처: 조경원, 2006)

이 30%, '식습관 및 운동 습관 변화'가 27%로 건강 정보의 활용도가 보고되었다. 오늘날 인터넷을 통한 건강정보 활용은 거의 일상화되었고 그 중요성은 막대하다.

미디어를 통해 전달되는 건강 정보는 동일한 내용이라 할지라도 어떻게 전달하는지에 따라 상이한 영향력을 발휘한다. 예를 들어 미디어에서 전달하는 정보의 프레임은 건강 행동을 했을 때의 혜택과 이득을 강조하는 획득 프레임과, 하지 않았을 때 발생하는 손해와 부정적 결과를 강조하는 손실 프레임으로 나눠질 수 있다. 일반적으로 획득 프레임에 비해 손실 프레임이 불확실성을 증가시켜 위험 의식을 증폭시킨다고 한다(Bartels, Kelly, & Rothman, 2010; Cox & Cox, 2001; Werrij, Ruiter, Van't Riet, & De Vries, 2011; Rothman & Salovey, 1997). 이러한 연구 결과들은 질병의 성격과 상황에 따라 전달 방식이 달라져야 함을 잘 보여준다.

다시 말해 공중 위생과 국민 건강의 틀이 질병 모델에서 예방 모델로 전환한 이 시점에 건강 정보의 내용과 전달 방식은 사회적, 정책적으로 많은 관심과 고민이 필요한 부분이다. 이를 위해서는 올바른 건강 정보의 생산을 시작으로 온라인과 오프라인에서 이루어지고 있는 건강 정보 유통의 문제, 그리고 소비자들이 건강 정보를 탐색, 소비, 전파하는 과정에 대한 체계적인 이해와 분석이 중요하다.

건강 정보 전파에서 미디어의 역할과 영향력은 중요하다(Mills & Davidson, 2002; Talosig-Garcia & Davis, 2005). 자살 보도의 경우 자살 관련 인식에 영향을 주며(김은이 · 송민호 · 김용준, 2015; Lee & An, 2013), 모방 자살을 유도하기도 하고 자살 예방을 위한 순기능적 효과를 불러일으킬 수도 있다. 모방 자살과 같은 자살 보도의 역기능을 막고, 자살 보도의 순기능을 적극 활용하여 자살 예방을 도모해야 한다. 자살 관련 보도가 무엇을, 어떻게 전달해야 하는지에 대한 고민과 실천이 중요한 이유다.

2. 미디어의 자살 보도

자살 보도는 많은 주의를 요한다. 유명인 자살 보도의 경우는 그 영향력이 막대하여, 2005년 배우 이은주가 자살한 2월에는 700명, 3월에는 1,300명으로 자살률이 증가했다. 일본에서는 자살 보도가 전체 자살률의 8%를 설명한다고 한다(Hitosugi, Nagai, & Tokudome, 2009). 스택(Stack, 2005)은 공인의 자살이 모방 자살을 5배 이상 증가시킨다고 주장했으며, 국내 유명인 자살의 경우 일반인 자살 보도에 비해 자살률을 14.3배 증가시키는 것으로 나타났다(김병수 · 윤대현, 2011).

자살 보도의 중요성을 주시하며, 2018년 <자살 보도 권고기준 3.0>이 개정되어 제시되었다. 다섯 가지 원칙은 다음과 같다: (1) 기사 제목에 '자살'이나 자살을 의미하는 표현 대신 '사망', '숨지다' 등의 표현을 사용한다. (2) 구체적인 자살 방법, 도구, 장소, 동기 등을 보도하지 않는다. (3) 자살과 관련된 사진이나 동영상은 모방 자살을 부추길 수 있으므로 유의해서 사용한다. (4) 자살을 미화하거나 합리화하지 말고, 자살로 발생하는 부정적인 결과와 자살 예방 정보를 제공한다. (5) 자살 사건을 보도할 때에는 고인의 인격과 유가족의 사생활을 존중한다. 이렇게 전반적으로 모방 자살과 같은 자살 보도로 인한 역기능을 막기 위한 내용들로 구성되어 있다.

모방 자살(copycat suicide)은 '베르테르 효과(Werther effect)' 차원에서 주로 논의되었다. 괴테의 소설 '젊은 베르테르의 슬픔'이 출판된 후 증가한 자살률에서 유래하여 베르테르 효과는 자살 보도의 부정적 측면을 말한다. 반면, 자살 보도가 자살 예방을 도모할 수 있다는 관점은 '파파게노 효과(Papageno effect)'로 지칭된다. 모차르트의 오페라 마술피리(Magic Flute)에 등장하는 파파게노가 목숨을 끊으려는 순간 요정들의 희망적인 이야기에 힘입어 살아난다는 데서 유래했다.

미디어가 자살을 생각하는 사람들에게 위기 상황에 대처할 수 있는 대안적 정보와 도움을 제시한다면 자살 방지 및 예방 효과를 낳을 수 있다. 오스트리아 비엔나 지하철 자살은 파파게노 효과를 보여주는 좋은 사례이다. 적극적인 자살 예방 보도를 통해 급증하던 지하철 자살이 감소되었다고 한다. 자살 예방을 촉진시키는 요소들을 포함한 기사들이 자살률을 감소시켰고(Etzersdorfer & Sonneck, 1998), 스위스에서는 보도 방식의 개선을 통해 뉴스가 자살 예방을 위한 역할을 수행했다고 평가받았다(Michel, Frey, Wyss, & Valach, 2000).

자살률 감소를 위해서 자살 보도가 해야 할 것들에 대한 이해와 환경 조성이 절실하다. 세계보건기구(WHO, 2012)는 자살률 감소를 촉진시킬 수 있는 필요 정보를 다음과 같이 제시하고 있다: 자살 행동이 발생할 수밖에 없는 이유에 대한 정확한 정보 제시, 자살과 밀접한 관련이 있는 정신질환에 대한 정보, 자살 충동을 느끼는 자살 위기자들의 고통, 일반인들의 자살에 대한 잘못된 상식을 바로 잡는 정보, 자살 연구 및 전문가의 의견, 예방에 초점을 둔 정보, 도움을 청할 수 있는 기관 정보 등이 그 구성 요소이다.

지금까지 모방 자살과 관련된 '베르테르 효과' 방지에 집중되어온 사회적 관심과 재원을 미디어를 통해 자살 예방을 증진하는 '파파게노 효과'로 초점을 바꿔야 한다. 자살 방지와 예방을 위한 미디어의 적극적 역할을 논의하고 실천해야 할 것이다. 이를 위해 자살 관련 보도가 무엇을, 어떻게 전달해야 하는지에 대한 분석과 전략 마련이 요청된다.

3. 자살 예방을 위한 자살 보도

우울증과 정신질환 등에 대한 미디어 콘텐츠는 자살 관련 인식에 영향을 준다(An, Jin, & Brown, 2009; Lee & An, 2013). 예를 들어 자살과 밀접한 관련이 있는 우울증의 경우 누구나 쉽게 걸릴 수 있는 증상임에도 불구하고 이를 특정 집단의 문제로 한정지어 제시하면 우울증에 대한 취약성(susceptibility)은 낮아지게 된다(Lee & An, 2016). 반면 우울증의 원인이 뇌의 호르몬 때문이라는 설명을 지속적으로 전달받은 사람들은 정신질환이 치료가 필요한 질병으로 인식하게 된다고 한다(Pescosolido et al., 2010).

미국의 경우 자살이 치료가 가능한 질병임을 알리는 공공 캠페인을 실시했고 이후 자살 상담 전화가 약 30% 증가했다고 한다(Oliver et al.,

2008). 또한 미국의 경우 항우울제(Antidepressants) 광고를 많이 접한 사람들은 일반인이 우울증에 걸릴 확률을 더 높게 평가하고 있었고(An, 2008), 정신질환이나 자살 위기 상황에서 우울증 치료가 도움이 된다는 이해를 더 명확히 하고 있었다(An, Jin, & Brown, 2009).

국내 연구에서도 자살 보도의 영향력은 실증적으로 확인되었다. 자살 기사 보도 행태와 포털 사이트에서 자살 관련 검색어와의 관계는 유의미한 것으로 나타났는데, 자살 기사의 보도량, 자살 방법 언급량, 자살 이유 언급량이 증가할수록 자살, 자살 방법, 자살 이유 검색량이 증가하는 것으로 나타났다(김은이 · 송민호 · 김용준, 2015). 자살 사건과 관련하여 트위터에서 자살 관련 멘션이 증가하는 것이 관찰되었고(배정환 · 배병걸 · 최선화, 2014), 송태민(2014)은 자살과 관련된 사회적 이슈 발생 시 자살과 관련된 버즈가 급증하는 것을 자살 관련 소셜 빅데이터를 통해 보여주었다. 이러한 연구 결과들은 자살 관련 기사들이 자살 관련 정보탐색에 유의미한 영향력을 미쳤다는 것을 보여주는 것으로 자살 관련 기사 내용의 중요성을 잘 지적해주고 있다.

자살 보도의 중요성에도 불구하고, 국내 신문 기사의 자살 보도 방식은 많은 문제점을 보여주고 있다. 인터넷 신문과 일간지의 자살 보도 형태를 분석한 결과 일간지와 인터넷 모두 자살 예방 목적의 기사보다 자살 사건을 보도한 기사가 훨씬 많은 것으로 나타났고, 과반수가 넘는 기사가 자살 방법이나 장소, 자살자 신상 등을 언급하고 있었다(유현재 · 송지은, 2012). 자살 보도 권고 기준 2.0에 근거하여 분석한 결과 대부분이 이를 제대로 준수하지 않고 있었다(김은이 · 송민호 · 김용준, 2015). 자살 방법을 기재한 경우는 87.5%, 자살 장소를 기재한 경우는 94.9%, 자살 이유를 기재한 경우는 88.8%로 대부분의 기사들이 권고 기준에 어긋나는 보도 행태를 보여주고 있었다.

자살 예방을 도모할 수 있는 자살 보도 내용도 매우 부족한 것으로 나타났다. 안순태와 이하나(2016)는 건강신념모델(Health Belief Model)에 근거하여 네이버(www.naver.com)에 게시된 자살 관련 뉴스 기사를 분석했다. 구체적으로 자살이라는 키워드로 수집된 전체 빅데이터는 2014년 10월의 경우 4117건이었다. 이 중 자살과 우울증이라는 키워드가 함께 포함된 기사는 304건으로, 13개월 동안 전체적으로 평균 한 달에 236.5건이었다. 이 중 자살 사건과 관련된 스트레이트성의 기사를 제외하면, 자살과 우울증에 대한 기획 기사는 한 달에 평균 95건이었다. 이러한 수치는 국내 뉴스가 자살 예방 정보보다는 자살 사건과 사고를 보도하는 데 치우쳐 있음을 잘 나타낸다(안순태 · 이하나, 2016).

특히 내용면에서 자살 예방 뉴스가 취약성(susceptibility)에 대한 정보를 담고 있지 않아 질병의 관여도를 높이는 데 문제가 있는 것으로 나타났다(안순태 · 이하나, 2016). 우울증 및 자살 예방에 있어 중요한 점은 우울증이 누구나 걸릴 수 있는 병이라는 의식을 키우고 건강 행동을 유도해야 하는데, 일반적 취약성을 포함하고 있는 기사는 전체의 1/4이 되지 않았다. 반면에 대부분의 기사에서 지각된 심각성(severity)이 높게 나타났다. 문제는 취약성에 대한 지식이 부족한 상태에서 심각성이 강조되는 경우, 질병에 대한 관여도가 낮은 상황에서 심각성이 지나치게 강조되는 것으로 심각한 질병에 취약한 특정 집단으로 인식하여 낙인을 높이게 된다.

또한 우울증 치료에 대한 관심을 증대시키는 목적으로 자살 예방에 대한 혜택 정보를 제공하는 경우도 지나치게 적었다(안순태 · 이하나, 2016). 우울증 치료를 통해 얻을 수 있는 혜택은 오직 전체 기사의 20.7%만이 알리고 있었다. 무엇보다 장애물에 대한 정보가 부족하다는 점이 지적되었다. 물리적 장애 감소를 위한 정보는 전체 기사의 1/5, 심리적 장애 감소를 위한 정보는 전체 기사의 1/10에 불과했다(안순태 · 이하나, 2016). 정신질환을 둘러싼 사회적 낙인이 우울증 치료를 저해하는 큰 요인임에도, 정작 기사에서는 심리적 장애물을 제거할 수 있는 정보를 제공하는 경우가 10%를 조금 넘는 수준에 불과했다.

행위 단서(cue to action)에 대한 제시도 매우 부족했다(안순태 · 이하나, 2016). 특히 '산책', '조깅', '건강한 식단' 등 소극적 행위 단서가 과반수를 차지했고, 전문가의 도움과 같은 직접적 행위 단서를 언급한 기사는 전체의 38.6%에 불과했다. 문제는 소극적 행위 단서의 빈번한 언급이 우울증과 같은 정신질환을 개인 스스로 극복해야 하는 것으로 여기게 하여 전문가의 도움을 어렵거나 부담스럽게 생각할 수 있게 한다는 점이다.

전체적으로, 일반적 취약성, 자살에 대한 심각성, 자살 예방 혜택, 심리적 장애물 해소, 적극적 행위 단서 제시의 5가지 요인을 모두 포함하고 있는 기사는 전체 246건 중 7건(2.8%)에 불과했다. 다섯 가지 요인 중 가장 빈번하게 제시되는 요인은 심각성이었고, 예방 및 치료에 필요한 요소들은 결여되어 있는 것으로 나타났다. 심각성에 대한 지나친 강조, 일반인 취약성에 대한 정보의 부족, 심리적 장애 요인 해소를 위한 정보 제공의 미흡은 자살자에 대한 사회적 낙인을 증가시킬 수 있는 것으로 지적되었다(안순태 · 이하나, 2016).

자살에 대한 사건, 사고 보도와 자살 예방 기사에 대한 체계적인 관리와 모니터링이 필요하다. 호주의 경우 마인드프레임 국가 미디어 이니셔티브(Mindframe National Media Initiative)가 정부 산하 기관으로 설립되어 자살 관련 콘텐츠를 총괄하고 있다. 언론 보도를 모니터링하고, 자살 보도의 올바른 방식, 모방 자살의 피해를 최소화할 수 있는 보도 방식, 정신질환에 대한 사회적 낙인과 차별을 줄이는 보도 방식 등에 대한 구체화된 정보를 제공하고 있다(Mindframe, 2018). 국내에서도 자살 보도에 대한 관심과 지원을 증대시켜 자살 예방을 위해 적절하고 효과적인 내용이 미디어를 통해 전달되도록 힘써야 할 것이다.

CHAPTER 10

자살 관련 미디어 콘텐츠와 자살 예방 정보

1. 미디어를 통해 재현되는 자살과 정신질환

자살 보도뿐만 아니라 영화, 드라마, 다큐멘터리 등 다양한 미디어 콘텐츠를 통해 정신질환과 자살 관련 인식은 형성되고 영향 받는다. 특정 집단에 대한 미디어의 재현은 고정관념을 만들고 강화시킨다(Entman, 1993; Hall et al., 1982). 정신장애인을 폭력적이고 위험하게 묘사하는 미디어 콘텐츠는 그런 고정관념을 만들어내고 강화시키는 사회적 관념이 내재된 결과물이다(장혜경 · 우아영, 2011). 미디어를 통한 재현은 사회 내 지배적인 규범과 가치를 반영하고 강화시키기에(Hall et al., 1982), 정신질환과 관련하여 미디어를 통해 묘사되고 표현되는 내용에 대한 각별한 주의가 요구된다.

미디어에서 어떤 사건이나 주제에 대하여 보도할 때 사용되는 프레임은 중요하다. 미디어 프레임이란 미디어가 현실 세계의 사건이나 주제에 대하여 전달할 때 특정한 요소를 강조하거나 축소함으로써 현상의 어떤 측면을 부각시키거나 배제하는 속성을 말한다(Entman, 1993, 2004). 공중이 미디어를 통해 인식하는 현실은 미디어에 의해 특정 부분이 강조되거나 또는 축소된 프레임에 의한 "인지된 현실(perceived reality)"이다(Entman, 1993). 프레임의 영향력은 일시적으로 나타나기보다는 반복적이고 지속적인 노출을 통해 공중이 현실을 인식해가는 과정 중에서 나타난다(Reese, 2001). 이 과정을 통해 미디어는 공중을 의도하는 방향대로 유도하는 역할을 하기도 한다(Scheufele, 1999).

정신질환을 위험성, 예측 불가능성 등과 연관짓는 프레임이 미디어를 통해 빈번히 전달된다(Stuart, 2006; Parrott & Parrott, 2015). 디펜바흐(Diefenbach, 1997)는 미국의 저녁 8-11시 프라임타임 방송 프로그램 내용을 분석했는데, 정신질환이 있는 것으로 등장하는 캐릭터가 전체의 2.2%밖에 되지 않았음에도 불구하고 이 캐릭터들 중 33.9%가 살인, 강간, 강도 등 다양한 범죄에 연루된 것으로 나타났다. 1995년부터 2014년까지 미국 뉴스미디어를 분석한 연구(McGinty et al., 2016)에 따르면 정신질환과 관련된 과반 이상의 기사들이 폭력과 관련되어 있었다. 어린이들을 대상으로 한 영화를 분석한 결과, 24%의 등장 캐릭터가 정신질환이 있는 것으로 나타났고 많은 경우 폭력적인 부정적 이미지로 표현되고 있었다(Wahl et al., 2003). 전체적으로 미디어 속의 정신질환에 대한 묘사는 부정확하고 과장되거나, 잘못된 지식을 전달하는 경우가 많았다. 특히 다르거나 특이한 것을 넘어 위험한 것으로 표현되는 경우가 많아 미디어가 정신질환에 대한 오해 및 낙인에 기여하고 있었다(Klin & Lemish, 2008).

영국에서도 정신질환에 대한 사람들의 부정적인 태도나 인식은, TV 프로그램 등 미디어가 정신질환자를 그려내는 묘사가 영향을 끼친 것으로 조사되었다(Levey, Howells, & Levey, 1995; Reda, 1996). 뉴질랜드에서도, 정신질환이 있는 사람이 등장인물로 제시될 때 폭력적이고, 이해력이 부족하고, 다른 이들에게 위협이 되고 있었으며(Wilson et al., 1999a), 정신질환자의 위험성이 TV 캐릭터의 외모, 음악, 효과음 등을 통해 전달되는 등(Wilson et al., 1999b) 다양한 부정적인 묘사가 나타났다.

정신질환을 다른 각도에서 전달하는 영화나 드라마도 있다. 윌슨과 동료들은 많은 숫자는 아니지만 TV 프로그램에서 정신질환을 가진 사람들이 고양이에게 먹이를 주거나 아이를 달래는 등 "감정적으로 공감하는/배려하는" 캐릭터로 묘사되는 사례들도 있다는 것을 발견했다(Wilson et al., 1999b). 또 미국에서 방영되었던 드라마 <몽크(Monk)>는 강박장애가 있는 탐정을 주인공으로 내세움으로써, 정신질환이 있는 시청자들에게 심리적으로 긍정적인 영향을 주었다(Hoffner & Cohen, 2012).

국내에서 영화나 드라마에 비춰진 정신질환이나 우울증은 대부분 매우 부정적이다. 장혜경과 우아영(2011)은 정신장애를 주제로 한 4개 TV 다큐프로그램을 분석하여 '구별짓기의 완성' 담론이 생성되고 있음을 지적했다. 구별의 이유, 방법, 구별짓기 일상화 등 관습적이고 통념적인 담론의 반복을 통해 정신장애인을 배제시키고, 이들의 주체적인 위치를 상실시킨다고 설명했다. 김정은과 서진환(2015)은 정신장애 관련 영화 17편에서 전달된 정신장애인에 대한 사회적 표상을 분석했다. 지적장애, 자폐 스펙트럼장애를 제외한 대부분의 정신장애에 대한 원인을 충격, 스트레스 등의 심리사회적 요인으로 묘사하고 있었으며, 빈번하게 설정된 위험성이 과장되어 정신장애인의 감금이나 배제를 정당화할 수 있다는 우려가 제기되었다.

정신질환을 고정관념에서 탈피하여 다른 시각에서 다룬 국내 드라마도 있다. 이종명과 이승아(2017)는 2014년 방영되었던 드라마 <괜찮아 사랑이야>는 기존의 정신병 보여주기와는 다른 형태의 서사가 제시되었다고 분석한다. 강박증, 조현병, 불안장애 등의 정신병을 등장인물 모두에게 부여해 어느 정도의 정신질환은 누구에게나 있는 것으로 묘사하고, 그 배경과 치료 과정으로 스토리를 전개했다. 무엇보다 정상과 비정상의 대립으로부터 유발되는 전형적인 갈등 구조에서 벗어나, 정신질환을 격리, 보호, 권위주의적 치료의 공간에서 일상의 공간으로 옮겨놓았다. 이를 통해 정신질환이 낯설고 먼 것이 아님을 보여주었다.

2. 국내 정신질환 다큐멘터리가 재현한 자살 담론

다큐멘터리 속 자살 시도자들에 대한 미디어의 재현을 분석한 결과(이하나·안순태, 2015)에 따르면 전반적으로 '우리'와 '그들'이라는 이분법적 논리가 전달되고 있었다. 그 과정 속에서, 사회적 책임성은 간과되고, 비정상적인 일탈자로서 자살 위기자는 묘사되고 있었다. 자살의 원인을 개인의 노력 부족, 현실 도피라는 틀에서 설명하면서 자신의 신세를 한탄하는 주인공, 이를 책망하는 내래이션, 주인공을 야단치는 듯한 패널들의 목소리들을 통해서 '개인적 책임'이라는 틀을 제시하고 있었다.

이를 통해 자살을 '우리'의 문제보다는 개인의 책임과 '그들'의 문제로 묘사하고 있었다. 무엇보다 자살을 개인 의지의 문제, 즉 마음먹기에

표 10.1 다큐멘터리 등장인물의 이분법적 구조 (이하나·안순태, 2015)

자살을 시도하는 사람	자살 위기를 극복한 사람
자신의 현 상태를 부정함	현 상태를 받아들이고 극복하고자 노력
의욕이 없고 무기력함	활기차고 힘이 있음
삶의 목표가 없는 사람	삶의 목표가 있는 사람
희망이 없는 사람	희망을 보는 사람
노력하지 않는 사람	노력하는 사람
자책하는 사람	자신감을 갖는 사람
꿈이 없는 사람	꿈을 꾸는 사람

달려 있다고 반복적으로 제시하면서 자살이 우울증 등 정신질환 문제와 관련이 있고 전문가의 도움이 필요한 질병이라는 관점은 결여되어 있었다(표 10.1). 주인공들의 분노와 불안, 위험성, 폭력성 등이 강조되면서 정상적이지 못한 집단으로 선을 긋고 감시되고 관리되어야 하는 존재로 묘사하는 경향이 있었다. 이는 사회적으로 배제되고 차별받을 수 있는 상황을 정당화시킬 수 있고 의학적 치료와 사회적 도움이 필요하다는 대안적 시각 제시는 결여되어 있는 것이다.

다큐멘터리 속에서 주인공들과 이들을 둘러싼 사람들의 대화에서 가장 빈번하게 등장한 어휘는 '자신' 및 '극복'의 의미가 담겨 있는 단어들이었다. 그 예로, "다른 사람은 잘 하는데 왜 나는 못할까. 진짜 내가 부족한 게 많아서 그런 것 같다"라고 말하며, 스스로를 비난한다. 이에 조력자는 "무엇보다 자신을 좀 단단하게 만드는 것이 중요한데"라고 응답하며, 스스로가 현 상황을 이겨내야 한다는 것을 전달한다. 즉 주인공은 스스로의 잘못으로 자살 위기를 맞게 된 것이며, 반대로 조력자는 스스로를 통제할 줄 아는 능력자가 조명되고 있다. 이러한 담론은 주인공을 제외한 모든 사람들을 통해 끊임없이 지속적으로 전달된다. '극단적인 선택'을 하는 자살 시도자들은 '슬기롭지 못한' 사람들이며, '짐'이 되는 존재라고 전달되고 있었다.

다큐멘터리 속 내래이션 역시 조력자들 못지않게 "조금씩 앞으로 나아가는 연습을 하다 보면 언젠가는 세상 중심에 선 자신을 발견할 수 있겠죠", "뭐든지 마음먹기에 달려 있습니다. 지금 힘든 시간을 보내고 계신다면 조금 더 마음을 다잡아보시기 바랍니다", "조금만 노력을 하시면"이라고 말하며 주인공들을 향해 끊임없이 스스로를 변화시키라고 이야기한다. 모든 문제의 원인은 노력하지 않고, 또는 노력이 부족한 안주하려는 주인공에게 책임이 있다고 전달하고 있었다.

방송에 등장하는 6명의 주인공이 자살을 생각하게 된 이유는 경제적 어려움·외로움·질병으로 인한 고통 등이 복합적으로 작용한 결과였음에도, 프로그램이 끝나갈 때쯤 주인공들이 취업이 되었다거나, 경제적 형편이 나아졌다든지, 새로운 친구가 생겼다든지 등 실질적 개선에 관한 내용은 전혀 나오지 않는다. 즉 이들이 자살을 결심하게 되었던 원인은 해결되지 않은 채 그대로 남아 있음에도 마지막 모습은 모두 행복하고 활기 있게 묘사된다. 이들은 "못해도 일단 다시 한번 부딪쳐보려고요", "어차피 살 거면 제가 이겨내야죠", "제가 변화하지 않으면 아무것도 되지 않는다는 생각이 들고. 그래서 이제 좀 용기를 내보려구요" 등 마지막에 새로운 다짐을 보여준다. 불행했던 그들이 갑자기 변화할 수 있었던 것은 스스로 마음가짐을 바꿨기 때문으로 전달된다. 개인의 노력으로 흑에서 백으로 변화될 수 있다는 메시지를 끊임없이 제시하며, 자살 위기는 개인의 노력만 있으면 충분히 해결할 수 있는 문제로 귀착되어버린다.

이러한 담론은 원인에 대한 책임을 당사자에게서 찾고 있는 것으로 자살을 시도한 사람들을 향한 부정적인 낙인을 일으킬 가능성이 높다.

또한 자살 위기에 놓인 사람들에게 자기 낙인으로 작용하여, 스스로의 탓으로 자책하게 만들 수도 있다. 따라서 자살 시도자 또는 자살 생각으로 힘들어하는 사람들을 고립시키고, 도움을 청하는 것을 주저하게 만든다. 자살은 개인적인 문제이기 때문에 사회가 전적으로 해결해줄 수 없으며 스스로 이겨낼 수밖에 없다는 '개인적 책임'의 시각이 주는 문제점이다. 무엇보다 자살의 원인이 당사자들에게 있다는 시각과 함께, 신세를 한탄하는 주인공들의 모습, 책망하는 내래이션, 타이르거나 야단치는 목소리 등이 자살의 원인을 개인적인 문제로 조명한다. 문제의 개인화는 자살을 사회가 함께 해결해야 하는 '우리'의 문제보다는 각자 개인의 노력이 필요한 '그들'의 문제로 확정지어버린다. 특히 자살 위기를 극복한 조력자들의 등장은 현재의 고통스러운 삶에서 벗어나기 위해선 스스로가 이겨내는 수밖에 없음을 강조시킨다. 자살을 개인이 이겨내야 하는 문제로 틀 지음으로써 사회 구성원들의 안녕을 위한 국가적 책임과 노력은 간과하게 만든다.

자살을 개인의 문제로 조명하는 관점은 자살이 우울증과 관련이 있고 전문가의 도움이 필요한 영역이라는 것을 잊게 만든다. 즉 연구 결과를 보면 정신질환자나 자살 위기자는 정상적이지 못한 일탈자 또는 문제가 있는 사람으로 분류되어 '우리'와 다른 '그들'을 의미한다. 이러한 이분법적 재현은 사회적 낙인을 강화시키고 적절한 도움과 치료를 저해하여 돌이킬 수 없는 선택을 하게 만들 수 있다. 이는 '건강'과 '불건강', '정상'과 '비정상'이라는 이분화된 논리로 자살 시도자들을 정상적이고 건강한 상태에서 벗어난 열등한 집단으로 재현(이하나 · 안순태, 2015)하는 문제점을 보여준다.

3. 국내 포털 사이트 자살 예방 정보

국내 포털 사이트들은 보건복지부의 권고에 따라 '자살'이라는 키워드로 검색을 할 경우 자살 예방 정보 및 관련 사이트들을 상위에 노출시키고 있다. 온라인의 자살 관련 정보들이 자살 시도와 같은 부정적인 결과로 이어질 수 있기 때문에(Recupero et al., 2008), 자살 예방 정보들을 우선적으로 전달하는 것이 필요하다. 무엇보다도 이렇게 제시된 콘텐츠는 자살을 검색한 사람의 향후 태도와 행동 방향에 큰 영향을 미칠 수 있기에 그 내용이 자살 예방에 도움이 되도록 구성되어야 한다.

안순태와 이하나(2019)는 국내 포털 사이트를 통해 전달되는 온라인 자살 예방 정보를 분석했다. 국내 최대의 포털 사이트인 네이버를 이용하여, 네이버에 '자살'이라는 키워드로 검색을 하면, 상위에 '생명 사랑 캠페인—당신은 소중한 사람입니다'라는 메시지와 함께 '24시간 전화 상담', '온라인 상담 · 직접 상담', '포기하지 마세요!' 등의 정보들이 제공되었는데 이 중 '포기하지 마세요!'와 '어떻게 도울까요?'의 범주에 속한 10개 정보를 자살 예방이라는 차원에서 적합성을 분석했다. 표 10.2는 분석 대상으로 선정된 자살 예방 정보이다.

분석의 기준은 귀인 이론을 토대로 ①발병 원인에 대한 개인의 책임성, ②발병 해결에 대한 개인의 책임성, ③치료/회복 가능성, ④장애 요인 해소 등 총 네 가지 항목이 사용되었다. 자살 예방 정보로서 적합하기 위해서는 정신질환의 원인에 대한 설명, 해결 방안, 치료 가능성이 적절히 제시되어야 하고, 무엇보다 한국 사회의 낮은 정신건강 서비스 이용률을 고려하여 전문가 상담을 주저하게 만드는 물리적, 심리적 요소를 해소시키는 내용이 요청된다.

분석 결과, 자살 위기 발생의 원인을 개인의 탓으로 돌리는 글은 한

표 10.2 포털 사이트 분석 대상 자살 예방 정보 (안순태·이하나, 2019)

범주	제목	게시일자	조회수	댓글수
포기하지 마세요!	우울증과 우울감의 차이는?	17. 11. 20	19,526	1,113
	우울을 예방 및 극복하는 방법은?	17. 11. 20	7,401	127
	누구나 자살을 생각한다	17. 11. 20	13,735	176
	먼저 병원에 가야 하는 이유	17. 11. 21	6,622	173
	그래도, 삶은 희망이다	17. 11. 21	6,380	245
어떻게 도울까요?	지인의 자살을 방지할 수 있는 법	17. 11. 20	8,590	33
	삶이 힘든 2030 청춘들을 위한 명언	17. 11. 20	13,741	323
	지인의 자살 암시를 나타내는 말과 행동	17. 11. 20	12,364	243
	자살을 생각하는 장·노년층을 위한 메시지	17. 11. 20	4,838	17
	정신질환을 이겨낸 위인과 고난 극복기	17. 11. 20	4,283	26

건도 없었으나, 자살 위기의 극복은 개인의 의지와 노력에 따른 것이라는 내용이 전체의 60%를 차지했다. 또한 치료/회복 가능성에 대한 내용은 5개였으나, 이 중 3개는 개인에게 발병 해결에 대한 책임을 두고, 스스로 노력해야 치료나 회복이 가능하다는 인식을 전달하고 있었다. 또한 전문가와의 상담과 치료가 필요하다는 정보를 전달하고 있었지만, 동시에 도움 추구 행동을 방해하는 심리적, 물리적 장애 요인을 낮춰줄 수 있는 정보는 제공되지 않았다. 즉 정신건강 상담 서비스 이용을 촉진시킬 수 있는 정보가 미흡한 것으로 분석되었다.

이러한 연구 결과는 포털 사이트가 자살 고위험군의 극단적인 선택을 막고자 '자살'을 검색했을 때 가장 먼저 자살 예방 정보들이 노출되도록 설정되어 있지만, 효과적인 자살 예방 정보를 전달하고 있지 않다는 점을 보여주고 있다. 무엇보다 자살 예방 정보들이 위기 해결에 대한 책임을 개인의 몫으로 돌리고 있고, 전문가 상담과 같은 도움 요청을 증진시킬 수 있는 내용이 부족하다는 것이 문제점으로 드러났다.

자살 예방 정보 자체에 대한 평가도 중요하지만, 이에 대한 공중들의 반응도 살펴보아야 한다. 포털 사이트에 '자살'을 검색했을 때 상위에 주로 노출되는 자살 예방 정보들이 공중들로부터 어떤 평가를 받는지 살펴보면, 전달된 자살 예방 정보가 수용자의 대처 반응에 대해 순기능을 했는지, 역기능을 했는지 평가할 수 있다. 안순태 · 이하나(2019)는 총 2,476개의 댓글을 분석하여 자살 예방 정보에 대한 공중들의 대처 반응을 분류하여 검토했다.

댓글의 대처 반응에 대한 분석 기준은 크게 5가지로 구분했다(Carver et al., 1989): '문제 해결 노력', '자기 해결', '회피', '반발', '부정적 감정 발산.' 이 중 '문제 해결 노력'과 '자기 해결'은 자살 예방 정보의 순기능으로, '회피', '반발', '부정적 감정 발산'은 역기능으로 분류되었다. 즉 자살 예방 정보가 무엇을 해야 하는지 도움과 조언을 찾게 하거나, 정서적 위로를 탐색하게 한다면 긍정적인 영향을 주고 있는 것이고, 문제에 대한 재해석이나 적극적 대처를 유도한다면 자살 예방 정보의 순기능이 발현되고 있는 것으로 평가했다. 그러나 문제 해결에 대한 포기나 회피, 반발, 부정적 감정의 발산으로 연결된다면 자살 예방 정보의 역기능이라고 간주했다. 또한 댓글의 대처 반응 중 자기 비난을 자기 낙인과 연관지어 좀 더 구체적으로 분석했다. 안순태와 이하나(2017b)가 개발한 '자살 시도자를 향한 사회적 낙인 척도'가 활용되었으며, '무능함', '부도덕', '이기적', '반사회적', '찬미', '연민'의 총 6가지 항목이 분석에 사용되었다.

연구 결과, '문제 해결 노력'을 보인 댓글은 총 650건으로 전체의 26.3%를 차지했다. 또한 '자기 해결'에 해당하는 댓글은 총 336건으로 전체의 13.6%를 차지했다. 한편 역기능으로 분류된 '회피' 반응은 총

1,211건으로 전체의 48.9%를 차지한 것으로 분석되었다. '반발' 반응은 총 986건에서 발견되어 39.8%, '부정적 감정 발산' 반응은 1,400건에서 발견되어 56.5%를 차지했다(안순태 · 이하나, 2019). '문제 해결 노력'과 '자기 해결'을 합하면 순기능적 내용이 약 40%였지만, 역기능적 내용 중 '회피' 반응이 거의 50%에 육박하고 '부정적 감정 발산'에 해당하는 반응은 과반수를 넘는 수치로 나타났다.

'자기 낙인'에 해당하는 댓글은 457건이었고, 이 중 73.5%의 댓글이 작성자 스스로를 무능력한 사람으로 평가하고 있었다. 또한 '부도덕'의 낙인을 보인 댓글은 16.4%에 달했고, 스스로를 불쌍히 여기는 '연민' 낙인은 12.5%에서 발견되었다. 자기 낙인 분석 기준으로 활용된 나머지 '이기적', '반사회적', '찬미' 낙인은 확인되지 않았다. 자살 예방 정보의 궁극적 목표 중 하나가 자살과 정신질환에 대한 사회적 낙인을 낮춰 정신건강 상담 서비스를 증진시켜야 함에도 불구하고, 자기 낙인으로 연결되는 경우가 많았다는 점은 큰 우려를 자아낸다. '회피', '반발', '부정적 감정 발산' 등과 같은 역기능적 대처 반응은 자살 위기의 해결을 개인의 책임으로 돌리는 글에서 가장 많이 나타났다. 이는 스스로를 무능력하게 보는 등 비난하는 자기 낙인의 형성으로 이어졌다(안순태 · 이하나, 2019). 사회적 낙인이 자기 낙인으로 내재화(internalization)되고 있는 현상이 댓글 분석을 통해 발견된 것이다. 포털 사이트의 자살 예방 정보에 대한 체계적인 평가가 지속적으로 이루어져야 한다.

CHAPTER 11

해외 자살 예방 및 정신건강 정책

1. 영국

1) 영국 자살률과 정신건강 정책 동향

영국 내 자살률은 인구 10만 명당 2012년 11.6명, 2014년 10.8명, 2016년 10.4명, 2017년 10.1명, 2018년 11.2명(Office for National Statistics, ONS, 2019)이다. 지속적으로 감소하고 있는 추세이며, 유럽의 평균 13.4명, 한국 자살률 26.9명에 비하여 낮은 수치이다. 특히 2002년부터 2011년까지 정신질환 관련 입원환자의 자살률은 절반 이상 감소했으며, 2009년부터는 정신질환 관련 외래환자 및 가정 내 관리 환자의 자살률도 감소하기 시작했다(Hewlett & Horner, 2015).

1980년대 이후, 가장 자살률이 높은 연령은 언제나 45-49세 중년 남성 집단이었고, 연령이 증가하면서 자살률이 낮아지다가 80-84세 기준으로 증가하는 패턴을 보여왔다. 2018년의 경우, 남성 집단의 자살률이 각 연령대별로 증가한 경향을 보였다. 45-49세 남성 자살률은 27.1명(인구 10만 명당)으로 통계 수립 이래 최대치를 기록했다. 게다가 2018년 20-24세 남성 자살률이 2017년 대비 31%나 증가하여 10만 명당 12.9명이었으며, 80-84세 남성의 자살률이 전해 자살률이었던 9.1명 대비 17.2명으로 크게 상승했다(ONS, 2019).

또한 전체적인 자살률 감소에도 불구하고, 청소년 자살률은 증가해왔다. 2018년 기준 15-19세 청소년 자살률은 인구 만 명당 6.7명이다. 이는 2008년 4.8명, 2011년 4.9명, 2015년 5.8명이었던 것에 비하면 증가하는 추세이다(ONS, 2019). 따라서 2018년 보건사회복지부(Department of Health and Social Care, DHSC)와 교육부(Department for Education)가 협업하여 민간 정책제안서(Green Paper)를 발행했다. 정책제안서에는 어린이 및 청년층 정신건강을 보조하는 지역 단위 전문가 단체 결성, 각 학교 및 대학교에서 정신건강 리더 지정 의무화, 일부 지역에서 국민건강서비스(NHS) 대기 기간 4주 프로그램 파일럿 테스트 등의 내용이 포함되었다(Department of Health and Social Care & Department for Education, 2018).

2012년 영국 정부는 Health and Social Care Act를 발의하여, 2020년까지 정신건강과 신체 건강에 대한 예산 비율의 균형을 확보하기로 합의했다. NHS에 따르면 정신건강 관련 치료는 전체 치료의 25% 정도를 차지하고 있으나 이에 사용되는 예산은 13%에 불과하며, 정신질환자 중 1/4만이 치료를 받고 있는 것으로 나타났다(NHS, 2014). 정신건강에 추가적 예산 투여가 필요하다는 판단 아래, 2019년에는 2조

3천억 파운드를 정신건강 분야에 향후 5년간 추가 투자할 계획이라고 밝혔다(DHSC, 2019).

2) 영국의 세계 최초 자살 예방 전담 장관

영국은 2018년 10월, 세계 최초로 자살 예방에 대한 정신건강, 불평등, 자살 예방 장관(Minister for Mental Health, Inequalities and Suicide Prevention)직을 만들어 당시 보건부 차관이었던 재키 도일-프라이스(Jackie Doyle-Price)를 임명했다. 자살 예방 장관은 보건사회복지부(DHSC) 내에서 정신건강, 불평등, 자살 예방 문제를 총괄하며, 기존 정신건강 및 자살 예방 관련 기관들의 연계를 감독하는 역할이 주요하다(Buchan, 2018).

영국은 정신건강 증진과 삶의 질 향상을 강조하며, 2018년 '외로움 담당 장관(Minister for Loneliness)'도 신설했다. 국가 차원에서 국민의 외로움을 관리하는 '외로움 대응 전략'을 발표하면서 "외로움은 우리 시대 건강의 커다란 적이자 질병이다"라고 발표했다. 1,800만 파운드를 투자하여 지역사회에 사람들이 대면으로 대화를 나눌 수 있는 장소를 늘리고, 걷기 모임, 요리 강좌, 예술 창작과 같은 사람들의 교류 활동에 쓰겠다고 밝혔다(한기봉, 2018). 자살 예방, 외로움 담당 장관의 임명은 정신건강의 중요성에 대한 국가의 책임을 인정하고 국가 차원에서 특별한 노력을 하겠다는 상징적이며 실질적인 움직임이다.

자살 예방 전담 장관의 경우, 도일-프라이스 장관 임명과 함께 정신건강 정책 추진을 위해 2조 3천억 파운드의 예산을 확보했다(Department of Health and Social Care, 2019). 또한, 정부 간 자살 예방 워크플랜(Cross-Government Suicide Prevention Workplan)을 통해 중앙 및 지방 정부

간 연계를 감독하고, 계획 평가, 개선, 사례 공유 등 진행 과정에도 적극적으로 참여하고 있다. 자살 예방 전담 장관은 영국 내 115개 공공, 민간, 자원 단체 연합인 국가자살예방연합(National Suicide Prevention Alliance, NSPA)을 관장한다. NSPA는 웹사이트를 통해 자살 예방 관련 정보, 통계, 안내 가이드, 활용 가능 자원 등에 대한 통합된 서비스를 제공한다.[1] 또한 국가 자살 예방 전략 위원회(National Suicide Prevention Strategy Advisory Group)를 통해 현황 및 전략에 대한 전문가들의 조언을 듣고 있다.

3) 영국의 자살 예방을 위한 국가 기관 및 민간단체

자살 예방 문제를 총괄하는 정부 부처는 정신건강, 불평등, 자살 예방 장관이 소속된 보건사회복지부(DHSC)이다. 국민건강서비스(NHS)는 영국 국민에게 공공 의료 서비스를 제공하는 공공기관으로 정신건강과 관련된 의료 서비스를 직접적으로 전달하는 주체이다. 특히, 국민건강서비스(NHS)의 산하 기관인 영국공중보건국(Public Health England, PHE)은 정부의 건강 증진 전략을 각 정부가 실행할 수 있도록 보조하는 역할을 주로 담당한다. 구체적으로 이들은 특정 직업군의 자살 문제와 관련된 통계 분석, 지원 자료 개발 및 배포, 직장 정신건강 온라인 교육 프로그램 개발 등 자살 위험군에 대한 분석 및 지원을 담당한다. 통계청(ONS)은 자살 관련 통계 조사 및 자료 수집, 분석 등의 데이터 관련 보조 업무를 수행한다.

보건사회복지부(DHSC)와 국민건강서비스(NHS), 영국공중보건국

1 https://www.nspa.org.uk/

(PHE)은 협업을 통해 지역의 자살 고위험군을 위한 다양한 접근 방법을 개발하고 있다. 보건사회복지부(DHSC)가 전체적인 정책 수립, 예산 책정 등을 담당하며, 국민건강서비스(NHS)는 이를 공공 의료 서비스에서 실행, 그리고 영국공중보건국(PHE)은 각 지방에서 해당 예산을 활용하여 지역에 특화된 자살 예방 프로그램을 개발 및 정착시키는 과정을 보조하며, 기존에 시행되었던 정책 분석을 통해 성공적이었던 부분과 향후 개선해야 할 영역을 파악하고 있다(DHSC, 2019).

영국의 대표적인 자살 예방 민간단체는 사마리탄스(Samaritans)와 파피루스(Papyrus)이다. 사마리탄스[2]는 1953년 설립되어, 현재 20,000명 이상의 자원봉사자들과 영국 전역 201개 지부가 활동하고 있다. 증가하고 있는 청소년 자살과 관련하여 각 학교에 사후 예방 서비스 Step by Step, 온라인 교육 자원인 DEAL[3](Developing Emotional Awareness and Listening)을 제공하고, "Dying from Inequality"라는 보고서를 통해 사회경제적 불평등이 자살에 미치는 영향을 보여주는 등 다양한 영역에서 자살 예방에 대한 전문적인 서비스와 자원, 그리고 협업 체계를 제공하고 있다.

파피루스[4]는 1997년 설립된 35세 이하 청년층 자살 예방을 위한 비영리단체로, Parents' Association for the Prevention of Young Suicide의 줄임말이다. 젊은 층을 위한 자살 예방 전화상담 서비스 HopelineUK를 운영하고 있으며, ASIST(Applied Suicide Intervention Training Skills)라는 자살 예방 교육 프로그램을 영국 전역에 제공하고 있다. 2018년에서 2019년까지 런던 내 32개 자치구 중 27개 소속

2 https://www.samaritans.org/

3 https://www.samaritans.org/how-we-can-help/schools/deal/

4 https://papyrus-uk.org/

200여 중고등학교에 #SaveTheSchool 캠페인 및 ASIST 교육 프로그램을 진행했다. 최근 파피루스의 자문을 받은 인스타그램(Instagram)은 2019년 2월 자사 플랫폼에서 자해와 자살과 관련된 이미지를 제거하기로 발표했다.[5]

4) 영국 자살 보도 권고 기준

영국의 자살 보도 권고 기준은 오프컴(Ofcom)과 독립언론표준기구(Independent Press Standards Organzation, IPSO)에 의해 제시되고 있다. 오프컴은 영국의 방송, 통신 및 우편 산업을 감독하는 독립 공공규제 관리 위원회이다. 오프컴의 미디어 가이드라인인 The Ofcom Broadcasting Code에 자살과 관련된 3가지 조항이 포함되어 있다. 'Violence, Dangerous Behavior and Suicide,' 'Suicide and Self-harm,' 'Protecting the Under-Eighteens' 조항이 자살 관련 보도 규칙이다. BBC와 같은 공영방송의 경우, 오프컴의 모니터링 및 규제 대상이나, 민영 미디어사의 경우 직접적으로 규제는 받지 않는다. IPSO는 영국의 신문 및 잡지사들이 결성한 연합체로 언론 관련 가이드라인을 수립 및 모니터링하는 독립기관이다. 이들은 연간 단위로 언론에서의 보도를 모니터링한 보고서를 출간하지만 권고 사항은 강제력을 가지지 않는다. IPSO의 자살 보도 권고 기준은 2016년 Editors' Code

5 "Instagram Bans Graphic Images of Self-Harm After Teenager's Suicide", The New York Times (2019.2.7.). 2017년 자살 및 우울증과 관련된 인스타그램 계정을 팔로우하던 영국 10대 몰리 러셀(Molly Russell)의 자살 이후로 인스타그램은 자해와 관련된 게시물들을 인스타그램에 게시하는 것을 금지하기로 결정했다. 또한 "sensitivity screen"의 사용 등 잠재적으로 해를 끼칠 수 있는 내용을 최소화하기로 결정했다. (https://www.nytimes.com/2019/02/07/technology/instagram-self-harm-ban.html)

Clause 5: Reporting Suicide라는 단독 조항으로 독립되어 있다(IPSO, 2019).

영국의 사회복지입법위원회(Health Select Committee)는 자살 및 자살 관련 행동에 대한 보도에 더욱 신중한 접근법을 강화해야 할 필요성을 2017년 청문회 당시 지적했다. 전통 미디어 및 온라인 미디어 환경에서 지속적인 자살 관련 보도를 통해 사회적 낙인을 줄이고 이슈에 대한 인식을 높일 수 있기 때문에, 사마리탄스는 미디어 산업 자체를 위한 교육을 실시하고 있다. 이들은 자살 문제와 관련된 오프라인 및 온라인 언론 보도를 모니터링하면서 위반사항이나 우려가 되는 내용을 미디어 관련자들에게 전달한다.

사마리탄스는 자체적으로 자살 보도 시 기억해야 할 10가지 원칙을 권고해왔고, 2020년 4월 새로운 권고 기준을 제시했다(표 11.1). 온라인 미디어 환경을 고려하여 자살을 미화하거나 조장하는 댓글, 웹사이트, 커뮤니티 등에 취약군이 노출되지 않도록 해야 한다고 강조한다. 특히, 소셜 미디어의 자살 관련 포스팅이나 기사 공유에 대한 주의를 권고한다. 또한, 지나치게 구체적인 언어 표현이나 시각적인 표현을 제시하는 것은 취약군이 자살 피해자와 자신을 동일시하는 위험성이 있기 때문에 지양하라고 권고한다. 자살의 이유 및 계기를 추정할 수 있는 정보 보도 및 유서 내용 공개는 자살 문제를 단순화시킬 가능성이 크기 때문에 피하라고 한다. 마지막으로 자살 취약군이 필요한 도움을 받을 수 있도록 관련 상담 서비스에 대한 안내를 반드시 포함해야 한다고 권고한다(Samaritans, 2020).

영국의 자살률은 한국과 비교해 매우 낮은 수준이지만, 자살 예방 전담 장관, 외로움 담당 장관의 임명을 통해 정신건강의 중요성에 대한 국가의 책임과 노력을 적극적으로 보여주고 있다. 특히 자살률이 증가하

표 11.1 영국의 자살 보도 권고 기준 (Samaritans, 2020)

1	목을 매었다는 표현과 같이 구체적인 자살 방법을 보도하는 것을 삼가며, 특히 제목에서 자세한 표현은 지양해야 한다.
2	자살이 예방 가능하다는 내용을 언급하고 관련된 도움을 줄 수 있는 상담 서비스 등을 소개한다. 이것은 사람들이 도움을 받도록 유도하여 생명을 구할 수 있다.
3	'suicide epidemic'과 같은 선정적인 제목이나 자극적인 표현을 지양한다. 절대 단시간 안에 숨을 거두었다거나, 죽음이 빠르고 고통 없이 쉬웠다거나 문제를 해결했다고 암시하지 말아야 한다. 자살을 선정적으로 만들거나 미화하는 언어를 삼간다.
4	특정한 장소를 자살 명소로 표현하지 말아야 하며, 장소에 대한 구체적인 정보를 포함하지 말아야 한다.
5	극적이거나 감정적, 선정적인 이미지 혹은 영상을 포함하지 않는다. 지나친 시각적 표현은 죽음을 미화하고 자살 위험군이 자살 피해자와 동일시하도록 만들 수 있다.
6	기사 1면 및 톱뉴스에 배치하거나 자살 관련 과거 기사 링크 제시 등 지나치게 많은 보도 및 눈에 띄는 배치를 지양해야 한다.
7	소셜 미디어를 다루는 데 매우 신중해야 하고, 자살을 조장하거나 미화하는 댓글, 웹사이트, 커뮤니티에 사람들이 노출되지 않도록 방지해야 한다. 자살 관련 기사의 댓글 기능을 비활성화하거나, 기사 푸쉬 알람 기능 사용이 적절한지 고려해야 한다.
8	자살 피해자의 유서 내용을 공개하는 것을 피한다. 왜냐하면 자살 위험군이 자살 피해자와 동일시하고, 죽음이 미화될 수 있으며, 유족들이 고통받을 수 있기 때문이다.
9	자살의 계기에 대한 추측은 문제를 단순화시킬 수 있으므로 삼가야 한다. 자살은 매우 복잡한 문제이며 하나의 특정한 사건을 계기로 일어나지 않는다.
10	젊은 층은 모방 자살에 취약하다. 젊은 자살 피해자에 대해 보도하는 경우, 지나치게 기사를 강조하거나 이미지를 사용하지 않도록 한다. 감정적이고 미화하는 표현보다 사실에 기반한 언어, 시각적 이미지를 활용한다.

고 있는 청소년집단을 주목하고 이에 대한 특별한 정책 마련에 힘쓰고 있으며 디지털 미디어 환경에서 자살 관련 온라인 콘텐츠를 주시하고 대책을 검토하고 있는 것도 시의적으로 자살 예방 정책을 수정, 보완하고 있는 정부 차원의 지속적인 노력을 잘 나타낸다.

2. 미국

1) 미국 자살률과 정신건강 정책 동향

미국의 자살률은 최근 증가세에 있다. 인구 10만 명당 2010년 12.08명, 2014년 12.93명, 2016년 13.42명, 2018년 14.2명으로 지난 10년 동안 지속적으로 상승했다(CDC, 2018). 자살 사망자수는 2000년 2만 9,350명이었으나, 2016년에는 4만 4,965명으로 약 53.2% 증가했다(손해인, 2018). 2018년 기준 약 140만 건의 자살 시도가 있었고 그 중 48,344명이 사망했으며, 이 중 50.57%가 총기류로 인한 자살이었다(CDC, 2018). 2016년에도 총기로 인한 자살(51%)이 가장 높았고, 자살 사망률에서는 남성이 77.2%, 여성이 22.8%로 큰 차이를 보였다. 성별에 관계없이 50-59세 중장년층의 자살률이 가장 높게 나타났다(손해인, 2018).

미국의 자살률은 증가 추세에 있지만, 2016년 기준 WHO에서 추정하는 미국 내 자살률은 인구 10만 명당 11.8명으로 전 세계 평균 18.3명에 비해 낮은 수준이며, 한국의 자살률(26.9명) 대비 매우 낮은 편이다. 자살 시도 경험에 대한 조사에 따르면 2016년의 경우 실제 자살 사망자의 약 30배에 달하는 사람들이 자살을 시도한 것으로 조사되었다. 18세 이상 미국인의 약 4%인 980만 명이 지난 1년간 자살을 심각하게 생각해본 적이 있다고 응답했고, 그중 280만 명이 자살 계획을 세워본 적이 있다고 했으며 그중 130만 명은 실제로 자살을 시도한 것으로 조사되었다(SAMHSA, 2017b). 특히 18-25세 중 10.5%가 심각한 자살 충동을 느꼈다고 조사되었고, 이는 타 연령 대비 가장 높은 수치였다(SAMHSA, 2017a).

전반적인 자살률의 증가 속에서 가장 자살률이 높은 집단은 2018년 기준 중년 백인(45-54세) 남성이며, 남성 자살률은 여성보다 3.56배 높았다(CDC, 2018). 2017년 질병예방통제센터 자료(CDC, 2018)에 따르면, 자살은 10-14세, 15-24세, 25-34세 집단 사망 원인 중 2위를 기록했고, 특히 해당 연령대 남성의 자살률이 동일 연령 여성 대비 매우 높게 나타났다. 15-24세 남성 자살률은 인구 만 명당 22명으로 15-24세 여성 자살률 5명 대비 4배 이상 차이가 났다. 65세 이상 노인 자살률도 남성 31명, 여성 5명으로 남성 자살률이 높았다(CDC, 2018).

미국의 국가 차원 자살 예방 대책은 1999년 '공중보건 의무감의 자살 예방 행동 촉구 보고서(The Surgeon General's Call to Action to Prevent Suicide 1999)'부터 시작되었다(손해인, 2018). 이는 국가자살예방전략(National Strategy for Suicide Action, NSSP)으로 이어져 2001년에 미국 최초의 종합 자살 예방 국가전략이 마련되었다. 2001년 국가전략에서 자살 감소를 위한 민간과 공공 부분의 협력이 강조되었고, 그 결과 2010년 250여 개 민간기관과 공공기관이 협력하여 국가자살예방행동연맹(National Action Alliance for Suicide Prevention, NAASP)이 설립되었다.

2) 미국 자살 예방을 위한 국가 기관 및 민간단체

국가자살예방행동연맹(NAASP)은 국가자살예방전략(NSSP)을 구체적으로 계획 및 실행한다. 2011년 NAASP는 보건복지부 산하 약물남용및정신건강서비스국(Substance Abuse and Mental Health Services, SAMHSA), 그리고 페이스북(Facebook)과 협업하여, 페이스북에 자살 관련 포스팅을 올리는 사용자에게 자동적으로 자살 상담 서비스 안내 이메일을 보내는 기능을 개발했다. 특히, 자신의 페이스북 친구가 자살을 암시하는 포스팅을 올릴 경우, 페이스북 내의 자살 방지 예방 서비스 링크를 클릭하여 바로 신고할 수 있다. 신고를 받은 후 자살 위험군인 사용자에게 자동적으로 이메일이 전송되며, 전문가와의 24시간 비밀 채팅 서비스까지 함께 제공했다(Children's Mental Health Network, 2011).

국립정신건강연구소(National Institute of Mental Health, NIMH)와 약물남용및정신건강서비스국(Substance Abuse and Mental Health Services Administration, SAMHSA)은 자살 예방 관련 정책 수립 및 실행을 맡고 있는 주요 정부기관이다. SAMHSA는 약물 문제와 그로 인한 정신적 질환에 대한 전반적인 데이터, 그리고 회복 및 치료를 위한 서비스, 그리고 관련 정책을 실행하는 것을 주로 담당한다. NIMH는 보건복지부(HHS)에 소속된 국립보건원(National Institutes of Health) 소속 27개 기관 중 하나로, 정신질환에 대한 이해, 치료에 대한 인식 변화 및 예방, 회복을 위해 다양한 연구를 진행한다.

대표적인 자살 예방 관련 단체로 미국자살예방재단(American Foundation for Suicide Prevention, AFSP)이 있다. AFSP는 1987년에 설립되어 미국 50개 주에 지부를 두고 있고, 대표적인 교육 프로그램인 Talk Saves Lives[6] 등을 통해 전반적인 자살 문제, 예방 정보 등에 대해 대화하고 의견을 나눌 수 있는 이벤트를 개최한다. 제이슨재단(Jason Foundation Inc.)은 1997년 설립된 자선단체로 미국 43개 주에 지부를 갖고 있는 단체이다. 십대 청소년 자살에 대한 인식을 높이기 위해, 학교, 학부모, 청소년을 위한 자살 예방 교육 프로그램을 제공한다. 미국자살학회(American Association of Suicidology)는 1968년 설립된 비영

6 https://afsp.org/talk-saves-lives/

리 단체로 자살과 관련된 학술적 연구 교류 및 연구 결과에 근거한 자살 예방 프로그램을 제공한다. 학계 전문가들의 자살에 대한 다양한 실증적 연구를 장려하여 자살 및 자살 예방에 대한 전문 지식을 창출 및 전파하는 것을 주요 목적으로 한다. 트레버 프로젝트(Trevor Project)는 1998년 설립된 성소수자(LGBTQ) 청소년 자살 예방을 위한 민간단체이다. 성소수자 청소년을 위한 24시간 전화 상담, 문자 상담, 전문가 소개 등의 서비스 제공 및 부모, 선생님 등을 위한 워크샵, 가이드라인 제공 등의 활동을 하고 있다.

3) 미국의 자살 예방 관련 법안

미국의 경우 자살 예방과 관련된 구체적 법안이 마련되어 있다. 자살 예방과 관련되어 Garrett Lee Smith Memorial Act, Joshua Omvig Veterans Suicide Prevention Act, 21st Century Cures Act가 있다. 이 법들에 근거해 자살 예방 활동 예산의 안정적 확보가 가능하고, 관련 부서가 법에 명시된 사업에 대한 의무를 지게 되었다(손해인, 2018). Garrett Lee Smith Memorial Act, Joshua Omvig Veterans Suicide Prevention Act는 각각 자살 위험군인 청소년과 참전군인을 보호할 수 있는 법적 기반이다(Office of the Surgeon General & National Action Alliance for Suicide Prevention, 2012).

2004년 10월 21일 제정된 'Garrett Lee Smith Memorial Act of 2004'는 오레곤 주지사 고든 스미스(Gordon Smith)가 아들인 개럿 리(Garrett Lee)가 22살에 우울증으로 인해 자살을 한 후 추진한 법안이다. 주요 내용은 2004년부터 2007년까지 총 8,200만 달러를 자살 예방 사업에 투자하고 이후 의회 승인을 받아 매년 3,000만 달러를 대학,

주 정부, 기타 관련 기관에 보조금으로 지원하는 것이었다. 이에 근거해 2005년 이후 50개 주에 370여 개의 청소년 자살 예방 활동 프로그램, 175곳의 고등교육기관, 46곳의 인디언 부족 기관에 자살 예방 활동 관련 보조금이 지급되었다(손해인, 2018). 보조금 지급에 따른 차이를 살펴본 결과 보조금을 받은 지역의 자살 시도율이 인구 10명 당 4.9명 정도 낮게 나타났다(Garraza, Walrath, Goldstein, Reid, & McKeon, 2015).

Joshua Omvig Veterans Suicide Prevention Act of 2007은 이라크 전쟁 참전 군인인 22살의 조슈아 옴비그(Joshua Omvig)가 외상후스트레스장애(PTSD)로 인해 자살한 이후 추진된 법안으로 미국 보훈처 총무부장(Secretary of Veterans Affairs)이 참전군인 자살 예방 프로그램을 개발 및 시행하도록 규정했다. 보훈처 전 직원에 대한 자살 예방 교육, 모든 보훈처 시설에 자살 예방 상담원 배치, 24시간 이용 가능한 정신건강 서비스 수립 등을 주 내용으로 하고 있다. 구체적으로 자살 고위험군인 참전군인을 위해 전국자살예방라이프라인(National Suicide Prevention Lifeline, 1-800-TALK)을 설치하고, 이를 통해 24시간 전화위기 상담 · 온라인 상담 · 전화 메시지 상담 등을 제공하게 되었다(손해인, 2018).

21st Century Cures Act는 2016년 12월 13일 제정되어 치료법의 개발과 승인을 용이하게 하고 정신건강 치료에 대한 연방정책을 개혁한 종합적 법안이다. 이 법안에 근거하여 2018년에서 2022년까지 자살 예방과 관련하여 약 8,570만 달러가 투입될 예정이다. 구체적으로 전국자살예방라이프라인 프로그램의 운영 지원, 지역사회 위기 대응 시스템 강화, 개럿 리 스미스 추모법안 연장, 성인 자살 예방 지원이 주요 사업 내용이다(손해인, 2018).

4) 미국 자살 보도 권고 기준

미국의 자살 보도 권고(Recommendations for Reporting on Suicide)는 2011년 NSPP의 주도하에 미국 내 자살 예방 및 공중보건 민간단체, SAMHSA, 미국 내 대학, 미디어 단체들이 함께 협업하여 개발했다. 권고 작성에 기여한 단체들이 모두 통일된 가이드라인을 웹사이트[7]를 통해 배포하고 있다. 해당 가이드라인에서는 언론이 자살을 보도하는 경우, 권고하지 않는 표현과 권고하는 표현을 간결하게 두 가지로 대비시켜 설명한다(Reporting on suicide, 2020). 표 11.2는 지양해야 할 내용과 지향해야 할 내용을 구분하여 제시하고 있는 미국의 자살 보도 권고 기준이다.

가이드라인 수립에 참여한 전문가들은 다음과 같은 주요 결과와 논점을 제시했다. 미디어의 특정 자살 보도 형식이 취약 계층의 자살 시도를 증가시킬 수 있고, 이 효과는 보도량, 보도 기간, 보도의 현저성에 따라 변화했다. 자살 전염(suicide contagion) 현상 혹은 모방 자살은 미디어에서 추가 자살을 조장하는 보도를 했을 경우 발생했다. 또한, 신중한 자살 보도는 편견을 낮추고 인식을 변화시키며, 대중의 이해를 높일 수 있었다. 보도 내용에 지원 서비스와 희망, 회복에 대한 메시지가 포함되어 있을 경우, 도움 요청 행위를 장려할 수 있다는 사실도 밝혀졌다(Reporting on suicide, 2020).

미국은 증가하고 있는 자살률과 함께 2000년 들어서야 국가 차원에서 자살 예방 종합전략을 마련했다. 다른 선진국들에 비해 뒤늦게 국가적 차원에서 자살 예방 전략 마련이 이루어졌으나 자살 예방을 위한 예

7 https://reportingonsuicide.org/

표 11.2 미국의 자살 보도 권고 기준 (Reporting on Suicide, 2020)

지양해야 할 내용	지향해야 할 내용
자살 방법 및 장소에 대한 묘사	사망을 자살로 보도할 때 관련 정보와 장소를 구체적이지 않게 제시
자살 유서의 내용 공유	발견된 자살 유서는 검토 중이라고 보도
자살자에 대한 개인적인 정보 묘사	자살자에 대해 구체적이지 않게 묘사
자살이라는 극단적 선택을 힘든 상황에 대처하는 일반적이고 용인할 수 있는 행위로 제시	대부분의 자살 충동은 치료, 주변의 도움, 대처 능력 향상으로 극복될 수 있다고 설명
자살의 이유를 지나치게 단순화하거나 짐작하는 것	자살의 징조와 위험 요소(정신질환, 인간 관계 등)를 통해 맥락을 제공
제목이나 내용이 지나치게 자극적인 표현	자살자의 유족을 고려한 표현 및 사실 제시
자살을 미화, 낭만적으로 표현	자살이 개인 혹은 집단에 대한 영웅적 행위, 명예, 충성이라는 인식을 반박하는 맥락과 정보 제공
자살이 "급증"한다거나 "유행"한다는 표현	실증적 근거에 기반하여 증가 혹은 상승과 같은 단어 사용
신문이나 방송 보도에서 눈에 띄는 위치에 배치	신문이나 잡지의 경우 안쪽, 방송 보도의 경우 후순위에 배치

산 확보와 인프라 마련을 위해 2000년 중반부터 구체적인 자살 관련 법안을 통과시켜 실효성을 발휘하고 있다. 자살 보도 권고 기준의 경우 지양해야 할 표현과 함께, 바람직한 보도 방향을 구체적으로 제시하고 있다. 하지 말아야 할 것에 대한 권고를 넘어서서 어떻게 보도해야 하는지에 대한 방향성과 내용을 제공함으로써 실무자들의 이해와 응용을 돕고 있다.

3. 핀란드

1) 핀란드 자살률과 정신건강 정책 동향

OECD의 자살률 통계(OECD, 2020)에 따르면 핀란드의 2016년 자살률은 10만 명당 13.9명으로 1990년대 이후 지속적으로 하향곡선을 보인다. 1992년 핀란드 내 자살률은 10만 명당 28.6명으로 유럽 28개국 중 상위 5위, OECD 가입국 중 6위를 기록했었다. 그러나 1998년 23.5명, 2004년 20명, 2010년 17.3명으로 줄어들어 현재는 1992년 대비 절반 이하로 감소했다(OECD, 2020). 이에 비해 한국의 1992년 자살률은 10만 명당 9.5명으로 핀란드의 절반 수준이었으나, 2016년 24.6명으로 핀란드의 자살률을 앞지른 상황이 되었다.

2018년 핀란드 내 15-24세 젊은 층 사망 원인 중 1/3 이상이 자살이며 이는 다른 유럽 국가의 젊은 층 자살률보다 높은 수치로 2015년 기준 6위를 기록했다(Statistics Finland, 2019). 전체 자살 인구 중 3/4이 남성이었으며 사회경제적 지위가 낮은 젊은 남성일수록 자살률이 높아지는 경향이 있었다(Patana, 2014). 또한, 25세 이상 블루 칼라 여성은 화이트 칼라 여성보다 자살률이 1.3배 높았으며, 여성 집단에서도 사회경제적 위치가 낮을수록 자살 위험이 상승했다(Patana, 2014). 특히 음주와 자살 관계의 상관관계가 높았는데, 2000-2006년 사이 자살한 사람 4명 중 1명은 음주 상태에서 자살했고, 특히 이러한 경향은 젊은 남성 2명 중 1명, 젊은 여성 3명 중 1명으로 강하게 나타났다(Impinen, Lunetta, & Lounamaa, 2008). 핀란드의 65세 이상 노인 자살률은 유럽 국가들의 평균 수준이다(Statistics Finland, 2019).

핀란드는 자살 문제의 심각성을 일찌감치 인지하고 세계 최초로 조사 기반의 자살 예방 프로젝트인 National Suicide Prevention Project(NSPP)를 1986년에 시작했다(Isometsä et al., 1994). 국가공중보건원(National Public Health Institute, KTL)의 주도하에, 전문가들이 자살 문제 실태 파악을 위해 전방위적으로 조사를 진행했다. 450여 명의 전문가들이 참여하여 1987년부터 1988년까지 발생한 자살 및 원인 불명 사망 사건 1,397건에 대해 전수 심리적 부검을 실시했다(Myllykangas, 2018). 그 결과, 자살의 주요 원인이 우울증임이 발견되었고 의료 시스템 및 전문가들이 환자에게 적합한 치료를 하고 있지 않았다는 결론에 도달했다(Isometsä, et al., 1994). 이는 적극적인 자살 예방 정책으로 이어졌고 1992년 10만 명 당 28.6명이었던 자살률을 2016년 기준 13.9명으로 감소시키는 성과를 이루었다.

2) 핀란드 자살 예방을 위한 국가 기관 및 민간단체

핀란드에서 자살 예방을 담당하는 정부 부처는 사회보건부(STM)와 그 아래에 소속된 국립보건복지연구소(Finnish Institute for Health and Welfare, THL)이다. 국립보건복지연구소(THL)는 2009년 국가공중보건원(National Public Health Institute, KTL)과 국가건강복지연구개발센터(National Research and Development Centre for Welfare and Health)를 통합시켜 설립되었고, 건강 및 복지와 관련된 데이터 수집, 조사, 캠페인 진행 등을 담당하는 연구 기관이다.

핀란드는 자살과 정신질환에 대한 연구 결과를 활용하여 그 대책 마련에 활발히 적용하고 있다. 예를 들어 2011년 기존 연구 및 일반 대중 대상 설문조사 등의 자료 검토를 한 결과, 정신과 치료 과정에서 사용되는 타자화된 언어 사용(language of otherness)이 정신질환 환자들의 자기 낙인화(self-stigmatization)의 가능성을 높인다는 것이 밝혀졌다(Wahlbeck & Aromaa, 2011). 특히, 의사의 진단 과정에서 사용되는 표현 방식으로 인해 사회적 낙인이 증가할 가능성이 있다는 문제가 지적되었다. 이에, 사회보건부(STM)에서 2012년 80,000유로의 예산을 책정하여, 의료 전문가용 치료 가이드라인에서 자살 문제 관련 치료 항목의 표현들을 수정했다(Ministry of Social Affairs and Health, 2017).

핀란드의 자살 예방 관련 대표적인 비영리단체는 미엘리(MIELI)[8]이다. 1987년 설립되어 정신건강과 관련된 연구 및 조사, 자원봉사 프로그램 조직, 전문가 및 일반인 교육 등 다양한 방면에서 서비스를 제공한다. 지역 정신건강 단체 50여 개가 소속되어 있으며, 4,000명의 자원봉사자가 현재 단체에 소속되어 활동하고 있다. 각 지역 단체와 5명의 MIELI 소속 자원봉사자가 함께 협업하면서 지역 내 프로그램 개발 및 현안에 대응하고 있다. 2017년부터 쿠오피오, 헬싱키에서 자살 시도, 위험군, 가족 등 다양한 사람들을 위해 자살 예방 관련 무료 상담 서비스 센터를 운영하고 있다. 특히, 자살 시도를 한 사람들을 위해 치료 이외의 일상 적응 등에 관련된 지원 및 도움을 제공하는 것이 상담 서비스 센터의 주요한 목적이다. MIELI는 어린이, 청소년, 노인 등 특정 자살 위험 집단에 대한 프로젝트를 진행했는데, 주로 학교 및 타 연구기관과의 연계를 통해 실태를 파악한 이후 그에 맞는 자살 예방 교육 프로그램을 각 지방자치단체에 제공하는 역할을 수행한다. 2012년에서 2016년까지 진행했던 Mirakle(Building Blocks for the Mental Wellbeing of Older People) 프로젝트[9]의 경우, 노인 자살 문제에 집중하여 노인들의

8 https://mieli.fi/en

9 https://mieli.fi/en/home/development-programs/building-blocks-mental-well-being-older-people-project

정신건강 관리 및 독립적인 생활을 지원하는 교육 프로그램을 개발해서 연금 관련 공익단체에서 관련 교육을 실행하도록 했다. 또한 이민자나 난민들이 자살 위험군이라는 판단 아래, 이민 관련 공익단체의 전문가들과 함께 협업하여 이민자나 난민들이 환경적 어려움으로 인한 트라우마 경험에서 벗어날 수 있는 교육 프로그램(Stability Training)[10]을 개발하여 2012년에서 2014년까지 시행하기도 했다.

3) 핀란드 자살 보도 권고 기준

핀란드 자살 보도 권고 기준의 경우, 2012-2014년 국립보건복지연구소(THL)가 참여한 European regions enforcing action against suicide(EUREGENAS) 프로젝트의 결과물로 도출된 Tool kit for media professionals가 대표적이다(Dumon & Portzky, 2014). EUREGENAS는 9개 유럽 국가[11]들이 각국의 성공적인 자살 예방 사례 데이터를 모아서 협업한 프로젝트였다. EUREGENAS에서는 각 나라의 미디어 보도 관련 연구를 종합하여 공통적인 미디어 가이드라인을 수립했고, 해당 가이드라인에는 지양해야 할 표현 및 권고하는 표현이 구분되어 제시되었다. 그리고 좋지 않은 보도와 좋은 보도의 사례를 대조시켜 쉽게 이해할 수 있도록 구성했다. 표 11.3은 해야 할 것과 하지 말아야 할 것을 제시하고 있는 자살 보도 권고 기준이다.

EUREGENAS에서 기존 연구들을 검토했을 때, 자살 보도가 자살을 증가시킬 수 있는 가능성이 있음이 밝혀졌다(EUREGENAS, 2012). 자살

10 https://mieli.fi/en/development-projects/immigration/stability-training-2012-2014

11 이탈리아, 벨기에, 스웨덴, 루마니아, 핀란드, 스페인, 독일, 슬로베니아, 영국.

표 11.3 핀란드의 자살 보도 권고 기준 (EUREGENAS, 2012)

해야 할 것(Do's)	하지 말아야 할 것(Don'ts)
사람들의 이목을 끌지 않는 위치에 뉴스 아이템 배치	자살 혹은 자살 시도에 대한 방법, 장소 공개 금지
정확한 수치와 팩트만 사용	유명 연예인의 자살을 보도할 때 더욱 신중해야 함
자살은 매우 복잡한 이슈임을 강조	지나치게 생생한 사진 사용 금지
자살로 인해 영향을 받는 주위 사람들의 감정을 배려	자살을 정상적으로 비추거나 자극적으로 조명하는 것 금지
자살은 예방 가능함을 강조	
자살에 대한 오해 풀어주기	
지원 서비스 및 정보 제공	

에 대한 보도량이 늘어날수록 자살률도 함께 늘어나는 것으로 나타났고, 베르테르 효과 혹은 모방 효과를 방지하기 위해서 미디어 가이드라인이 필요하다는 결론이 도출되었다. 특히, 모방 효과는 자살자가 유명인 혹은 여성일 경우, 수용자가 젊은 남성, 우울증 환자일 경우 더 높게 나타났다. 또한, 자살자와 비슷한 특성을 통해 공감할수록 자살 위험이 더 높아졌다. 이와 반대로 파파게노 효과가 있는데, 자살 위기를 극복한 사람, 자살 충동 대처 방법 등에 대해 미디어에서 많이 다룰수록 자살률이 줄어드는 것으로 나타났다(Niederkrotenthaler et al., 2010).

핀란드는 세계 최초로 조사 기반의 자살 예방 프로젝트를 1980년 후반부에 시작하고, 1990년대에는 국가 차원에서 심리적 부검을 실시한 나라이다. 이를 통해 자살 예방을 위한 실질적 대책을 마련하여 높았던 자살률을 성공적으로 급감시킨 것으로 평가받고 있다. 특히 자살의 주요 원인이 우울증임을 파악하고 1993년부터 자살 및 정신건강에 대한 일반인의 인식 및 이해도를 개선시키는 캠페인을 지속적으로 진행해왔다. 90년대 초 한국의 자살률이 핀란드의 절반 수준이었으나 지금은 그 반대 상황이라는 사실은 국가 차원의 적극적 자살 예방 정책의 중요성을 절감하게 한다.

4. 호주

1) 호주 자살률과 정신건강 정책 동향

호주는 1990년 중반부터 국가 차원의 자살 예방 계획을 추진해왔다. 1994년 정신보건을 5대 국가 보건 사업의 하나로 선정하고, 1995년 청소년을 대상으로 국가청소년자살예방전략(National Youth Suicide Prevention Strategy)을 수립했다. 1998년에는 국가청소년자살예방자문위원회가 구성되었고 이후 2000년에 국가자살예방자문위원회로 확대되면서 전 국민을 대상으로 한 Living is for Everyone(LIFE)으로 발전되었다(홍현숙, 2007). LIFE는 2007년에 수정되어 국가자살예방전략(National Suicide Prevention Strategy, NSPS)의 운영을 위한 기본 틀을 제시한다.[12]

세계보건기구(WHO) 자살률 통계 자료에 따르면 2018년 기준 호주의 자살률은 10만 명당 13.2명으로 나타났다. 한국의 2018년 자살률인 10만 명당 26.9명과 비교하면 월등히 낮고, 서태평양 지역 평균인 10.2명이나 전 세계 평균인 10.6명보다는 조금 더 높다. 호주의 10

---

12 Department of Health and Ageing, *Living is For Everyone*(LIFE) Framework, DoHA, Canberra, 2007.

만 명당 자살률 변동 추이를 살펴보면 2000년 13.2명, 2010년 12.5명, 2016년 13.2명 등 큰 변동 없이 수치가 유지되고 있다.[13] 1980년대 후반과 1997-1998년의 젊은 남성 자살률의 소폭 증가를 제외하고는 이후로 지속적인 감소세를 보였다(Harrison, Pointer, & Elnour, 2009).

호주는 호주통계청(Australian Bureau of Statistics, ABS)에서 자살 관련 통계를 제공한다. ABS의 2019년 자살 관련 통계에 따르면 호주에서 자살률이 높은 집단은 남성, 15-44세, 호주 원주민과 토레스 해협 원주민, 성소수자인 것으로 나타났다. 남성의 경우 여성보다 자살률이 약 3배가량 높았는데, 2018년 기준으로 남성의 자살률은 10만 명당 18.7명이었으며, 여성의 경우 5.8명이었다. 남성 중 가장 높은 자살률을 보인 집단은 85세 이상, 여성 중에서는 40-44세 집단인 것으로 나타났다(Australian Bureau of Statistics, 2019).

호주 15-24세의 청소년 사망 원인 중 1위는 자살이다. 특히 12-17세 청소년의 13명 중 한 명은 자살 시도를 고려한 적이 있으며, 40명 중 한 명은 실제로 자살 시도를 할 의도가 있는 것으로 나타났다(Lawrence et al., 2015). 그 외에도 호주 원주민과 토레스 해협 섬주민 집단의 경우 자살자 연령의 중간값이 남성 31.8세, 여성 26.0세로 낮아 원주민 조기 사망의 원인이 되고 있다(Dudgeon et al., 2016). 그러나 원주민 집단에서 발생하는 자살의 경우 여러 가지 이유로 자살로 분류되는 것을 꺼려하기 때문에 제대로 된 보고가 이루어지지 않는다는 문제점이 있다.[14] 성소수자 집단에서는 젊은 성소수자 집단의 상당수가

---

13 https://apps.who.int/gho/data/node.main.MHSUICIDEASDR?lang=en

14 https://lifeinmind.org.au/about-suicide/aboriginal-and-torres-strait-islander-communities/what-we-know-about-suicide-for-aboriginal-and-torres-strait-islander-peoples

자살을 시도한 적이 있는 위험성이 높은 집단으로 나타났다(Robinson et al., 2014; Strauss et al., 2017).

호주 정부는 원주민 집단의 높은 자살률을 주시하고, 특별한 주의를 기울이고 있다. 원주민과 토레스 해협 섬주민을 위한 국가자살예방센터(National Centre of Best Practice in Aboriginal and Torress Strait Islander Suicide Prevention, CBPATSISP)가 서호주대학교(University of Western Australia)에 설치되어 원주민 집단의 상황에 맞는 자살 예방 프로그램을 도입하고 자살의 원인 및 자살에 따른 충격을 감소시키는 것을 목표로 하고 있다. 또 원주민 및 토레스 해협 섬주민 노인들을 대상으로 문화적 특징을 고려하여 별도의 조직을 마련하는 등 다양한 정신건강 증진 프로그램을 제공하고 있다.[15]

2) 호주 자살 예방을 위한 국가 기관 및 민간단체

자살 예방을 위한 대표적 중앙 정부기관은 호주보건복지부(The Australian Government Department of Health)로 정신건강 및 자살 예방을 포함한 건강 정책을 총괄하고 있다. 또한 국가정신건강위원회(National Mental Health Commission)는 2012년 설립되어 정신건강 및 자살 예방 계획 관련 예산 집행 현황을 모니터링하며, 정부에 증거 기반의 정책적 조언 및 정신건강 및 자살 예방 시스템 개선을 위한 주요 정보를 제공한다.[16] 중앙 정부기관 이외에도 각 주에서 필요한 도움을 얻을 수 있도록 뉴사우스웨일즈정신건강위원회(Mental Health Commission

15 https://lifeinmindaustralia.com.au/about-suicide/aboriginal-and-torres-strait-islander-communities

16 https://www.mentalhealthcommission.gov.au/About

of NSW), 서호주정신건강위원회(Mental Health Commission of Western Australia), 퀸즈랜드정신건강위원회(Queensland Mental Health Commission), 남호주정신건강위원회(South Australia Mental Health Commission) 등이 각 주에 설립되어 있다. 이 조직들은 중앙 정부기관의 하부조직이라기보다 각 주 정부에서 개별적으로 운영하는 조직으로, 각 주의 위원회들은 지역에 따라 역할과 권한이 다르다. 예를 들면 서호주정신건강위원회는 예산 및 성과 설정의 책임까지 가지고 있지만 다른 지역 위원회들은 전략과 지역사회 참여에 초점을 둔다. 뉴사우스웨일즈 주의 경우 문화적, 언어적으로 다양한 배경을 가진 지역사회 구성원들을 위해 별도의 기관이 마련되어 있다.[17]

자살 예방을 위한 대표적 민간단체로 호주자살예방협회(Suicide Prevention Australia)[18]가 있다. 1992년 설립되어 자살 관련 데이터 구축과 마인드프레임(Mindframe)과 같은 미디어 자살 보도 관련 사업을 진행한다. 자살 예방을 위한 훈련 및 교육, 각종 정신건강 서비스에 대한 접근 강화, 치료, 위기 중재, 사후 중재 및 자살에 대한 인식 개선과 낙인 감소 등에 힘쓰고 있다(Suicide Prevention Australia, 2017).

비욘드블루(BeyondBlue)도 활발한 활동을 하는 자살 예방 비영리단체이다. 정신건강과 관련한 각종 정보를 제공할 뿐 아니라 정신건강 문제와 자살에 대하여 말하기 꺼려지는 분위기를 타개하고 낙인과 편견, 차별 등을 극복하는 데 중점을 두고 있다.[19] 16세 이상의 정신질환 경험자이자 정신건강 서비스 지원에 참여하고자 하는 사람들의 모임인 블

17 https://lifeinmind.org.au/organisations/mental-health-commission-of-nsw

18 https://www.suicidepreventionaust.org/

19 https://beyondblue.org.au

루 보이스 멤버[20]들이 2018-2019년에만 1만 8천여 명, 총 46개의 비욘드 블루 활동에 참여했으며, 비욘드 블루의 홍보 대사가 강연 등을 통해 비욘드 블루의 사례를 알리고 자원봉사자들이 호주 전역의 정신건강 및 자살 예방 활동에 참여하고 있다. 비욘드 블루는 독립적인 비영리기관으로 연방 정부와 각 주 정부의 지원을 받고 있으며, 그 외에도 기부와 모금, 기업체 지원 등을 통해서 재원을 조달하고 있다(BeyondBlue, 2019).

마인드프레임[21]은 자살과 정신질환, 알콜 및 약물에 대한 안전한 미디어 보도 및 커뮤니케이션을 요구하는 국가 단위의 프로그램이다.[22] 마인드프레임을 관리하고 있는 에브리마인드(Everymind)는 정신질환 및 자살 감소를 위한 국가 기관으로서 마인드프레임의 운영 및 유지에 대한 책임을 가지며, 25년 이상 증거 기반의 예방 프로그램을 진행하고 있다.[23] 마인드프레임은 미디어, 커뮤니케이션, 저널리즘 및 PR, 소셜 미디어, 알콜 및 약물, 경찰 등 다양한 분야의 고문단 그룹과 협업하고 있다.

세인오스트레일리아(SANE Australia)[24]는 정신건강 문제와 관련된 대표적 자원단체이다. 정신건강 문제 연구, 캠페인을 통해 정신건강 문제에 대해 알리고 관련 서비스의 질 향상을 촉구하는 지지 활동, 상담 지원 등을 하고 있다.[25] 특히 스티그마 워치(Stigma Watch)[26] 활동을 통하여 정신건강에 대한 낙인 문제를 감소시키기 위해 노력하고 있다.

20 https://www.beyondblue.org.au/get-involved/bluevoices
21 https://mindframe.org.au/
22 https://everymind.org.au/
23 대표적인 프로그램으로 Mindframed 포함, Life in Mind, Guiding Their Way Back Support Groups 등이 있다.
24 https://www.sane.org/
25 https://www.sane.org/about-sane/254-vision-and-mission
26 https://www.sane.org/services/stigmawatch

3) 호주 자살 보도 권고 기준

마인드프레임은 자살과 관련한 미디어 커뮤니케이션 가이드라인을 배포하고 있다.[27] 표 11.4에서 나타나듯이, 자살 보도의 필요성부터 신중히 판단하고, 신문이나 방송에서 기사의 위치 등을 고려하여 지나치

표 11.4 호주의 자살 보도 권고 기준

항목	세부 내용
자살로 인한 죽음을 보도할 것인지 결정한다	• 공식적인 경로를 통해 죽음이 자살인지 확인하여 추측을 막고, 진행 중인 조사를 방해하지 않는 방향으로 보도한다. • 가능하면 자살자가 누군지 밝히기 전에 가족, 친지나 친구 등 자살자와 관련된 사람으로부터 사전 동의를 얻는다. • 자살자에 관한 이야기가 공중의 이익과 관련되는지 평가한다. 자살 보도의 파급 효과에 대해서는 전문가의 조언을 얻는 것이 좋다. • 자살에 대한 연속된 보도는 자살 위험에 취약한 사람들에게 큰 영향을 주기 때문에, 자살에 대한 이야기가 최근 얼마나 많이 보도되었는지 고려해야 한다.
이야기의 현저성을 줄인다	• 신문의 내부 페이지, 잘 보이지 않는 공간에 기사를 배치하거나 방송 보도에서 프로그램의 후반부에 배치하는 등 이야기가 눈에 띄지 않도록 한다. • 헤드라인 및 주요 검색 단어로 '자살'이라는 단어 사용을 지양하여 취약성이 높은 사람들이 위험해지지 않게 한다.
위험을 증가시킬 수 있는 정보를 수정하거나 제거한다	• 자살 유서에서 나온 내용 등을 공개하지 않는다. • 온라인 추모 페이지 등 공개된 추모 공간에 대해 알리는 것을 제한하여 의도하지 않게 자살을 바람직한 결과물로 비춰지게 하지 않는다. • 장례식장, 애도하는 가족 등 구체적 사진들을 사용하여 죽음을 미화하지 않도록 하며, 자살자에 대한 사진을 사용할 때에는 유가족의 동의를 받는다. • 장소, 위치 등 죽음에 관련된 자세한 정보를 최소화하고 도움을 얻을 수 있는 곳의 정보를 포함한다.

27 https://mindframe.org.au/suicide/communicating-about-suicide

문화적 특수성을 고려한다	• 공동체에 따라서 사망자의 이름, 사진 등을 공개하는 것 자체가 극도의 고통으로 간주될 수 있으므로 호주 원주민들의 사망에 대한 보도를 할 때에는 필요한 조언을 얻는다. • 프로그램에 자살자에 대한 이야기가 나오는 경우 경고문을 부착하여 이에 대한 주의를 준다. • 호주 원주민들과 관련된 내용은 해당 지역사회와 직접 연결되어 있는 정신건강, 자살 예방 분야의 다양한 이해관계자들의 조언을 얻어야 한다. • 문화적, 언어적으로 다양한 사람들을 인터뷰할 때 자살이나 정신질환 관련 단어의 사용이나 번역에 주의해야 한다.
유명인의 자살은 특히 주의하여 보도한다	• 보도 전에 죽음이 자살에 따른 것인지 공식적인 경로를 통해 확인하여 추측을 막도록 한다. • 자살을 미화하거나 죽음에 대한 장소, 방법 등 자세한 정보를 제공하지 않도록 한다. 죽음의 허무함, 가족과 친구에게 미치는 파급효과, 자살에 대한 일반적 위험 요소 등에 초점을 둔다. • 해당 자살 보도가 다른 맥락(다른 연예인의 죽음)이나 특정 날짜(영화 개봉, 기념일 등)와 연결될 수 있다는 것을 기억하고 주의해서 보도해야 한다.
맥락에 따른 보도를 하고 정확성과 균형을 확인한다	• 죽음이 즉흥적이거나 한 가지 사건 때문이라는 것을 암시하지 않도록 주의해야 한다. 많은 연구들이 보여주듯이 자살은 정신질환, 약물 관련 질환, 사회적 영향 등 많은 위험 요인들을 바탕으로 일어난다는 것을 알린다. • 미디어가 지역사회에 자살에 대한 정확한 정보를 전달할 수 있도록 한다. • 자살 예방 전문가를 통해 자료에 대한 정확한 해석과 의견을 얻고 이를 통해 맥락을 제공하여 기사의 질을 향상시킨다.

게 눈에 띄는 뉴스가 되지 않도록 하라고 권고하고 있다. 또 위험을 증가시킬 수 있는 정보를 수정하거나 제거하여 보도하며, 문화적인 차원에서 자살 보도에 주의해야 할 점이 있는지 확인하라고 한다. 유명인 자살 보도에 대한 특별한 주의를 권고하고 있으며 정확성과 균형 잡힌 보도를 강조하고 있다.

자살 보도의 유해성을 최소화하기 위해 미디어 업계에서는 자체적인 미디어 산업 준칙(media industry code)을 제정하여 자살이나 정신질환을 인쇄 미디어, 방송, 소셜 미디어 등을 통해 보도하는 것에 대한 기준을 마련하고 있다. 이 준칙은 마인드프레임의 권고 기준을 기반으로 하여 자체적으로 미디어 기업에서 제정하고 있으며, 참여하고 있는 미디어 단체는 호주언론협회(Australian Press Council), 호주상업라디오협회(Commercial Radio Australia Ltd), 호주지역방송협회(Community Broadcasting Association of Australia) 등이다.[28]

호주 미디어에서는 자살 관련 기사를 최대한 보도하지 않도록 노력하고 있다. 퍼키스 등(Pirkis, Burgess, Blood, & Francis, 2007)은 2000년 3월 1일부터 2001년 2월 28일까지 호주 신문에 보도된 자살 기사의 양과 내용을 분석했다. 결과에 따르면 전체 자살 발생건수 통계의 약 1%만이 신문에 보도되었음을 확인할 수 있다. 그리고 자살 방법이나 자살자 신상 정보를 제시한 기사도 매우 적었다. 자살 보도 권고 기준도 대부분 잘 지켜지고 있는 것으로 나타났다(Machlin et al., 2012).

호주는 일찌감치 1990년대부터 자살 예방을 포함한 정신보건을 5대 국가 보건 사업의 하나로 설정한 나라이다. 중앙정부뿐만 아니라 각 주의 지자체가 지속적 노력을 해왔고, 비욘드블루, 마인드프레임, 호주자살예방협회 등 많은 민간단체들이 활발한 활동을 하고 있는 것도 특징이다. 원주민과 같은 자살 위험이 높은 집단에 대한 특별 정책과 프로그램도 성공적인 자살 예방 사업의 하나로 평가받고 있다. 특히 정신질환에 대한 미디어 보도의 중요성을 인지하고 스티그마 워치라는 이름으로 정신질환 낙인에 대한 지속적인 모니터링을 하고 있다. 마인드프레임에서는 모니터링뿐만 아니라 언론인과 전문가들을 교육하는 역할까지 담당하고 있다. 자살 낙인 감소를 위한 캠페인뿐만 아니라 자살 보

28 https://mindframe.org.au/industry-hubs/for-media/media-industry-codes

도, 영화, 드라마 등 다양한 미디어 콘텐츠를 지속적으로 모니터링하며, 상세하고 구체적인 자살 보도 권고 기준을 제공한다.

5. 뉴질랜드

1) 뉴질랜드 자살률과 정신건강 정책 동향

뉴질랜드의 2018년 자살률은 WHO 기준 12.1명으로, 전 세계 평균인 10.6명보다는 높은 수치이다.[29] 이 수치는 소폭이지만 지속적으로 증가하는 것으로 나타난다(Office of the Chief Coroner, 2019). 연령별로는 젊은 층의 자살률이 높은 편으로, 10만 명당 자살률은 15-19세가 23.14명, 20-24세의 경우 26.87명에 달하며 25-29세도 20.85명에 이르는 것으로 나타났다. 뉴질랜드의 젊은 층 자살률은 OECD 가입국 중 가장 높은 수준을 기록하고 있다. 남성은 여성보다 자살률이 높은 편으로, 2018/2019년 기준 10만 명당 20.58명을 기록했다(여성의 경우 10만 명당 7.49명). 노년층의 자살은 평균보다 낮은 수치를 보이다가 90세 이상 그룹에서는 10만 명당 21.72명으로 높아진다. 특히 마오리족은 수십년간 가장 높은 자살률을 보인 인종 집단으로, 2018년 기준 10만 명당 자살률이 28.23명이고, 이는 다른 인종 집단에 비해 두 배 이상의 수치이다(Office of the Chief Coroner, 2019).

뉴질랜드는 국민 삶의 질 향상을 위해 '웰빙 예산(Wellbeing Budget)'을 세계 최초로 책정한 나라이다. 웰빙 예산[30]은 2019년부터 4년간 매

29 https://www.who.int/gho/mental_health/suicide_rates_crude/en/

년 38억 뉴질랜드 달러 규모로 정신건강을 포함한 다양한 사업에 투자된다(김기성, 2019). 또한 2019년 웰빙 예산과 함께 새로운 정신건강과 삶의 질 위원회(New Mental Health and Wellbeing Commission)가 설립되어 독립적이고 철저한 검토를 통해 뉴질랜드의 정신건강 및 삶의 질을 향상시키기 위한 정부의 업무 과정을 계획하고 평가한다.[31]

마오리족이나 태평양제도민의 경우 뉴질랜드 자살 예방 정책에서 특히 주목하는 집단으로, 와까하우루아(Waka Hourua)는 마오리족과 태평양제도민을 위한 국가 자살 예방 프로그램으로 마오리족을 위한 별도의 자살 예방 센터가 마련되어 있다. 자살률이 높은 마오리족 지역사회 내부에서 자발적이고 적극적인 참여를 독려하며, 스트레스 대처 방법, 자살 위기자를 돕는 방법, 소셜 미디어를 안전하게 이용하는 방법 등 구체적인 정보를 마오리족 언어로도 제공함으로써 접근성을 높이고 있다.[32]

2) 뉴질랜드 자살 예방을 위한 국가 기관 및 민간단체

보건부(Ministry of Health)는 뉴질랜드의 건강 관련 정책을 관할하는 부처로, 정신건강은 정신건강과 중독(Mental Health and Addiction) 부서에서 총괄한다.[33] 자살 예방과 관련하여 자살 예방 전략 및 행동 계획

---

30 2019년 처음 도입되었으며, 2019년에는 정신건강, 어린이의 삶의 질 향상, 마오리족 및 태평양제도민 지원, 각종 산업 및 젊은 계층의 취업 기회 지원을 통한 생산적인 국가 수립, 농업 발전을 통한 경제 체계 변화, 병원, 학교, 헬스케어 등 국가 시설에 대한 투자에 중점을 두었다. 2020년에는 코로나19 상황에 대처하기 위해 코로나19 대응 및 회복 펀드(The COVID-19 Response and Recovery Fund, CRRF)가 이 예산에 포함되었다.

31 https://www.beehive.govt.nz/release/initial-mental-health-and-wellbeing-commission-appointed

32 https://teaumaori.com/support/resources/

33 https://www.health.govt.nz/about-ministry/what-we-do

을 수립 및 시행하며, 삶의 질과 자살에 영향을 줄 수 있는 보호 요인 및 위험 요인을 파악한다. 또 자살과 관련된 각종 데이터를 생성 및 제공하고, 자살 예방에 관련된 출판물들을 출간하는 역할을 한다.[34]

보건부는 자살 위험을 관리하고 삶의 질을 높이기 위한 프로그램들을 자살 대상자의 요구에 맞추어 제공하고 있다. 대표적인 서비스를 살펴보면, 커뮤니티 사후 중재 상담 서비스(Community Postvention Response Service, CPRS)를 통해 올바른 지식을 제공하고 지역 사회의 대리인과 함께 커뮤니티의 특성에 맞춘 자살 예방 사후 상담 서비스를 제공한다. 검시관 자살 의심 데이터 서비스(Coronial Suspected Suicide Data Service, CDS)는 지역에 자살로 의심되는 죽음이 있는 경우 지역보건청(DHB)에 정보를 제공하는 시스템이다. 훈련 및 상담을 통하여 정부 기관이나 건강 전문가, NGO, 커뮤니티 그룹 등에게 자살 예방과 사후 중재, 임상적 관리 등의 내용으로 구성된 훈련도 제공하고 있다.[35]

또한 다양한 민간단체가 자살 예방을 위해 활동하고 있다. 그 예로 라이프라인(Life Line), 사마리탄스(Samaritans), 유쓰라인(Youthline) 등을 들 수 있다. 라이프라인은 1964년 설립된 민간단체로 정신건강 및 자살과 관련하여 0800 LIFELINE, 0800 Kidsline, HELP(4357) 등을 통해 하루 24시간, 쉬는 날 없이 상담가 및 자원봉사자들이 전화를 통해 상담을 원하는 사람들을 돕고 있다. 여기에 더해 자살 위기 상황에만 특화된 0508 Tautoko 프로그램을 따로 운영하고 있다. 0800 Kidsline은 18세 이하 어린이들에게 제공되는 전화 상담 서비스이고[36] 17세 이

34 https://www.health.govt.nz/our-work/mental-health-and-addictions/suicide-prevention-new-zealand

35 https://www.casa.org.nz/our-work

36 https://www.lifeline.org.nz/services/kidsline

하 어린이들을 키우는 부모에게는 센터 방문이나 온라인을 통하여 전문 상담 프로그램을 따로 운영한다.[37] 민간단체들의 다양한 프로그램의 활동 재원은 기부금으로 이루어지고 있다.[38]

3) 뉴질랜드 자살 보도 권고 기준

자살에 대한 보도는 보건부를 통한 보도 권고 기준을 따르고 있다. 뉴질랜드의 자살 보도 권고 기준을 살펴보기 위해서는 먼저 검시관 법률 2006(Coroners Act 2006)에 대한 이해가 필요하다. 검시관 법률은 1988년에 검시관 법률 1989(Coroners Act 1989)로 제정되었던 법률이지만 뉴질랜드 자살 보도 권고 기준에 대한 언급을 하고 있는 Sections 71, 73, 74는 2006년 재개정된 법률에 새로 포함된 내용이다. 이 법의 Sections 71, 73, 74는 자살의 자세한 내용을 공적인 내용으로 만드는 것에 대한 제한을 두고 있다. Section 71에 따르면 검시관의 허가가 있기 전까지는 사망자의 이름, 주소, 직업, 사망자가 자살했다는 사실 외에는 아무것도 보도할 수 없으며, 검시관의 허가를 받더라도 공중의 안전에 해롭지 않을 내용만을 보도할 수 있다. Section 73에서는 자살의 자세한 내용을 공적인 내용으로 만드는 것에 대해 규정하고 있다. Section 74에 따르면 정의, 공중도덕, 개인의 사생활 등의 관점에서 죽음의 내용이 보호될 필요가 있다면 검시관은 이 정보의 공개를 거부할 수 있다(Ministry of Health, 2011).

이처럼 검시관 법률은 자살 보도를 엄격히 제한하고 있는데, 검시관

37 https://www.lifeline.org.nz/services/specialist-counselling
38 https://www.lifeline.org.nz/about-us

이 판단할 때 개인의 자살과 관련된 정보의 공개가 공중의 안전에 크게 해가 되지 않고 공중에게 이익이 될 만한 충분한 이유가 있다면 예외가 될 수 있다. 2006년에 도입된 검시관 법률이 강제하는 자살 보도 규정에 대해서는 찬반 논란이 있다(Walters, 2016).

뉴질랜드에서 자살에 대한 보도는 이와 같은 검시관 법률에 의거하여 공개할 수 있는 정보에 한한다. 뉴질랜드의 자살 보도 기준은 표 11.5와 같다. 크게 자살 및 자해, 유가족에 대한 접근, 소셜 네트워크의 이용, 문화적 태도와 관련한 네 가지 내용으로, 각 항목당 해야 할 것과 고려해야 할 것, 하지 말아야 할 것을 나누어 제시하고 있다. 특히 생각해야 할 항목들을 별도로 제시하면서 자살을 보도하는 취재진의 정신건강에 대한 고려, 유사한 자살 사건을 연결시켜 보도할 때의 파급 효과, 자살에 대한 모순적인 태도들을 구체적 예로 설명하고 있다.

뉴질랜드는 '웰빙 예산(Wellbeing Budget)'을 세계 최초로 도입하여 국민의 삶의 질 향상을 구체적 목표로 제시했다. 자살 보도에 있어서도 검시관 법률에 의거해 공개할 수 있는 정보를 구체적으로 제한하고 있다. 내용에 있어서도 자살 및 자해, 유가족에 대한 접근, 소셜 네트워크의 이용, 문화적 태도로 분류하여 세부적인 지침을 제공하고 있다. 무엇보다도 호주와 함께 자살률이 높은 원주민들에 대한 특별 정책과 프로그램에 많은 투자를 하고 있다. 최근에는 아시아인의 자살률이 증가하고 있다는 점을 감안하여 아시안 패밀리 서비스(Asian Family Services)를 통해 '한국인 자살 방지 프로그램'을[39] 시작하면서, 맞춤형 자살 예방 프로그램의 적극적 활용을 잘 보여주고 있다.

---

39 https://www.asianfamilyservices.nz/uploads/7/5/0/8/75085209/korean_suicide_prevention_resources_development_v8_final_2.pdf

표 11.5 뉴질랜드의 자살 보도 권고 기준 (Ministry of Health, 2011)

	자살 및 자해	자살 유가족에 대한 접근	소셜 네트워크의 이용	문화적 태도
해야 할 것	• 뉴스 가치가 있는 자살이 어떻게 보도되어야 하는지 고려 • 자살과 연관된 위험 요인 탐구 (정신 질환, 약물, 알콜 중독 등) • 자살 위기에 있는 사람들을 위한 지원 서비스 정보 제공 • 유가족을 돕기 위한 서비스 정보 제공 • 균형 잡힌 보도와 전문가 의견 고려 • 공중에게 자살 위험 요인, 자살 신호, 도움을 줄 수 있는 방법에 대한 인식을 향상시킬 수 있는 차원에서 자세하고 사실적인 정보를 직설적으로 제공 • 검시관법률 하에 지켜야 할 법적 의무 이해	• 자살 유가족 및 친구에 대한 인터뷰 대상자가 자살자에 대해 말할 정도로 가까운 사람이 아니거나, 다른 유가족과의 합의 없이 독자적으로 견해를 밝히려는 사람이 아닌지 확인[40]	• 온라인 정보 및 자살 예방 도움 서비스 정보를 널리 알림 • 부모들에게 자녀들과 소셜 네트워크의 위험성에 대한 대화 독려 • 소셜 네트워크 사이트의 정보들이 왜곡되거나 과장된 것일 수 있다는 사실을 널리 알림 • 부모나 양육자에게 아이들의 소셜 네트워크 이용을 차단하면 오히려 대화를 막고 몰래 이용하게 하는 역효과가 있다는 것을 안내	• 자살 보도와 관련한 문화적/종교적 함의에 대한 의견 수렴
고려할 것	• 자살을 미화하거나 낭만화, 또는 사소한 것으로 여기게 하는 언어나 이미지의 사용 지양(특히 젊은 층을 대상으로 한 미디어) • 이야기의 타당성 고려(최근 유사한 사례가 있었더라도 두 사례를 연결시키는 데는 주의 필요)	• 자살 트라우마가 발생할 수 있으므로 취재진의 정신적 안전 확보 • 어떤 사진을 어떻게 사용할지 고민(특히 자살자/유가족의 사진을 온라인에 올리는 것은 지속적인 스트레스를 유발할 수 있음)	• 젊은 층이 속한 온라인 커뮤니티는 많은 경우 그 지역 학교나 동네를 넘어서기 때문에 정보가 광범위하게 퍼질 가능성이 있다는 것	• 자살에 대한 태도는 모순적일 수 있음. 생명의 존엄성에 대한 강한 믿음과 유가족으로서의 상실감이 동시에 나타남.

고려할 것	• 자극적인 제목이나 사진 사용 지양 • 목격자의 진술은 매우 주의해서 사용	• 어린이, 젊은 층, 자살 위험이 있는 사람 등 모방 자살에 취약한 사람을 인터뷰하는 것은 주의 필요	• 추모 사이트에 대한 보도는 자살자를 미화할 수 있음	
하지 말아야 할 것	• 죽음의 원인을 단순화 • 자살의 방법과 장소를 구체적으로 기술 • 자살자가 보여준 긍정적인 면에 집중	• 자살의 원인을 하나의 사건에 연결시키며 단순화 • 인터뷰 대상자를 동일시하며 취재진도 주변인의 죽음을 경험했기 때문에 그 느낌을 이해한다고 말하는 것	• 복잡한 자살의 원인을 지나치게 단순화하여 인터넷이나 소셜 미디어를 탓하는 것	• 자살에 대한 문화적, 종교적 가치 및 태도를 잘 안다고 가정하는 것

40 자살 유가족은 매우 혼란한 상태이고 자살자에 대한 죄책감을 느끼며 취약한 상태인 경우가 많다. 예를 들면 자살 상황에 대한 이해가 확실히 이루어지지 않은 상황에서 다른 유가족을 비난하기 위해 인터뷰를 하는 경우가 있으며, 미디어는 이러한 취약성을 이용하지 않도록 주의해야 한다.

CHAPTER 12

해외 자살 예방 및 정신건강 캠페인 사례

1. 호주 <It's not you, it's your brain>

호주의 민간단체인 비욘드블루(BeyondBlue)에서 2015년 청소년을 대상으로 <It's not you, it's your brain>[1]이라는 캠페인을 진행했다. 우울증과 같은 정신질환의 원인을 생물학적인 요인에 귀인함으로써 정신질환 증상은 스스로 통제할 수 있는 일이 아니며, 우울과 불안 등의 증상은 개인의 잘못과 책임이 아니라는 것을 강조하여 낙인을 낮추고 상담과 치료에 대한 적극적 반응을 유도했다. 정신건강 문제를 귀인 이론

1 https://www.beyondblue.org.au/about-us/about-our-work/youthbeyondblue/brains-can-have-a-mind-of-their-own

(attribution theory) 관점에서 접근하여, 이론적, 실무적 완성도를 높였다.

1) 사회적 배경과 목적

호주 청소년 4명 중 1명이 정신건강에 문제가 있었지만(ABS, 2008), 여학생 70%, 남학생 80%가량은 우울이나 불안을 경험했을 때 도움을 요청하지 않는 것으로 나타났다(EY & ReachOut Australia, 2015). 자살은 호주 청소년의 주요 사망 원인이며, 정신질환을 경험한 성인의 75% 가량이 24세 이전에 처음 증상을 느낀다(Kessler et al., 2005). 이러한 사실들은 청소년 대상 조기 개입의 중요성을 잘 나타낸다.

비욘드블루는 웹사이트 Youthbeyondblue.com이 호주 청소년들에게 우울과 불안에 관한 정확하고 올바른 정보와 지침을 제공하는 역할을 하도록 목표를 설정했다. 청소년들이 지닌 다음과 같은 주요 문제점을 파악하고 개선을 시도했다: 1) Youthbeyondblue.com에 대한 낮은 인지도, 2) 우울, 불안에 관한 낙인; 증상 노출에 대한 수치심, 3) 정신질환 증상(신호)에 대한 둔감한 자각, 4) 도움 요청의 결과에 대한 기대 불확신과 도움 요청 행동에 대한 자신감 결여.[2]

2) 캠페인 전략 및 특징

10대 청소년의 발달 상황을 고려한 맞춤형 메시지

13-17세 청소년들은 자아정체성을 확립하는 시기로 타인에게 어떻

2 https://www.effies.com.au/attachments/youthbeyondblue-entry-219-j-not-for-profitncau.pdf

게 인식되는지 매우 민감하다. 우울증과 같은 정신건강 문제가 있더라도 뭔가 문제가 있는 사람으로 보이는 것을 염려하고, 이야기하는 것을 꺼린다. 10대의 뇌는 의사 결정, 문제 해결, 충동 조절을 담당하는 뇌의 전전두엽(pre-frontal cortex)이 성인에 비해 덜 발달되어 있어, 스트레스 요인에 더 취약하고, 비논리적이고 충동적이며, 감정적인 행동을 하게 된다.[3] 이러한 발달 상황에 근거하여 우울증이 모든 10대들이 경험하는 자연스러운 성장 과정 중 하나라는 점을 핵심 내용으로 제시했다. 이에 캠페인을 통해, "정신질환은 그들이 누구인지를 나타내는 것이 아니라, 그들에게 일어나는 일 중 하나"라는 것을 깨달을 수 있도록 목표를 설정했다.[4]

심리적 저항감을 낮추는 캐릭터 활용

캠페인의 핵심 내용은 "청소년들이 느끼는 정신건강 문제는 그들의 잘못이 아닌, 그들의 뇌 때문이다"였다. 이를 함축적으로 전달하기 위해 "Brains have a mind of their own(뇌는 자기만의 생각이 있다)"이라는 슬로건을 설정했다. 짓궂은 성격의 뇌 캐릭터를 이용하여, 청소년들이 경험하는 우울과 불안이 그들의 뇌가 자기 마음대로 하면서 방해하고 괴롭히는 것이라고 표현했다. 청소년 본인 자신과는 별개로 뇌를 묘사함으로써, 뇌가 느끼고 행동하는 것을 우리 스스로 통제할 수 없으며, 우울과 불안을 느끼는 것은 개인의 책임이 아니라는 것을 강조했다. 뇌에게 책임을 지움으로써 정신건강 관련 낙인을 낮추는 것에 초점

3 https://raisingchildren.net.au/pre-teens/development/understanding-your-pre-teen/brain-development-teens

4 https://www.effies.com.au/attachments/youthbeyondblue-entry-219-j-not-for-profitncau.pdf

그림 12.1 캠페인에 사용된 뇌 캐릭터[5]

을 두었다. 그림 12.1은 자기 마음대로 하려는 짓궂은 성격의 뇌 캐릭터이다.

십대에게 친숙한 애니메이션과 디지털 콘텐츠 개발

청소년들에게 친숙한 어조와 내용으로 총 6편의 애니메이션이 제작되었다(그림 12.2). 1편부터 5편은 우울과 불안의 가장 흔한 증상을 전달했고, 6편은 낙인에 관한 이야기로 마무리했다. 각각의 애니메이션은 공통적으로 자신만의 길을 가고자 하는 짓궂은 뇌의 행동을 설명하고, Youthbeyondblue를 통한 도움과 지원의 가능성을 보여주었다.[6]

또한 청소년들이 좋아하는 디지털 콘텐츠를 이용하여, 청소년들의 관심을 끌고, 타인과의 공유를 유도했다. 온라인 콘텐츠 전략은

---

5 Hiorns, B. (July 1, 2015). JWT fight depression with brainy humour. Retrieved from: https://creativepool.com/magazine/advertising/jwt-fight-depression-with-brainy-humour.5364

6 https://www.effies.com.au/attachments/youthbeyondblue-entry-219-j-not-for-profitncau.p df

그림 12.2 도움과 지원 가능성에 대한 애니메이션[7]

Youthbeyondblue.com을 방문하거나, 뇌 퀴즈를 완료하거나, 동료와 결과를 공유하거나, 도움을 요청하도록 유도했다. 청소년들이 뇌 캐릭터에 관심을 가질 수 있도록, 해당 캐릭터 자체만의 페이스북, 인스타그램 등 소셜 네크워크 서비스 계정을 만들어 운영했다(그림 12.3).

그림 12.3 뇌 캐릭터를 이용한 다양한 디지털 콘텐츠[8]

7 https://www.youthbeyondblue.com/

3) 캠페인 결과

Youthbeyondblue.com 웹사이트 방문률이 기존 대비 112% 증가하여 총 394,852명이 방문했고, 방문자 중 24%(96,649명)가 뇌 퀴즈를 끝까지 완료한 것으로 나타났다. 뇌 퀴즈를 완료한 사람 중 53%가 우울이나 불안이 높은 집단, 40%가 보통 수준의 우울/불안 집단, 7%가 낮은 수준의 우울/집단으로 확인되어, 우울과 불안이 높거나 어느 정도 있는 집단 노출이 높게 나타났다.

그리고 Youthbeyondblue.com에서 제공하는 자료들에 대한 인지도가 캠페인 실행 전(32%)에 비해 17% 증가한 49%인 것으로 기록되었다. 이는 당초 목표보다 7% 높은 성과였다. 캠페인 시행 후 타인의 시선에 대한 인식도 79%에서 70%로 감소했다. 페이스북의 관련 콘텐츠에 대한 '좋아요'와 '공유' 건수는 각각 좋아요는 75,082건, 공유하기는 17,410건으로 목표치를 초과 달성했다. 온라인 정보 탐색이 캠페인 전에는 33%에 그쳤으나 캠페인 실행 후 44%로 나타났다. 무엇보다 전문가를 통한 도움 요청 행동이 캠페인 실행 전 29%에서 캠페인 이후 43%로 증가했다.[9]

---

8 https://images.app.goo.gl/5XvJnVa4NVDjzqNZ7

9 https://www.effies.com.au/attachments/youthbeyondblue-entry-219-j-not-for-profitncau.pdf

2. 스코틀랜드 <See Me>

스코틀랜드 정신건강 캠페인 <See Me>[10]는 전 국민을 대상으로 하여 정신질환에 대한 낙인과 편견을 줄임으로써 자살을 예방하고자 하는 목적으로 2001년에 시작되었다. 스코틀랜드 정부와 코믹릴리프(Comic Relief) 자선단체의 자금을 지원받아 스코틀랜드 정신건강협회(Scottish Association for Mental Health)와 정신건강재단(Mental Health Foundation)이 진행하고 있다. 실제로 정신질환 경험이 있는 봉사자를 모집하여 활동하게 하고, 낙인과 편견이 발생하는 다양한 상황을 현실적으로 보여주었다는 점이 특징이다. 교육 과정을 거친 커뮤니티 챔피언(Community Champion)들이 자신의 이야기, 정신건강에 대한 낙인과 편견에 대한 논의 등을 거리낌없이 나눔으로써 공감과 설득력을 높였다.

1) 사회적 배경과 목적

<See Me> 캠페인의 주 목적은 정신질환에 대한 사회적 낙인 감소이다. 스코틀랜드 정부에 따르면 스코틀랜드인 중 1/3 이상이 정신건강과 관련된 사회적 낙인을 경험했다고 한다(Scottish Government, 2013). 구체적으로 스코틀랜드 정신건강협회(Scottish Association for Mental Health, SAMH)의 조사에 따르면 48%는 실업의 두려움 때문에 상사에게 자신의 정신건강 문제를 말하기 꺼려하며, 55%는 정신건강 문제를 직장에 이야기하는 순간 승진의 기회를 잃을 것이라고 응답했다(See

10 https://www.seemescotland.org/

Me, 2015).

이에 <See Me>는 정신질환을 겪는 사람 누구나 다른 이와 동일한 기회를 얻고 자신의 삶을 주도적으로 살아갈 수 있어야 한다는 것을 캠페인의 궁극적 목표로 설정했다. 다양한 이해관계자의 참여를 도모하여, 사회운동, 청소년 교육, 직장 환경 개선, 전문가 교육 등의 다양한 프로그램을 동시에 실시하여 사회적 낙인 감소를 위한 통합적인 노력을 했다.

2) 캠페인 전략 및 특징

커뮤니티 단위 사회운동

커뮤니티 챔피언(Community Champion) 트레이닝을 통해 실제로 정신건강과 관련된 문제를 경험했던 사람들을 사회 운동가 겸 리더로 모집했다. 교육 과정을 수료한 커뮤니티 챔피언은 자신이 살고 있는 지역 내 정신건강 낙인을 개선할 수 있는 교육 활동 및 이벤트를 주최하고, 자신이 겪었던 실제 이야기를 중심으로 지역 내 관련 논의를 주도했다. 커뮤니티 챔피언은 <See Me>에서 제공하는 활동 안내 자료[11]를 통해 자신의 커뮤니티에서 사회적 낙인을 개선하기 위한 교육까지 진행하는 역할을 수행했다. 이들을 중심으로 소규모 단위의 이벤트를 각 지역에서 열어 스코틀랜드 전국에 커뮤니티 챔피언을 57개 지역으로 늘려나갔다. 또한, #PassTheBadge #StartTalking 캠페인을 통해 인스타그램이나 페이스북 등에 누구든지 'Start Talking(이야기를 시작하라)'이라는 디지털 로고를 사용하여 정신건강에 대한 이야기를 시작할 수 있게 했

11 https://www.seemescotland.org/resources/campaign-resources/

그림 12.4 릴레이 형식의 #PassTheBadge#StartTalking 캠페인[12]

다. 커뮤니티 챔피언들은 왜 정신건강에 대해 이야기를 하는 것이 중요한지에 대한 본인의 생각을 공유하면서, 주변의 친구들, 가족, 동료 등에게 태그를 걸어 확산을 유도했다. “이야기를 시작하라”는 디지털 로고를 공유하면서 현재의 정신건강 상태를 묻고 릴레이로 캠페인이 이어지고 전파되었다(그림 12.4).

청소년 교육

지역 학교 단위로 학교 관계자 및 학생을 대상으로 What’s on your mind라는 정신질환에 대한 낙인 개선 교육 프로그램[13]을 진행했다. 스코틀랜드 11-18세 미만의 학생들 중 37%만이 자신의 정신건강 문제를 타인에게 털어놓는다고 한다(See Me, 2018). 이들이 필요한 도움을 더 빨리, 편안하게 받을 수 있도록 하기 위해, 교육 내용은 크게 정신건강 문제에 대한 전반적인 지식, 정신건강을 둘러싼 사회적 낙인과 차별 문제 인식, 학교에서 정신건강 이슈에 대해 얘기할 수 있는 자신감 등을 높이는 것에 집중했다. 학생과 선생님이 함께 모여 정신질환의 주요 증

---

12 https://passthebadge.co.uk/

13 https://www.seemescotland.org/young-people/whats-on-your-mind/

그림 12.5 학생들 대상 교육 프로그램 진행 모습[14]

상들과 위험 요소, 누구에게 어떻게 도움을 요청해야 하는지 등에 관해 토의를 하는 형식으로 진행되었다(그림 12.5).

직장 환경 개선

직장에서 정신건강에 대한 인식 및 편견을 개선할 수 있는 환경을 구현하는 데 초점을 두고, See Me in Work 프로그램[15]을 실행했다. 이는 직장 내 문화, 관습, 정책 등을 점진적으로 변화시켜 정신질환에 대한 낙인과 편견을 없애는 4단계 프로그램으로 구성되었다. <See Me> 웹사이트에서 제공하는 이러닝 플랫폼[16]을 통해 관련 교육 프로그램을 누

---

14 https://www.seemescotland.org/about-see-me/how-we-are-making-a-difference/three-yea r-evaluation-reports-2016-2019/

15 https://www.seemescotland.org/workplace/see-me-in-work/

16 https://www.seemescotland.org/e-learning/

그림 12.6 스코틀랜드 경찰과 See Me in Work 파트너십 체결[17]

구나 수강할 수 있게 했다. 직장 내 차별 및 낙인, 직장 내 정신건강 문제를 당당하게 표현하는 방법, 정신건강 문제가 있는 사람을 돕는 데 있어 동료가 중요한 이유, 직장 적응 등을 중심으로 프로그램이 구성되었다. 그림 12.6에서 보여주듯이 2018년 스코틀랜드 경찰은 각 지역 경찰 내 정신건강 담당자를 고용하고, <See Me>에서 제공하는 직장 내 정신건강 사회적 낙인 방지 교육 프로그램을 지속적으로 수행하기 위한 파트너십을 체결했다.

의료 서비스 종사자 교육

205개의 건강 및 사회적 케어 단체와 파트너십을 체결하고, 해

17 https://www.inverness-courier.co.uk/news/police-scotland-announces-three-year-mental -health-and-wellbeing-project-for-highlands-and-islands-staff-190964/

당 단체에 근무하는 보건복지 관련 전문가들을 대상으로 See Me Workshop[18]을 실행했다. 이들에게 정신건강 문제로 인한 차별이나 낙인을 형성하지 않도록 교육하는 내용을 중심으로 워크샵이 설계되었다. 정신건강에 대한 전반적인 지식 교육, 낙인과 차별에 관한 토의, 보건복지 업무 중 발생한 차별 및 낙인 사례 공유, 해결 방안에 대한 토의 등을 중심으로 워크샵이 진행되었다.

3) 캠페인 결과

스코틀랜드 정신건강연합체(Mental Health Foundation)가 주축이 되어 2016년 11월에서 2018년 10월 사이에 진행된 캠페인 프로그램의 양적, 질적 효과성을 진단했다. 4개 프로그램의 어떤 요소가 정신질환에 대한 낙인과 편견을 줄이는 데 역할을 했는지, 프로그램을 통해 실제적인 변화가 얼마나 이루어졌는지 등을 확인했다. 질적 데이터 수집을 위해 프로그램 참여자 대상으로 심층 인터뷰, 포커스 그룹, 참여자 피드백 등을 진행했다. 양적 데이터 수집은 프로그램 참여자를 대상으로 See Me 프로그램 참여 전과 후 각각 설문을 실시하여 이루어졌다(See Me, 2020).

사회 운동 프로그램의 경우 62명의 커뮤니티 챔피언이 교육을 수료했으며, #PassTheBadge #StartTalking 캠페인에는 172,922명이 참가한 것으로 나타났다. 청년층 교육의 경우에는 22개 학교가 참여했으며, 19,149명이 참여해서 교육을 모두 수료했다. 직장 환경 개선 프로

18 https://www.seemescotland.org/health-social-care/tackling-stigma-in-health-and-social-care/

그램의 경우 40여 개 사업체에서 See Me in Work 프로그램에 참여했으며, 결과적으로 15,425명의 직원이 교육을 받았다. <See Me> 웹사이트에서 제공하는 온라인 이러닝 프로그램은 1,024명이 수강했으며, 프로그램 내용은 다양한 직업 환경에 적용될 수 있어 질적으로 적절했다고 평가되었다. 헬스 케어 시스템 개선 프로그램 실행 결과, 186개의 보건 관련 국가기관 및 173개의 보건 관련 지역기관이 <See Me>와 파트너십을 체결하며 광범위한 효과를 창출했다(See Me, 2020).

3. 캐나다 <Bell Let's Talk>

캐나다 통신회사인 벨 캐나다(Bell Canada)에서 정신질환에 대한 인식을 개선하기 위해 2011년부터 <Bell Let's Talk>를 진행해오고 있다. 전 국민을 대상으로 정신질환에 대한 편견과 낙인 없이 편안하고 자유롭게 이야기할 수 있는 사회적 분위기 조성을 목표로 두고 있다. 정신질환에 대한 이야기를 할 때 사소하고도 중요한 것이 '말하는 방식'이라는 점에 초점을 두고, 대화하는 법에 대한 단계와 가이드라인을 만들어[19] 실질적인 도움을 제공했다는 것이 특징이다. 캐나다의 주요 병원, 대학 등의 정신건강 관련 기관 900여 곳과 파트너십을 맺고, 캠페인을 통해 들어오는 모금액을 기부하고 있다. 통신회사의 속성을 살려 정신질환을 이야기하는 방식과 내용에 대한 지침을 알리면서 듣고 말하는 정신질환에 대한 자유로운 소통의 중요성을 강조하고 있다.

19 https://letstalk.bell.ca/en/toolkit

1) 사회적 배경과 목적

캐나다인 5명 중 1명은 평생 동안 한 번은 정신질환을 경험하는 것으로 나타났다. 정신질환 경험자에게 가장 큰 난관 중 하나가 사회적 낙인이며, 이들 중 2/3가 낙인을 이유로 타인에게 도움을 요청하지 못한다는 것을 고려하여, 낙인 감소를 중요한 목표로 설정했다.[20] <Bell Let's Talk>는 대화(Talking)가 정신질환과 관련된 낙인을 무너뜨리는 데 결정적인 영향을 준다는 점에 주목하여, 되도록 많은 이들이 정신건강에 대한 이야기를 자신의 친구, 가족, 동료들과 나누는 것을 촉진하고자 했다.

2) 캠페인 전략 및 특징

우울증 등 정신질환에 대한 대화 가이드 제공

정신질환에 대한 낙인을 없애고 자유롭게 대화할 수 있는 구체적인 단계와 방법을 소셜 미디어 및 온라인 웹사이트를 통해 제시했다. 퀸즈대학교의 낙인감소연구소(Anti-stigma Research at Queen's University)의 도움을 받아 구체적으로 5가지 원칙을 설계했으며, 일반인도 이해하기 쉬운 이모티콘과 사례, 동영상 설명을 소개하여 이해도를 높였다(그림 12.7). 먼저 정신질환에 대한 편견과 낙인을 줄이기 위해 단어 사용의 주의를 강조했고, 정신질환에 대한 정확한 사실을 파악하는 것이 이러한 편견과 낙인을 없애는 가장 효율적인 방법이라고 설명했다. 나아가 미소를 띠며 들어주고, 커피 한 잔을 같이 하며 대화를 하는 등 친

20 https://letstalk.bell.ca/en/ways-to-help

그림 12.7 <Bell Let's Talk>의 대화 가이드 5 단계[21]

절한 행동이 대화 분위기를 조성하는 데 중요하다는 점을 제시한다. '요즘 괜찮니?', '내가 어떻게 도울 수 있을까?', '요즘 네가 스트레스를 받는 것 같고, 힘들어 보이는데 괜찮은 거니?', '그 문제를 해결하기 위해 전문가의 도움을 받고 있니?' 등과 같은 구체적 대화법을 설명한다.

기금 모음 이벤트를 통한 참여 독려

정신건강에 대한 인식을 높이기 위한 대화를 촉진시키고자 Bell let's Talk Day 소셜 미디어 해시태그 캠페인도 시행했다. Bell Let's Talk Day는 Bell 사용자가 관련 문자를 보낼 때마다, 그리고 Bell 이외 통신사 사용자의 경우 #BellLetsTalk의 해시태그를 사용한 소셜 미디어 피드를 올리거나, Bell Let's Talk Day에서 만든 비디오를 한 번 볼 때마다 Bell에서 5센트씩 기부한다. 모인 금액은 캠페인과 파트너십을 맺은 정신건강 관련 기관에 보내져 정신건강 프로그램을 만드는 데 사용된다(그림 12.8).

21 https://letstalk.bell.ca/en/ways-to-help

그림 12.8 <Bell Let's Talk> Day 기부 방법 및 공식 계정[22]

3) 캠페인 결과

정신질환과 관련된 대화 가이드는 10대와 20대 청소년 및 청년층 1,476,878명에게 배포되었다. 또한 관련된 전문 스태프 및 봉사자

22 https://twitter.com/bell_letstalk

1,451,375명에게 대화 가이드를 숙지하도록 교육이 실시되었다. Bell Let's Talk Day는 매년 진행되어 기금을 모금했는데 2019년의 경우 소셜 미디어 계정을 통한 캠페인 참여 횟수는 145,422,699회로 전년도(138,383,995회) 대비 13% 증가한 것으로 나타났다. 2019년 캠페인 결과 모금된 금액은 총 7억 2천만 달러 상당이었으며, 모금 캠페인에 18-24세 캐나다인 중 2/3 이상이 참여했다(NG, 2019).

캠페인이 시작된 2010년 이후 총 657개 지역 관련 단체에게 기금을 전달했으며, 그 결과 3,806,409명이 관련 도움을 받은 것으로 나타났다. 1,455,078명의 직원 및 자원봉사자를 교육했고, 19,376개 군인 가정에 도움을 주었다.[23] 또한, 2019년 <Bell Let's Talk>에서 시행한 설문조사에 따르면 2019년 캐나다인 중 84%가 정신질환이 있는 사람과 대화하는 것을 편안하게 생각한다고 응답했는데, 이것은 2012년 42% 동의율 대비 2배 증가한 수치이다(Canadian Mental Health Association, 2020).

4. 미국 <Man Therapy>

<Man Therapy>는 콜로라도 주정부 공중보건환경국(Department of Public Health and Environment)과 칼슨 제이 스펜서 재단(Carson J Spencer)이 2012년부터 진행한 캠페인이다. 25-54세 남성들이 정신건강 관련 문제나 자살 충동을 겪고 있어도 도움을 요청하지 않으려는 경향을 개선하는 것이 주요 목적이었다. 남자들이 자신의 문제를 알고, 고

23 https://letstalk.bell.ca/en/results-impact/

치려고 도움을 요청하는 행위 자체가 오히려 '남자다운 것'으로 인식할 수 있도록 변화시키는 것에 초점을 두었다. 가상의 인물인 리치 마호가니(Rich Mahogany) 박사를 설정하여, 불안, 스트레스, 불면증 등 다양한 정신질환에 대해 남성의 유머 코드에 맞추어 흥미롭게 설명하는 콘텐츠를 제작했다. 미국에서 캠페인이 좋은 반응을 얻은 후, 호주의 정신건강 기관 비욘드블루가 호주판 <Man Therapy>를 2013년에 시작했다.

1) 사회적 배경과 목적

미국에서 자살의 43%는 25-54세 남성이 차지하며, 자살로 사망하는 경우가 남성이 여성에 비해 4배가 많은 것으로 나타났다. 특히 콜로라도주 내 엘 파소 지역은 2004년-2017년간 미국 내에서 가장 자살률이 높았으며, 이 중 75%가 남성이었다(Rogers, 2018). 남성은 정신질환 문제나 자살 충동을 겪더라도 문제를 직면하여 해결하기 꺼리는 경향이 강하다. 이에 문제를 인정하고 도움을 요청하는 것이 오히려 남자다운 것이라는 새로운 인식을 심어주고자 했다. 구체적으로 <Man Therapy>는 mantherapy.org 웹사이트가 미국의 25-54세 남성에게 정신질환에 대한 정확한 정보와 지침을 제공하는 정보원[24]으로서 역할을 할 수 있도록 하는 데 중점을 두었다.

24 https://mantherapy.org/

2) 캠페인 전략 및 특징

남자다움에 대한 재해석

미국 남성들의 정신질환 치료와 상담에 대한 심리적 저항감을 낮추기 위해 남성다움에 대한 재해석을 시도했다. 우선 정신질환을 겪고 있는 남성을 약하거나(weak) 문제가 있다(problematic)고 생각할 수 있게 만드는 표현 사용을 최소화했다. 다양한 신체 증상을 일상적인 감정 문제와 연결 지어 누구에게나 정신건강 문제가 찾아올 수 있음을 강조했다. 그리고 풍자 등 유머러스한 메시지를 통해 남성들의 남성성에 대한 생각을 우회하여 편안하게 콘텐츠를 받아들일 수 있게 유도했다. 웹사이트에는 마호가니 박사(Dr. Rich Mahogany)라는 가상 '테라피스트'가 등장하여 '남자다운' 행동과 제스처를 보이며 정신질환에 대한 정보를 소개한다(그림 12.9). 미국의 보통 남자와 비슷한 인물일수록 남자들

그림 12.9 <Man Therapy>의 가상 캐릭터 마호가니 박사[25]

이 좀 더 편안하고 솔직하게 자신의 문제를 돌아보거나 주변인과 대화를 할 수 있다는 점에서 착안한 가상의 캐릭터이다. 실제 존재하는 인물보다는 가상의 인물일 경우, 상대가 자신을 판단(judging)한다는 생각에서 조금 더 자유로워져 도움을 받아들일 가능성이 높다는 점을 감안하여 기획되었다.

익명 자가진단 테스트 제공

웹사이트에 "20 Point Head Inspection"이라는 자가진단 시스템을 제공하여 익명으로 정신건강 상태를 평가받을 수 있도록 했다(그림 12.10). 총 20개 문항[26]으로 간단하게 구성하여 참여도를 높였다. 참여자의 거부감을 최소화시키기 위해 정신건강에 대한 단어를 처음부터 사용하지 않고, 설문 항목에서는 수면, 식사, 감정 상태 등을 묻는다. 결과는 '분노', '우울', '불안', '약물 남용' 등으로 세분화되어 각각의 상태를 알려주며, 각각에 대한 구체적인 정보가 담겨 있다. 예를 들어 '분노'의 경우, 어떤 신체적 반응과 정신적 반응에 주의해야 하는지, 무엇이 분노를 야기하는지, 어떻게 조절할 수 있는지에 대한 설명이 쓰여 있다. 진단 결과에 따라 'the Pros'(정신건강 보건서비스 전문 인력 리스트)를 제공하거나 국가 자살 예방 생명보호라인(National Suicide Prevention Lifeline)으로 연결될 수 있도록 설정했다.

25 https://mantherapy.org/

26 수면 습관, 잠드는 데 걸리는 시간, 우울 증상, 식욕 부진, 자기효능감, 자기 평가, 자살 생각, 취미활동, 사회활동, 성생활, 분노감, 분노행동, 분노 시 폭력성, 스트레스 정도, 걱정, 음주 습관, 약물 복용 습관, 음주 및 약물을 끊어본 경험, 전역 군인 및 군인 PTSD, 1차 대응자의 자기 효능감 등 20개 항목.

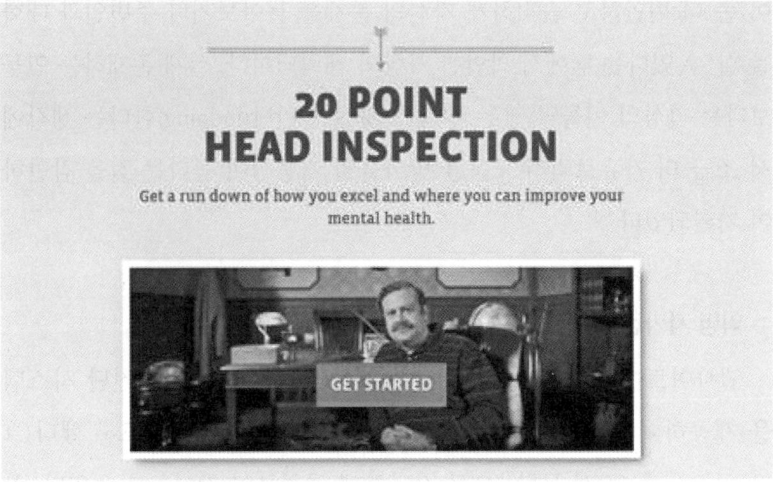

그림 12.10 <Man Therapy> 자가진단 테스트[27]

유머를 통한 실제 경험담 제공

정신건강 문제 해결을 위해 일상생활에서 해볼 수 있는 노력(숙면, 운동 등)에 대한 정보를 동영상으로 제공하여 유튜브 사이트[28]에 제공했다. 영상을 최대한 풍자와 유머를 사용하여 부담스럽지 않게 볼 수 있도록 했다. 또한 실제로 우울증, 조울증, 약물 남용 등에서 정신건강을 회복한 남성의 이야기를 동영상으로 제작했다. 또한 캠페인 시행 1년을 기념하여 유명 남성 인사들에게 Gentlemental Health Care Kit라는 유머러스하게 구성된 키트를 송부해, 캠페인과 관련된 소식이 미디어를 통해 전파되고 노출될 수 있도록 유도했다.[29] 키트 안에는 골프 공, 낚시 바늘, 가짜 콧수염, 콘돔, 고기 양념, 베이컨향 양초, 성냥 등 남성의

27 https://mantherapy.org/head-inspection/question
28 https://www.youtube.com/user/DrMahogany
29 유명 남성 인플루언서 등에게 전달하여 그들이 소셜 미디어에서 인증하도록 유도함.

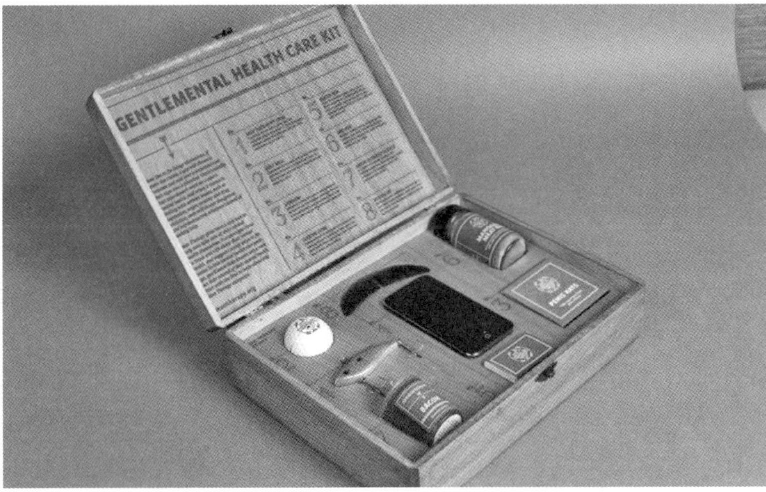

그림 12.11 <Man Therapy> 1주년 기념 Gentlemental Health Care Kit[30]

정신건강 지표가 되고, 정신건강 개선에 필요한 활동을 상징하는 8가지 제품이 포함되었다. 콘돔을 Penis Hat이라고 표현하는 등 풍자와 유머를 사용하여 입소문을 유도했다(그림 12.11).

3) 캠페인 결과

캠페인 웹사이트에 900,000명 이상이 PC 혹은 모바일 등을 통해 방문했던 것으로 나타났다. 이 중 재방문률은 20%에 달했으며 자가진단을 완료한 횟수도 250,000건에 달했다. 이 중 35,000명이 웹사이트에 연계된 일상생활 팁 혹은 상담 서비스를 이용했다. 웹사이트를 이용했던 7,933명에게 설문조사를 시행한 결과, 응답자 중 83%가 친구에

30 http://www.elliotnordstrom.com/MAN-THERAPY-Collateral

게 웹사이트를 추천할 의향이 있다고 밝혔으며, 51%는 웹사이트 방문 이후 정신질환 관련 문제를 겪을 때 도움을 요청하는 행동에 대해 긍정적으로 평가했다. 73%는 자가진단이 유용하며, 진단 결과에 따라 웹사이트에서 제공하는 정보가 자신에게 필요하다고 응답했으며, 78%는 웹사이트의 전체적인 구성과 내용에 매우 만족한 것으로 나타났다(Spencer-Thomas, Hindman, & Conrad, 2014).

캠페인 런칭과 동시에 유명 일간지 『뉴욕타임즈』에 보도되었으며, 9개 전국 뉴스 및 신문사에 인터뷰 기사가 실리는 등 화제가 되었다(Spencer-Thomas, Hindman, & Conrad, 2014). 캠페인의 성공으로 호주의 정신건강 관련 시민단체인 비욘드블루는 2013년 6월 호주 버전의 <Man Therapy> 캠페인을 실행했다. 웹사이트 방문자 수는 350,000명을 넘었으며 18세 이상 남성 중 35%가 캠페인에 대해 인지하고 있었다. 캠페인을 인지하고 있는 남성의 경우 그렇지 않은 남성보다 친구들과 정신건강 이야기를 하는 게 편해졌다고 응답(42% vs. 34%)했으며, 정신건강에 대한 행동을 취할 수 있다는 자신감이 더 많은 것(78% vs. 66%)으로 나타났다(Beyondblue, 2014).

5. 호주 <R U OK?>

2009년 게빈 라킨이 설립한 자살 예방 시민단체인 R U OK에서 정부기관, 기업, 시민단체와 협업하여 캠페인을 진행해오고 있다. 매해 9월 둘째 주 목요일을 R U OK? Day로 지정하여 주변 사람들에게 자연스럽게 안부를 묻도록 하는 이 캠페인은 특정한 서비스 자체를 제공하기 보다는 더 기초적인 예방을 시도한다. "R U OK?"라는 물음을 통해 주위에 대한 관심을 촉구하면서, “R U OK?”라는 간단하지만 핵심적인 메시지로 정신건강에 대한 대화를 하나의 브랜드로 만들었다. R U OK? Day는 2014년 조사 당시 인지도 66%, 참여율 19%에서 2017년 인지도 78%, 참여율 32%로 자살 예방 인식 개선에 많은 도움을 준 것으로 나타났다(Ross & Bassilios, 2019).

1) 사회적 배경과 목적

매년 65,000명의 호주인이 자살을 시도하며 그중 2,320명은 자살로 사망하는 것으로 나타났다(Slade et al., 2009). 단체의 설립자인 다큐멘터리 프로듀서 게빈 라킨은 자살로 사망한 아버지를 기리고 자살 문제에 적극적으로 대처하기 위해 R U OK?라는 시민단체[31]를 설립했다. 사람들과의 관계를 통한 유대는 자살 예방에 있어 중요한 요소이며, 대화를 통해 개인의 생명을 구할 수 있다는 원칙하에 운영되고 있다.

<R U OK?> 캠페인은 정신건강 문제에 직면한 모든 사람들, 그리고 자살 위험군에 있는 사람들을 돕는 것을 우선적인 목표로 세웠다. 이를 위해 R U OK? Day를 만들어 매년 9월 둘째 주 목요일에 매스 미디어 및 오프라인 이벤트, 소셜 미디어 활용을 통해 정신건강 문제에 대한 인지, 그리고 자살 예방에 대한 교육을 호주 전 국민을 대상으로 실시했다.

31 https://www.ruok.org.au/

2) 캠페인 전략 및 특징

R U OK? 브랜드를 활용한 전국 순회

매년 9월 둘째 주 목요일 R U OK? Day를 기점으로 <R U OK?> 자원봉사자들이 호주 전국의 모든 주를 일주하면서, 지역 사회, 학교, 직장 등에서 다양한 자살 예방 관련 교육 프로그램 및 지역 단위에서의 대화 이벤트 등을 시행한다. Trust the SIGNS Tour 노란색 버스가 도착하며 해당 지역의 자살 예방 관련 단체와 함께 주민들에게 정기적이고 의미 있는 대화를 나누도록 유도하는 이벤트를 제공한다(그림 12.12). R U OK? Day에는 TV, 온라인 뉴스를 통해 1,500만 가정에 자살 예방 관련 정보가 전달되었던 것으로 나타났다(Department of Health, 2014).

그림 12.12 Trust the Signs Tour 사진[32]

32 https://twitter.com/ruokday/status/1165067571592187906

직장 및 학교 등 다양한 단위에서 캠페인 시행

직장이나 학교와 같이 매일 시간을 보내는 장소에서도 일상 대화가 중요하다는 것을 강조했다. 어떻게 대화를 할 수 있는지에 대한 구체적인 가이드라인[33] 및 유튜브 영상을 포스팅하여 사람들이 부담 없이 시청할 수 있도록 유도했다. 직장에서 정신건강 이야기는 민감한 문제이기 때문에 대화할 장소를 잘 선택하고, 우선 안부를 물으며 최대한 편안하고 부담 없이 대화를 시작하는 게 중요하다고 강조한다. 또한 초등학교, 중학교, 대학교를 구분하여 맞춤형 동영상, 학습 자료 등을 제공했다. 예를 들어 초등학교 학생들의 눈높이에 맞춰 '어떻게 좋은 친구가 될 수 있고, 안부를 물을 수 있는지'에 대한 애니메이션[34]을 제작하여 메시지를 전달했다(그림 12.13).

<R U OK?> 상품 판매를 통한 캠페인 지속성

캠페인의 지속성을 위해 모금 행사 및 이벤트를 진행하면서도, 웹사이트에서 일반인들이 쉽게 기부할 수 있도록 <R U OK?> 관련 상품을 판매했다(그림 12.14). 대화와 관련된 매뉴얼이나 티셔츠, 손목 밴드, 카드 등 다양한 제품을 통해 개인들이 <R U OK?>에 기여한다는 만족감과 홍보 효과까지 노렸다. <R U OK?>는 모금 행사 및 이러한 상품 판매를 통해 운영 경비의 69%를 충당하기 때문에 재정적 자립도가 높은 단체 중 하나이다. 2015년 <R U OK?> 브랜디드 상품 판매를 통한 수익은 전년 대비 40% 상승했으며, 지속적으로 증가하고 있다(R U OK?, 2016).

---

33 https://www.ruok.org.au/how-to-ask

34 https://www.ruok.org.au/education

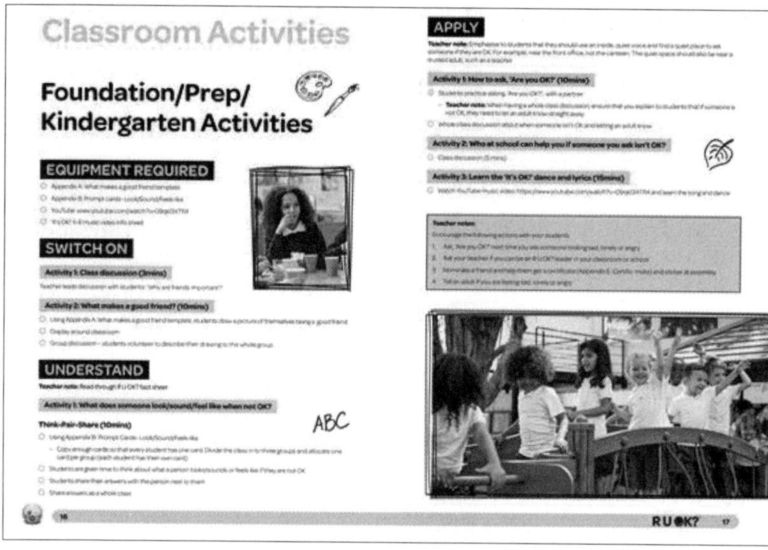

그림 12.13 웹사이트에 게재된 초등학교용 <R U OK?> 교육 자료[35]

그림 12.14 웹사이트에서 판매 중인 <R U OK?> 상품[36]

35 https://irp-cdn.multiscreensite.com/22b3e3c9/files/uploaded/RUOK_School_ToolKit_210x297_FINAL.pdf

36 https://store.ruok.org.au/

3) 캠페인 결과

2018년 캠페인의 결과로, 호주 전 국민 중 80%(2016년의 72%에 비해 증가)가 R U OK? Day에 대해 인지하고 있으며, 19%는 <R U OK?> 활동에 직접 참여했던 것으로 나타났다. 79% 사람들이 지난 한 달 간 적어도 한 번은 자살 위기에 처한 타인을 도왔으며, 53%의 사람이 다른 사람에게 괜찮은지 묻는 것을 쉽게 여기게 됐다고 대답했다. <R U OK?>의 웹사이트를 방문한 사람은 약 427,000명, 자료를 다운받은 사람은 약 84,000명이었다. 캠페인 기간 동안 5,380건의 미디어(판매부수 4,400만 이상) 보도에 노출되었다. 소셜 미디어 커뮤니티 가입자는 전체 50만 명을 넘어섰고, 호주 전역에서 R U OK? Day 관련 커뮤니티 단위 이벤트가 1,200건으로 2017년의 두 배에 이르렀다(R U OK?, 2019).

6. 영국 <CALM(Campaign Against Living Miserably)>

영국의 캄(CALM, Campaign Against Living Miserably)은 남성 자살 예방을 위해 2006년 설립된 자선단체이다. 2006년 설립 이후 주로 15-35세 젊은 남성을 대상으로 한 DJ 파티, 옥외 광고를 주로 진행했으나, 2011년 상담 전화를 요청하는 35세 이상 남성이 증가함을 고려하여 중년 남성을 위한 캠페인 중심으로 전환했다. 2015년에는 영국의 남성 자살률이 여성보다 높다는 점에 착안해, 이들의 자살에 대한 이해와 인식을 제고시키고자 다양한 기업의 투자 및 협업을 통해 인식 개선 캠페인을 진행했다. CALM은 24시간 전화 상담 서비스, 웹캠 상담 등 자살 위험군에게 직접적인 서비스를 제공하면서, 영국의 남성 자살자 문제에 대한 인식 제고를 캠페인 목표로 삼아 다양한 메시지를 전달하고 있다. 특히 코너 브러더스(Connor Brothers)와 프로페서 그린(Professor Green)과 같은 영국의 유명 아티스트와의 협업을 통해 <Project 84>, <#ManDictionary>와 같은 파격적이고 고정관념을 뛰어넘는 새로운 시도를 해오고 있다.

1) 사회적 배경과 목적

영국인 중 12명의 남성이 매일 스스로 목숨을 끊으며, 이는 여성 자살자의 세 배에 이르는 수치다(ONS, 2016). 또한 45세 이하의 남성 가운데 10명 중 4명이 스스로 목숨을 끊을 것을 생각해본 적이 있으며, 그 가운데 절반 이하만이 이러한 문제에 대해 다른 사람들과 이야기를 나눈 것으로 조사되었다(ONS, 2016). 대부분의 남성들이 다른 사람들에게 걱정을 끼치고 싶지 않다는 이유로 자신의 문제를 다른 사람에게 말하지 않는 것으로 알려진다. 이에 남성 자살 문제에 대한 문화적인 변화를 추구하며, CALM은 매해 남성 자살률을 감소시키고 24시간 전화상담 서비스를 확대시키면서, 45세 이하 남성 자살 문제에 대한 대중의 인지도를 29%에서 80%까지 증가시키고, 관련 봉사자들을 20,000명에서 50,000명으로 늘리는 구체적 목표를 설정했다(CALM, 2018).

2) 캠페인 전략 및 특징

시각적 충격을 통한 인식 개선: <Project 84>

<Project 84>는 남성 뷰티 브랜드인 Harry's의 후원을 받아, CALM이 예술가 마크 젠킨스, 산드라 페르난데즈와 협업을 통해 2018년에

그림 12.15 <Project 84> 설치 작품[37]

진행했던 옥외 캠페인이다(그림 12.15). 매주 84명의 영국 남성이 자살한다는 충격적인 사실을 알리고자 영국 사우스뱅크의 ITV 건물 위에 84개의 실제 사람 크기 조각을 설치했다. 84명의 조각은 실제 자살한 사람을 표현하며, 그들 개인의 실명과 이야기는 홈페이지를 통해 생생하게 전달되었다. <Project 84>는 21억 건의 미디어 노출을 얻어냈으며, 높은 관심과 참여를 유도하여 실질적으로 영국의 자살 예방 담당 장관을 임명하도록 유도하는 데 기여했다고 평가받는다(CALMzine, 2018).

고정관념 타파: #ManDictionary

#ManDictionary 캠페인은 남성 자살에 대한 인식이 낮은 이유가

37 http://www.adamandeveddb.com/work/project/project-84

남성성에 대한 고정관념이라는 문제의식에서 출발했다. 약한 남자가 자살을 한다는 사회적 인식을 깨기 위해 남성성을 새롭게 정의하는 것을 목표로 세웠다. 2015년부터 2016년 1년간 버스정류장 옥외광고판에 고정된 남성성에 도전하는 단어와 새로운 정의가 들어간 포스터를 게재했다. 예를 들어, Promaganda는 propaganda와 man의 합성어로 남성다움을 어필하기 위해 사용되는 고정관념을 뜻한다고 재정의되었다. 출퇴근 시간 동안 젊은 남성 유동인구가 많은 버스 정류장 등을 장소로 활용했다. 또한 인스타그램, 페이스북과 같은 소셜 미디어를 통해 사용자들이 자신들만의 단어와 정의를 포스팅하면 그것을 광고에 그대로 반영하는 쌍방향적인 캠페인을 진행했다(그림 12.16).

옥외광고와 온라인 트렌드 결합: Bigger Issues

2015년 남성 데오도란트 브랜드인 Lynx와 CALM이 함께 협업해서 진행했던 소셜 미디어 및 옥외 광고 프로젝트이다(그림 12.17). 젊은 남

그림 12.16 Man Dictionary 옥외광고[38]

38 https://www.thirdsectorexcellenceawards.com/finalists/mandictionary/

그림 12.17 Bigger Issues 실시간 트렌드 옥외광고판[39]

성의 자살률에 대한 인식을 고취시키고자, 온라인 및 옥외광고에서 실시간으로 그 시간에 유행하는 특정 검색어 및 단어를 'OO is bigger than suicide'라는 메시지로 지속적으로 노출시켰다. 'The celeb jungle line-up', 'bond's watch', 'christmas ads'와 같은 실시간 검색 단어가 사용되었는데, 메시지를 2시간마다 변화시켜 2시간에 한 명씩 젊은 남성 한명이 자살한다는 사실을 생생하게 전달했다.

3) 캠페인 결과

<Project 84>의 경우, 약 2,200만 명의 영국인들에게 노출되었으며 트위터의 멘션도 약 36,000개를 달성했다. CALM의 상담을 받는 건수도 34% 증가했으며, 가입자 수도 캠페인 시작 3일 만에 80% 늘어났다. CALM은 영국 정부에 자살 예방을 위한 특별 담당 부서를 요청하는 서명 운동을 진행했고, 캠페인 결과 약 400,000명의 동의를 얻었다. 정부는 CALM과 함께 협업하여 결과적으로 자살 예방을 담당하는 장

39 https://www.rebeccawardell.co.uk/lynx-1

관직을 새롭게 만들어냈다(CALMzine, 2018).

#ManDictionary의 경우, 소셜 미디어상에서 수천 개의 멘션을 만들어내면서 약 400만 명에게 도달한 것으로 추정되며, 연간 리포트에 따르면 인지도도 전년 대비 269% 증가한 것으로 나타났다. 또한 CALM의 공식 홈페이지[40]에서 해당 캠페인은 약 20,000뷰에 도달했다. Bigger Issues의 경우, 캠페인이 전 세계 1,000만 명 이상에게 노출되었고, 영국의 남성 자살률에 대한 인식이 45%나 증가하는 결과를 가져왔다(CALM, 2017). 게다가 영국 의회에서 해당 안건에 대한 논쟁이 일어났으며 윌리엄 왕자가 직접 CALM에게 해결을 위해 이 과정에 참여해줄 것을 요청하기도 했다(CALMzine, 2017).

7. 미국 <Trevor Project>

트레버 프로젝트(Trevor Project)는 1998년 설립된 성소수자(LGBTQ) 청소년 자살 예방을 위한 민간 단체[41]이다. 25살 이하의 자살 위험군의 성소수자 청소년을 위한 24시간 전화 상담, 문자 상담, 전문가 소개 등의 서비스 제공 및 부모, 선생님 등을 위한 워크샵, 가이드라인 제공 등을 통해 성소수자 청소년들을 위한 환경을 조성하기 위해 노력하고 있다. 또한, 성소수자 청소년 자살에 대한 다양한 연구를 통해 예방을 위한 데이터를 제공하고 있다. 이 밖에도 성소수자들을 위한 단체인 폭력에 반대하는 국가 연합 프로그램(National Coalition of Anti-Violence

40 https://www.thecalmzone.net/about-calm/brandpartnerships/

41 https://www.thetrevorproject.org/

Programs)과 함께 협업하고 있다.

1) 사회적 배경과 목적

트레버(Trevor)라는 성소수자 소년의 자살 문제에 대한 단편 영화가 1994년 아카데미 단편영화상을 수상한 후, 영화 제작자[42]들은 영화가 청소년 시청자에게 미칠 영향을 염려하여 상담 서비스를 연결하려 했지만 찾을 수 없었기 때문에, 본인들이 직접 관련 단체를 설립했다. 미국에서 자살은 청소년 사망 원인 2위를 차지하며, 성소수자 청소년들의 경우 매해 150만 명이 스스로 목숨을 끊거나 자살 위험에 처한 것으로 추정된다. 성소수자 청소년들은 그렇지 않은 청소년들에 비해 자살 위험이 4배 이상 높다. 또한 성소수자들의 절반가량이 자살 시도 경험이 있는 것으로 조사되었는데, 대부분 25세 이전에 시도한 것으로 나타났다(The Trevor Project, 2019). <Trevor Project>는 자살을 생각하는 성소수자 청소년들에게 긴급 상담 서비스[43]와 온라인 커뮤니티[44]를 제공한다. 또한 그들 주위의 청소년과 성인들을 교육하며 자살률 감소를 위한 법안과 정책 제안을 위해 노력한다는 전략적 목표하에 운영된다.[45]

42 영화 제작자인 James Lecesne, Peggy Rajski, Randy Stone을 주축으로 단체 설립.

43 https://www.thetrevorproject.org/get-help-now/

44 https://www.trevorspace.org/?utm_source=trevor_website&utm_medium=web& utm_campaign=nav_bar

45 https://www.thetrevorproject.org/about/strategic-plan-mission/

2) 캠페인 전략 및 특징

청소년의 우상인 유명인들과 협업: TrevorLIVE

<TrevorLIVE>는 2년에 한 번씩 진행되는 행사로, 성소수자 청소년들의 자살 문제에 함께한 연예인들과 협력사에 대한 시상식을 거행한다. 행사 참가를 위한 티켓을 판매하여 기부금으로 활용한다. 레이디 가가, 카라 델레바인 등 청소년들에게 인기 있고 영향력이 있는 스타들이 함께함으로써 타깃인 성소수자 청소년뿐만 아니라 일반인에게까지 <Trevor Project>에 대한 인식을 고취시키려는 목적이다(그림 12.18). 초대된 유명인들 중에서도 성소수자인 사람들이 포함되어 있으며, 이들이 자신의 경험을 많은 청소년들에게 전달하는 세션도 함께 진행된다.

그림 12.18 <TrevorLIVE>에서 시상식을 진행하고 있는 유명 모델 카라 델레바인[46]

---

46 https://metro.co.uk/2019/06/18/cara-delevingne-calls-girlfriend-ashley-benson-love-life-going-public-9992467/

Pride 제품 콜라보레이션

매년 4월 성소수자들이 퍼레이드 등 각종 이벤트를 진행하는 프라이드(Pride) 행사를 기념해, <Trevor Project>에서는 다양한 브랜드와 협력해 성소수자를 상징하는 무지개를 이용한 다양한 제품을 출시한다(그림 12.19). 개인은 제품을 구매함으로써 성소수자에 대한 지지를 나타내고, 해당 제품의 매출은 <Trevor Project>에 기부금으로 활용되어 성소수자 청소년 자살 문제에 대한 인식도 함께 향상시킬 수 있다.

성소수자 청소년 및 주변인들을 위한 자료 제공

<Trevor Project>의 공식 홈페이지에서는 성소수자 청소년들이 흔히 가질 수 있는 의문점들에 대해 자세하게 정리를 해두었고, 도움을 요청하고 싶을 때 연락할 수 있는 번호 등을 제공한다(그림 12.20). 또한 Trevor Support Center에서 무성애자, 양성애자, 에이즈, 커밍아웃, 게이/레즈비언, 학교 등 성소수자 청소년들과 관련이 높은 카테고리 17개로 분류하여, 교육 프로그램이나 관련 연구 등으로 연결시켜준다. 카

그림 12.19 <Trevor Project>와 협업한 Macy's 백화점 제품 및 매장[47]

47 https://www.macys.com/social/macys-gives/stories/587/macys-raises-1-5-million-for-the -trevor-project-meet-the-team-who-helped-make-it-happen/

테고리 별로 많이 물어보는 질문을 중심으로 쉽게 쓰여져 있어 누구나 이해하기 쉽도록 기술되어 있다.[48]

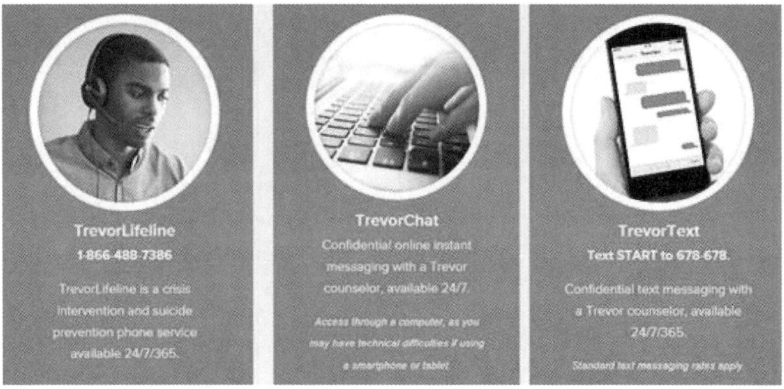

그림 12.20 <Trevor Project> 웹사이트 내 상담 연락처[49]

3) 캠페인 결과

<Trevor Project> 긴급 상담 전화, 채팅, 문자 응답이 75,000건으로 2017년 대비 17% 증가한 것으로 나타났다. 또한 Trevor Space라는 성소수자 청소년들을 위한 소셜 미디어 사이트의 가입자가 150,000명 정도로 원활하게 유지되고 있다. 또한 커뮤니티 제공 서비스를 175,000명의 청소년들이 이용한 것으로 나타났으며, 성정체성 교정 치료로부터 성소수자 청소년을 보호하기 위한 법안을 미국 내 총 37개 주에 발의했으며, 해당 법안이 도입되었다.[50]

---

48 https://www.thetrevorproject.org/resources/trevor-support-center/

49 https://www.thetrevorproject.org/get-help-now/

50 https://www.thetrevorproject.org/get-involved/trevor-advocacy/50-bills-50-states/

8. 호주 <Zero2hero>

호주의 제로투히어로(Zero2hero)는 2009년에 설립된 자살 예방 관련 시민단체이다.[51] 설립자인 애슐리 해리슨은 자살 예방을 위해 어린 시기부터 교육이 중요하다는 사실에 입각하여 청소년 시기부터 스스로의 정신건강을 관리할 수 있도록 교육하는 것을 목표로, 정신건강에 대한 이해, 인지를 높이는 혁신적인 교육 프로그램, 이벤트를 제공하고 있다. 정신건강 문제를 겪고 있는 청소년의 경우, 이를 주변 사람들에게 알려야 한다는 메시지를 지속적으로 전달하고 있으며, 그렇지 않은 사람의 경우 정신건강을 겪는 이들에게 얼마나 큰 도움이 될 수 있는지를 전달한다. 특히 청소년들이 겪을 수 있는 따돌림, 우울증과 같은 문제에 대해 누구나 겪을 수 있는 문제이고, 어디서든 도움을 얻고, 줄 수 있다는 것을 강조한다. 제로투히어로는 이러한 문제에 대해 아무 관심도, 능력도 없는 제로(zero)의 상태에서 마음만 먹으면 곧바로 영웅(hero)이 될 수 있다는 뜻이다.

1) 사회적 배경과 목적

호주에서 자살은 44세 이하 국민들의 가장 큰 사망 원인으로 꼽힌다. 4시간마다 한 명씩 자살로 생을 마감하는 수치다. 또한 서부 호주의 18세 이하의 청소년들은 매주 한 명씩 스스로 목숨을 끊는다. 또한 4명 중 1명꼴로 왕따 경험이 있다고 한다(Government of Western

progres s-map/

51 https://www.zero2hero.com.au/

Australia, 2020). <Zero2hero>의 미션은 어린이들과 청소년들에게 스스로의 정신건강 문제를 맞서 이겨내고 따돌림 등으로 우울증과 어려움을 겪는 친구들을 위해 용감하게 나서서 도움을 줄 수 있게 하는 것이다. 이를 위해 정신질환과 자살에 대한 사회적 편견을 타파하고 도움 요청을 높이기 위해 터놓고 대화할 수 있는 자신감을 고취시키고자 했다. 청소년들이 정신건강 영웅(hero)이 될 수 있다는 것이 핵심 내용이다.

2) 캠페인 전략 및 특징

청소년들이 직접 참여하는 다양한 캠프

<Zero2hero>가 진행하는 캠프 프로그램은 크게 세 가지로 나뉜다. 우선 <Camp Hero>의 경우, 10학년~12학년 고등학생을 대상으로 정신건강을 홍보하는 리더로 양성하는 5일 프로그램이다(그림 12.21). 리더로 교육된 학생의 경우, 학교에서 정신건강 이벤트를 열고 친구들을 교육하는 역할을 담당한다. 기존 학교 캠프 프로그램을 <Zero2Hero>가 컨설팅을 통해 설계하는 도움을 받는 것도 가능하다. 다음은 <Camp Retreat>으로 정신건강상 어려움을 겪고 있는 청소년을 대상으로 어떻게 정신질환에 대처하는지를 교육하는 프로그램이다. 마지막으로 <Camp Sports>는 13~17세의 학생들을 대상으로 3일간 진행되는 신체 훈련 및 정신건강 훈련 프로그램이다.

영웅이 될 수 있는 Zero2hero Day

Zero2hero Day는 매년 이뤄지는 행사이다. 학생들이 자신이 좋아하는 영웅의 옷차림으로 학교에 와서, 스스로 영웅이 될 수 있다는 자

그림 12.21 <Camp Hero>에 참여한 학생들[52]

신감을 느끼게 하는 데 목적이 있다. 또한 교육 프로그램도 함께 진행되는데, 스스로 혹은 따돌림을 당하는 친구를 위해 맞서 싸워줘야 한다고 독려하며, 학생들이 안전한 환경에서 그들의 문제에 대해 서로 이야기할 것을 장려한다. 학생들이 원더우먼, 배트맨, 슈퍼맨과 같은 영웅의 옷을 입고 즐겁게 참여하면서, 개방적인 분위기에서 정신건강 및 자살 문제 등에 대해 얘기할 수 있는 분위기를 조성한다는 취지이다(그림 12.22).

3) 캠페인 결과

캠프 프로그램의 경우, 2019년 참여자 대상 설문조사 결과 100%가 주위 친구에게 추천 의향이 있다고 밝혔으며, 97%는 <Camp Hero>

52 https://www.zero2hero.com.au/event/camp-hero/

그림 12.22 <Zero2Hero> Day에 영웅 옷을 입은 학생들[53]

를 통해 친구들과 소통하는 능력이 향상되었다고 평가했다. 또한, 97%는 캠프의 교육을 통해 친구들과의 관계가 개선되었다고 응답했으며, 81%는 부모님과의 관계도 좋아졌다고 답했다. 97%의 응답자들은 학교에서 영향력이 더 증가했다고 말했으며, 83%는 영향력이 가정 내로도 확장되었다고 평가했다.

2019년 한 해 동안 <Zero2Hero>는 서부 호주 내 109개 고등학교에서 학교 워크샵을 진행했으며, 이 과정에서 24,000명 이상의 청소년들에게 정신건강 및 자살 문제와 관련된 교육을 진행했다. 또한 캠프 참여율도 2018년 대비 2배 증가한 것으로 나타났다. <Zero2Hero>는 다양한 교육 및 참여 프로그램을 통해 매년 70,000명 이상의 청소년 및 학생들에게 영향을 미치고 있다(Zero2Hero, 2019).

53 https://www.zero2hero.com.au/events-calendar/

9. 영국 <Lo-Fi beats suicide>

<Lo-Fi beats suicide>는 학생들이 자주 듣는 유튜브 실시간 스트리밍 채널에서 실행한 자살 예방 캠페인이다. 영어권 뉴스 미디어사인 Vice UK가 유명 유튜브 채널인 Campus Music 및 영국과 아일랜드 내 자살 예방 공익 단체인 사마리탄스(Samaritans)와 협업하여, 2019년 4월 진행했던 캠페인이다. 라이브 스트리밍 영상 내 캐릭터가 자살을 시도하는 것을 보여줘 실시간으로 시청하고 있는 사용자들에게 자살 문제의 심각성에 대해 인지시키면서 자살 고위험군에게는 도움을 받을 수 있는 채널과 정보를 연계시켜주었다. 라이브 스트리밍 영상 캠페인은 일회성으로 진행되었으나, 소셜 미디어 등 다양한 채널을 통해 캠페인 내용이 공유, 확산되면서 파급력을 보여주었다.

1) 사회적 배경과 목적

영국 국가통계국(ONS, 2019)에 따르면, 2018년 영국의 자살률은 16년 연속 증가했고, 이 중 학생 자살률은 2007년에 비해 50%나 늘어났다. 학생 5명 중 1명은 시험 기간 중에 자살에 대한 생각을 하는 것으로 나타났으며, 영국 청소년 상담 민간단체 차일드라인(Childline)에 따르면 시험 기간에 스트레스로 인해 상담 신청이 200%나 증가하는 경향이 있었다(Adams, 2015). 그러나 스스로의 정신건강에 문제가 있다는 것을 인지하는 학생들은 소수이고, 어떤 학생들은 부끄럽기 때문에 도움을 구하지 않는 것으로 조사되었다. 따라서 뉴스 미디어 Vice는 학생들의 자살 문제에 대한 관심을 환기시키고, 서로 이 문제에 대해서 소통하고, 자살 위험군의 학생들에게는 필요한 도움을 제공하는 목적으로 캠페인을 실시했다.

2) 캠페인 전략 및 특징

타깃에게 특화된 플랫폼 이용

Lo-fi beats는 낮은 비트의 lo-fi 힙합 음악 장르를 뜻하는데, 최근 유튜브 실시간 스트리밍을 통해 이 음악을 들으면서 공부하는 것이 전 세계적으로 유행했다(그림 12.23). 특히 학생들이 음악을 들으면서 옆에 위치한 라이브 채팅에서 시험에 대한 스트레스, 우울감 등 자살과 관련된 이야기를 하는 경우가 증가하고 있다는 점이 관찰되었다. 이에 젊은 학생들에게 스트레스, 우울감이 증가하는 시험 기간 동안 자살 예방 메시지를 전달하기에 적합한 콘텐츠로 Lo-fi beats 음악을 선정하고 이를 활용하는 전략을 취했다.

그림 12.23 Lo-fi 실시간 스트리밍을 들으면서 공부하는 모습[54]

54 https://www.adsoftheworld.com/media/digital/vice_lofi_beats_suicide

Lo-fi 음악 채널 중 중 100만 명 이상이 구독하고 있는 College Music이라는 인기 유튜브 채널에서 Study Girl이라는 애니메이션 캐릭터가 무한 루프로 공부하고 있는 24시간 실시간 스트리밍 영상이 활용되었다. 809일 동안 한 번도 바뀐 적이 없는 영상이 갑자기 정지되고, Study Girl이 슬퍼하면서 칼을 꺼내 자살을 시도하려다 도움을 구하러 사라지는 장면을 실시간 영상을 통해 보여주었다(그림 12.24). 해당 영상은 시험 기간 동안 College Music에 접속하는 학생들이 모두 볼 수 있도록 설정되었다.

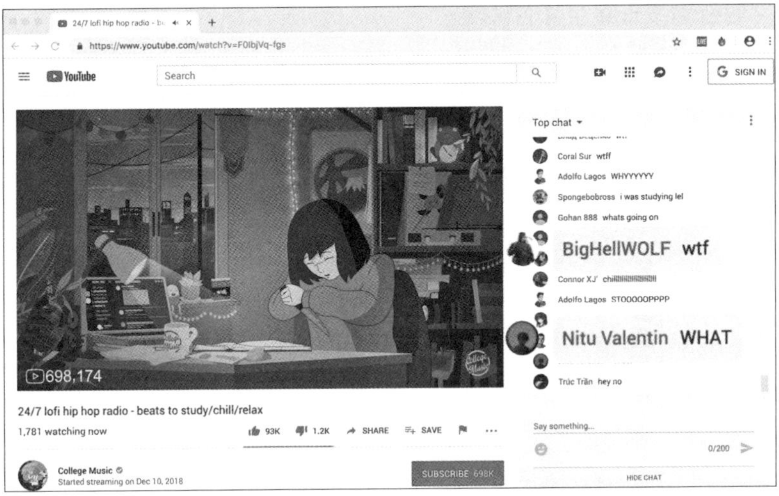

그림 12.24 캠페인 당시 영상 모습[55]

전문가와의 협업을 통한 캠페인 메시지 구성

자살 상황을 표현하고 이에 대한 대처를 제공하는 내용은 잘못 전달

55 https://www.adsoftheworld.com/media/digital/vice_lofi_beats_suicide

될 경우 오히려 위험한 결과를 조장할 수 있다. 이에 영국 및 아일랜드의 자살 예방 비영리단체 소속의 미디어 전문가들과 긴밀히 협업하여 위험을 최소화시키고 예방 행동을 긍정적으로 유도할 수 있도록 내용을 구성했다. 이 과정에서 5번이나 시나리오를 전면적으로 수정하는 등 많은 노력을 기울였다. 또한 유튜브 영상이 가져올 수 있는 부작용을 최소화시키기 위해 영상이 재생되고 있는 도중 챗봇 등을 사용하여 위험성이 있는 채팅 내용을 감지하고 바로 자살 예방 상담 혹은 도움을 받을 수 있도록 설정했다.

관련 정보와 실질적 상담 제공

영상 아래 링크를 통해 뉴스 미디어 Vice의 정신건강 관련 기사를 볼 수 있도록 정보를 제공했다(그림 12.25). 또한 실시간 채팅에서 어려움을 호소하는 사용자들에게는 직접 전문가들이 실시간으로 상담을 해

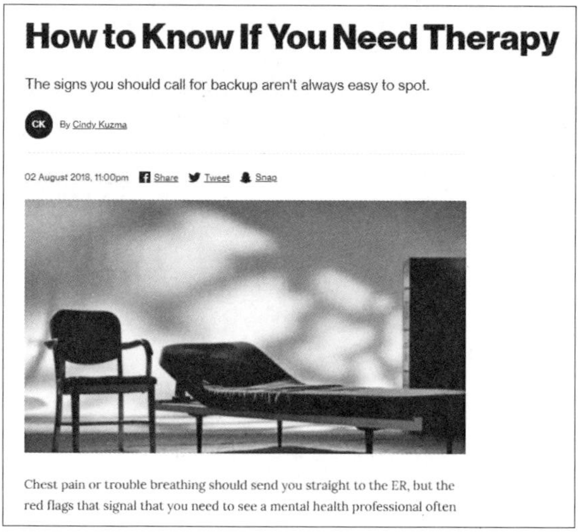

How to Know If You Need Therapy

The signs you should call for backup aren't always easy to spot.

CK By Cindy Kuzma

02 August 2018, 11:00pm Share Tweet Snap

Chest pain or trouble breathing should send you straight to the ER, but the red flags that signal that you need to see a mental health professional often

그림 12.25 영상과 연동되어 있는 Vice의 정신건강 관련 기사[56]

주었다. 단순히 메시지를 전달하는 데 그치지 않고 다각도에서 자살 예방에 도움이 되는 콘텐츠 및 도움을 받을 수 있는 곳으로도 연계시켰다. 이를 통해 사용자들이 다양한 방식으로 본인에게 필요한 콘텐츠 및 서비스를 이용할 수 있었다.

3) 캠페인 결과

캠페인이 런칭된 첫 달에 동영상 조회 수가 200만 건을 넘었고, 유튜브 영상 밑에 학생들이 18,000여 개의 댓글을 작성했다. 또한 다양한 소셜 미디어를 통해 영상이 회자되면서, 친구들 사이에 시험 기간 자살 문제에 대한 대화가 늘었다는 평가도 관찰되었다. 실시간 영상을 본 시청자 중 1,816명(19%)이 실시간 채팅방과 연계된 자살 예방 상담 서비스를 이용한 것으로 나타났으며, 영상이 채널에 게재된 2개월 동안 9,937명이 자살 예방 관련 도움 및 상담 서비스를 클릭한 것으로 밝혀졌다. 또한 영상에 링크된 Vice UK의 학생 정신건강 및 자살 문제 관련 뉴스의 노출이 400% 이상 급증했으며, 총 142,749회 노출된 것으로 나타났다.[57] 해당 캠페인은 2019 칸 국제광고제 Direct 부문에서 동상을 수상했으며, 2019 클리오 광고제에서도 동상을 수상하는 성과도 얻었다.

---

56 https://www.vice. com/en_uk/article/qv7b4q/mental-health-support-from-vice

57 https://www.youtube.com/watch?v=553aKOzxiN8

10. 인도 <#Give Subtitles to Suicide>

세계 자살 예방의 날을 홍보하기 위해 인도 자살 예방 민간단체인 인도자살예방재단(Suicide Prevention India Foundation)[58]에서 2018년 9월 한 달 간 진행했던 캠페인이다. 인도인들의 자살 인식이 매우 떨어지며, 특히 15-29세 젊은 층 자살률이 높다는 것에 주목해 이 문제에 대한 경각심을 높이고, 관련 교육 프로그램을 홍보하기 위해 캠페인을 기획했다. <#GiveSubtitlesToSuicide>는 유튜브의 자막 기능을 통해 가까운 주위 사람들의 자살 징후를 감지하고 이에 효과적으로 대응할 수 있는 메시지를 전달했다. 그리고 WHO에서 공인한 자살 예방 관련 교육 프로그램인 QPR Gatekeeper 웹사이트를 제공해 학생들의 적극적 참여를 이끌어냈다.

1) 사회적 배경과 목적

인도 인구의 연령 중위값은 28살로 매우 젊은 편이며, 2018년 인도 정부 자료에 따르면 15-29세 사이의 젊은 층 자살률이 2007년에 비해 52% 급증한 것으로 밝혀졌다(Gupta, 2019). 그러나 일반인들의 자살에 대한 인식이나 자살 예방법에 대한 지식이 현저히 떨어지는 것으로 나타났다. 따라서 인도자살예방재단에서는 자살 문제 인식 및 QPR Gatekeeper 교육 프로그램에 대한 젊은 층의 참여를 높이기 위해 해당 캠페인을 기획했다.

---

58 https://www.spif.in/

2) 캠페인 전략 및 특징

유튜브 자막 기능을 활용한 극적 효과

2020년 통계 자료에 의하면 인도의 유튜브 액티브 유저는 2억 6천만 명에 달한다(Omnicore, 2020). 최근 모바일 데이터 사용료가 획기적으로 감소함에 따라 스마트폰을 통해 모바일 영상 플랫폼을 이용하는 젊은 층이 증가한 것으로 추정된다. 따라서 젊은 층에게 가장 접근하기 좋은 유튜브를 활용하여 주위 사람들의 자살 징후를 구분해낼 수 있는지에 대한 내용을 극적으로 전달했다.

먼저, 자막이 없는 상태에서 5명의 친구들 중 의외의 한 명이 자살 시도를 하는 영상을 보여주었다. 그리고 자막 기능을 활성화시킨 후 다시 영상을 시청하면 자살 위험에 처한 친구의 속마음이 자막으로 보이도록 만들어졌다(그림 12.26). 그리고 새로운 영상이 재생되어 주위 사람들이 해당 친구에게 도움을 주고, 이전 영상과는 다른 결말이 제시되었다. 이를 통해 자살의 징후를 일상생활에서 알아차리는 것이 매우 중요하다는 의미를 극적으로 전달했다. 또한 영상의 마지막에는 Gatekeeper 교육 프로그램의 참여를 촉구하는 메시지를 제시했다(그림 12.27).

그림 12.26 (좌) 자막이 꺼진 상태 (우) 자막이 켜진 상태

그림 12.27 영상의 마지막에 Gatekeeper Program 웹사이트 링크 제공[59]

극적인 내용 전달 후 연계된 프로그램에 대한 참여율 극대화

단순히 메시지를 전달하는 것에만 그치지 않고 Gatekeeper 교육 프로그램을 신청하고 1시간가량의 교육을 받을 수 있도록 웹사이트[60]를 제공했다. 즉 영상의 끝에 Gatekeeper Program을 신청할 수 있는 링크를 연결하여, 영상을 본 사용자들이 바로 교육을 신청할 수 있도록 했다. 1시간 교육을 받으면 주위의 소중한 친구들의 비극적인 선택을 막을 수 있다는 점을 강조하여, 학생들의 참여를 설득력 있게 유도했다. 또한 캠페인 기간 중, 다양한 대학교에서 자살 예방 교육 프로그램에 대한 홍보를 진행하여, 학생들의 참여를 극대화했다(그림 12.28).[61]

59 https://www.youtube.com/watch?v=lFZ2Wu4HlMI
60 http://givesubtitlestosuicide.in/
61 https://www.adgully.com/give-subtitles-to-suicide-a-step-to-combat-rising-suicide-numbe rs-80336.html

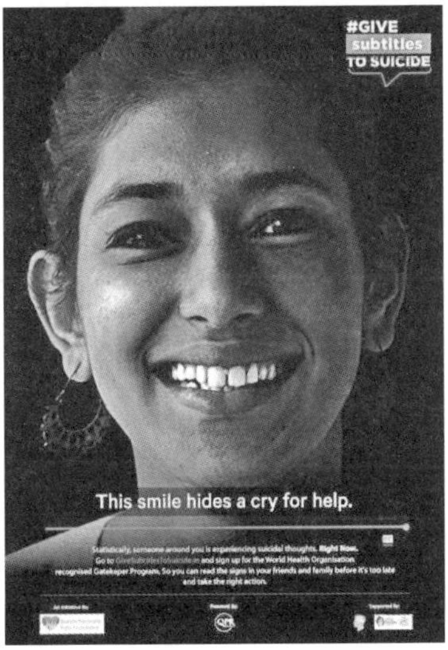

그림 12.28 캠페인 기간 중 사용된 포스터

3) 캠페인 결과

캠페인 기간 중 유튜브 동영상은 약 18만 4천 건의 조회수를 기록했다. 뉴스 미디어 및 소셜 미디어 등에서 관련 캠페인에 대한 내용을 다루면서 별도의 광고 없이도 자연적으로 노출된 경우가 1억 6천만 건 이상을 달성했으며, 순사용자 도달 수는 180만 명 이상인 것으로 나타났다. 동영상을 시청한 학생 중 5,800명 이상이 Gatekeeper Program을 웹사이트를 통해 신청한 것으로 나타났으며, QPR에서 해당 교육 프로그램 이수 시간은 캠페인 이후 10,000시간 이상 증가한 결과를 가져왔다. 또한, 인도의 유명인이나 인플루언서가 캠페인과 관련되어 작성한 트윗도 8천 건 이상인 것으로 집계되었다(Adforum, 2018).

11. 뉴질랜드 <The Right to Grow>

모벰버 재단(Movember Foundation)[62]은 남성 건강에 대한 인식 개선 및 도움을 주기 위해 2004년 호주와 뉴질랜드에서 설립된 자선단체로 콧수염을 단체의 심볼로 사용하고 있다. Movember라는 행사는 매년 11월 한 달 동안 남자들이 콧수염을 기르면서 자선기금을 모금하는 연례 자선 행사 캠페인이다(그림 12.29). 2017년에는 뉴질랜드의 젊은 남성 자살 문제에 대한 경각심을 높이고 이를 방지하기 위한 기금을 모집하기 위해서 <The Right to Grow> 캠페인을 시행했다. 뉴질랜드 학교 교칙 상 남학생들이 콧수염을 기르는 것이 금지되어 있는 조항을 역이용하여 다양한 미디어 보도를 이끌어내며 관심과 참여를 높였다.

그림 12.29 Movember Foundation 홈페이지[63]

62 https://nz.movember.com/

63 https://nz.movember.com/about/foundation

1) 사회적 배경과 목적

UNICEF의 2017년 통계에 따르면 뉴질랜드의 젊은 남성 자살률은 전 세계에서 가장 높은 편으로 나타났다(Harris, 2017). 그러나 전문적 도움을 받는 것이 남성적이지 않다는 이유에서 실제로 도움을 요청하는 비율이 매우 낮았다. 모벰버 재단은 남성의 상징인 콧수염을 단체의 심볼로 사용하면서 2004년부터 매년 11월 콧수염을 기르는 행사를 통해 남성 건강 문제에 대한 인식을 높이고 자선기금을 모금해 왔다. 뉴질랜드 젊은 학생층의 자살 문제에 대한 인식이 높지 않다는 점, 많은 학교에서 콧수염을 금지시키고 있다는 점을 주목하고 캠페인을 진행했다. 콧수염에 대한 학교 규칙을 한시적으로 바꾸는 것을 요청하여 매스 미디어에서 젊은 남성 자살 문제에 대한 메시지를 다루도록 만들고, 젊은 학생들의 관심과 참여를 이끌었다.

2) 캠페인 전략 및 특징

참신한 문제 제기로 미디어 노출 극대화

모벰버 재단의 콧수염 기르기 자선 행사에 학생들이 교칙 때문에 참여할 수 없다는 점에 착안하여 전략을 개발했다. 뉴질랜드 내 178여 개 중·고등학교에서 남학생의 콧수염을 금지하고 있다는 교칙을 주목하고, 2017년 11월 한 달 동안 한시적으로 해당 교칙을 완화시키도록 각 학교 교장에게 촉구하는 편지를 발송했다(그림 12.30). 이후 해당 편지를 담은 인쇄 광고를 전국지에 게재했다. 학생들이 공감할 수 있는 교칙을 다루었기 때문에 관심과 참여를 높일 수 있었고, TV, 온라인 뉴스 등 다양한 미디어에서 해당 문제에 대해서 광범위하게 보도했다.[64] 별도의 미디어 비용 지불 없이 노출을 극대화하는 결과를 얻었다.

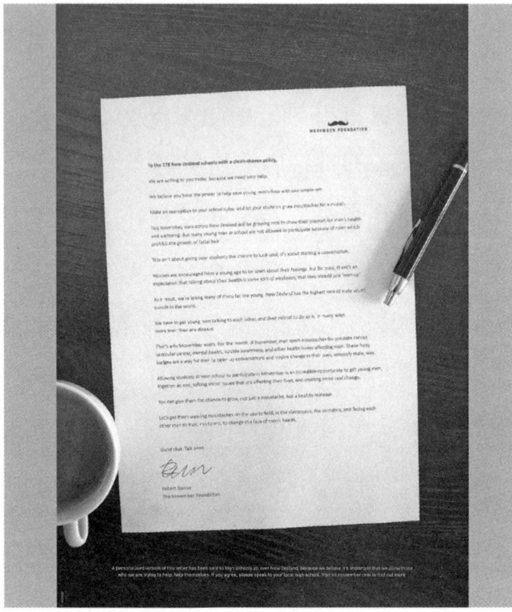

그림 12.30 전국 178개 학교에 전달된 실제 편지[65]

자발적인 대화와 참여 유도

콧수염을 한 달간 한시적으로 허용한다는 문제에 대해 학생들 간 자발적이고 활발한 대화가 이루어졌고, 남성 건강 문제에 대한 모벰버 재단의 의의에 공감하는 학생들의 참여로 이어졌다. 단순히 콧수염을 금지하는 규정에 대한 불만을 넘어 학생들끼리 자연스럽게 자살 문제에

---

64 Rotorua Daily Post. (2017, Nov, 4), Stoppress. (2017, Dec 1), Stuff. (2017, Oct 26).

65 https://bcfdentsu.com/movember/

대해서 이야기할 수 있는 분위기가 형성되었다. 학교에서도 해당 문제에 대해 적극적으로 대응하면서, 교내 자살 예방 방지 교육에도 투자하는 등 적극적인 참여를 보여주었다. 뉴스 미디어에서 콧수염에 대한 교칙과 남성 자살 문제를 연결시켜 많은 보도를 했고(Arthur-Worsop, 2017), 이를 통해 모벰버 재단의 인지도 및 청소년 자살 문제에 대한 대중의 이해도를 제고하는 효과도 거둘 수 있었다. 소셜 미디어를 통해 회자되면서, 청소년뿐만 아니라 일반인들도 모벰버 재단의 취지에 대해 이해하고 기부하거나 가입하는 성과로 이어졌다(그림 12.31).

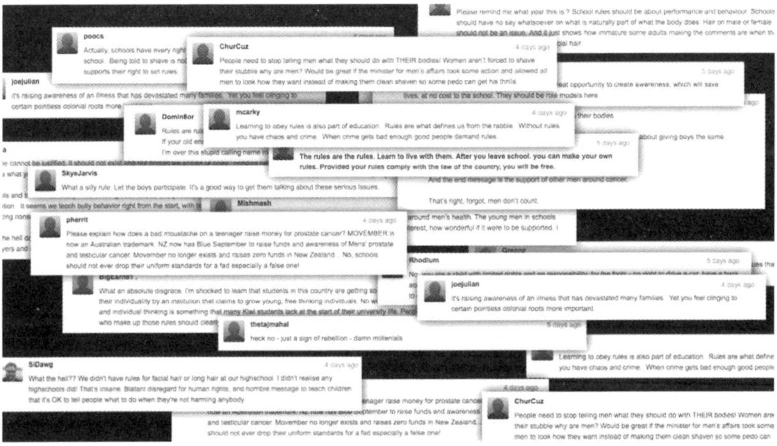

그림 12.31 캠페인에 대한 소셜 미디어 반응 캡쳐[66]

3) 캠페인 결과

크라이스트처치(Christchurch) 고등학교의 경우 학교 창립 이래 최

66 https://www.youtube.com/watch?v=0tE7mt7PfHY

초로 학생들이 수염을 11월 한 달 동안 기를 수 있도록 허용했으며, 많은 학교들도 이에 동참했다. 남학생뿐만이 아니라 여학생들의 경우에도 콧수염 스티커를 붙이는 방식으로 캠페인에 참여했다. 캠페인 결과 2017년 기부금 170만 달러를 달성했으며 이는 전해 대비 40%나 증가한 것이다. 또한 모벰버 재단에 가입해서 기부하거나 자원봉사를 하는 15~19세 가입자가 캠페인 기간 동안 25%나 증가했다(NZ Media & Advertising News Daily, 2017).

12. 미국 <Real Men. Real Depression>

<Real Men. Real Depression>은 미국 정부에서 최초로 남성 우울증에 대한 인식을 제고시키고자 국립정신건강연구소(National Institute of Mental Health)에서 2003년부터 2005년까지 실시했던 캠페인이다. 남성들은 여성들에 비해 스스로의 우울증을 인지, 인정하고 전문가의 상담을 구하는 경우가 매우 낮은 것으로 조사되어, 적절한 도움을 제때 못 받는 것으로 나타났다. 실제 우울증을 경험한 사람들의 사연을 공유하는 캠페인을 통해 남성 우울증의 심각성에 대한 대국민 인식을 높이고자 했다.

1) 사회적 배경과 목적

미국에서 600만 명의 남성이 임상적 우울증으로 진단되었지만, 치료를 받으려 하는 경우가 매우 적었고, 그 결과 남성의 자살률은 여성보다 4배나 높았다(National Institute of Health, 2003). 남성들은 심리적 어려움을 타인에게 이야기 하는 것을 주저하거나 꺼리고, 우울증 증상을 잘 감지하지 못하는 경향이 있었다. 정신질환이나 심리적 어려움에 대한 이야기를 하는 것은 남성적이지 못하다는 잘못된 인식을 개선하고 남성이나 주위 사람들이 우울증 증상을 잘 감지할 수 있도록 교육하기 위해 캠페인이 기획되었다.

2) 캠페인 전략 및 특징

실제 경험담을 통해 공감도 제고

다큐멘터리 제작자 레슬리 위너(Leslie Wiener)는 실제 우울증을 겪었던 미국인 남성들이 자신의 경험에 대해 솔직하게 이야기하는 것을 촬영하여, 공군 장교, 소방관, 작가, 편집자, 다이빙 국가 대표 선수, 변호사, 경찰, 학생 등 다양한 남성들의 이야기를 소개했다(그림 12.32). 남성적인 직업군을 포함한 다양한 사람들이 출연했기 때문에 영상을 본 대중들이 더 공감하기 쉬웠고, 이들이 실제 우울증 경험을 진솔하게 전달해 신뢰도를 높였다. 다양한 인종의 다양한 교육 수준, 직업을 가진 사람들의 이야기를 다루었기 때문에, 남성들이 자신과 비슷한 사람의 이야기를 더 경청하는 결과를 가져왔다.

장기간 다양한 매체를 이용한 캠페인

단발성 캠페인으로 메시지를 전달하는 것에 끝나지 않고, 다양한 채널을 통해 지속적으로 대중을 교육시켰다. TV, 라디오에서 메시지를 전달하는 것은 물론, 브로셔, 전화 및 이메일 상담 서비스 등 전방위적으로 남성 우울증을 홍보하고 해결책을 제공하는 데 집중했다(그림 12.33). 특히 웹사이트 상에서 인터랙티브한 경험을 주는 데 주안점을

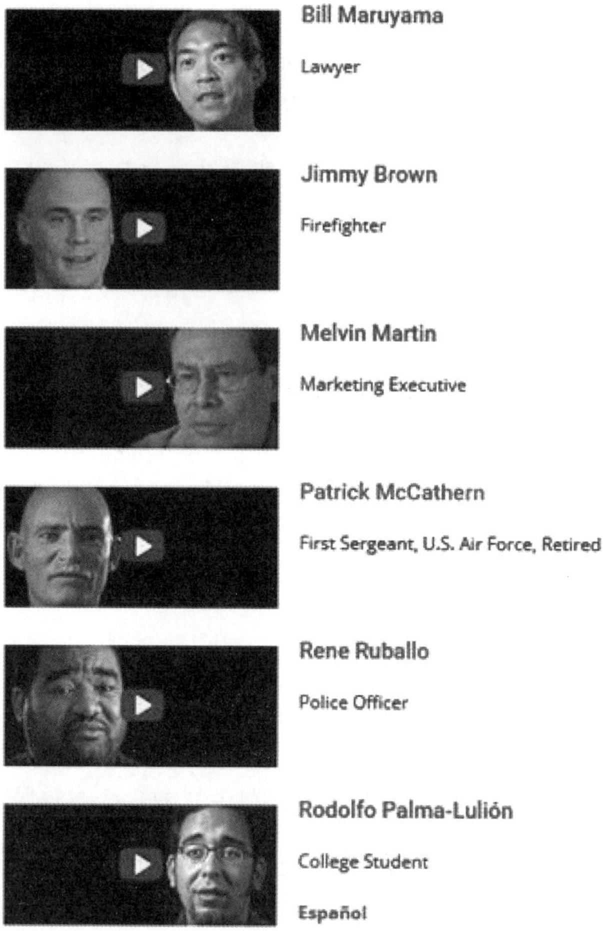

그림 12.32 <Real Men. Real Depression> 영상[67]

두었다. 웹사이트에서 남성 우울증의 증상 및 솔루션에 대한 자세한 정보를 제공했으며, 특히 공익 광고에서 노출되었던 실제 우울증 경험자들의 생생한 이야기를 이미지, 동영상, 글 등을 통해 다양하게 전달했

67 https://www.youtube.com/watch?v=94F7DVkb0yQ

다. 또한, 웹사이트[68]에는 정신과 의사 등 건강 관련 전문가들이 남성 우울증에 대해 진단하고, 어떻게 적절하게 대응할 수 있는지에 대한 정보를 담은 전문가용 정보 및 브로셔도 별도로 제공했다.

3) 캠페인 결과

NIMH에서 공익 광고 캠페인을 위해 제작한 웹사이트에 3년 동안 접속한 사용자는 1,400만 명이 넘는 것으로 기록되었다. 또한, 캠페인 첫 해에는 전화나 이메일을 통해 우울증 관련 상담을 한 사람이 5,000여 명이 넘었다. 또한, 캠페인 기간 동안 배포된 인쇄 브로셔는 100만여 개 이상이었으며, 웹사이트에서 제공하는 남성 우울증 관련 일반인

그림 12.33 캠페인 당시 배포된 (좌) 포스터, (우) 디지털 브로셔[69]

68 https://www.nimh.nih.gov/health/publications/men-and-depression/index.shtml#pub11

69 https://www.nimh.nih.gov/health/publications/men-and-depression/index.shtml

및 전문가용 안내 브로셔를 다운받은 건수가 150,000건을 넘은 것으로 나타났다.[70] 의료 전문가들도 해당 캠페인을 본 이후, 남성 우울증에 대한 연구 및 치료에 대한 관심을 드러내고, 이를 현장에 접목하려 하는 노력도 증가한 것으로 밝혀졌다(Rochlen, Whilde, & Hoyer, 2005).

13. 독일 <Awesome Makes Me Sick>

소셜 미디어 사용과 우울증은 관련이 매우 높은 것으로 나타났다(Brailovskaia, Schillack, & Margraf, 2018). 소셜 미디어 사진이나 영상 등에서 보여지는 행복한 타인의 삶과 자신의 현실을 끊임없이 비교해, 자존감이 떨어지고 우울증으로 이어질 수 있기 때문이다. 따라서 독일의 우울증 민간 연구 및 교육 기관인 Deutsche Depressionshilfe[71]는 소셜 미디어에서 보이는 사진이나 영상의 허상에 대해 보여주는 것을 캠페인 목표로 설정했다. 페이스북에서 새로 출시된 360도 영상 기능을 활용하여 2016년에 '멋지게 보이는 것들이 나를 병들게 한다'라는 <Awesome Makes Me Sick> 캠페인을 진행했다.

1) 사회적 배경과 목적

독일의 우울증 증상 발병률은 9.2%로 EU 평균인 6.6%보다 높은 것으로 나타났다. 특히 젊은 층의 경우 11.6%가 우울증을 겪고 있는 것

70 https://www.nimh.nih.gov/health/topics/men-and-mental-health/men-and-depression/nimhs-real-men-real-depression-campaign.shtml#part_152890
71 https://www.deutsche-depressionshilfe.de/start

으로 나타나 EU 평균 5.2%보다 두 배 이상으로 높았다(Sanders, 2019). 젊은 층이 우울증을 겪는 이유 중 하나는 소셜 미디어 포스팅으로 인해 타인의 삶과 자신의 삶이 비교되기 때문이었다. 멋지게 보이는 포스팅들에 빠져들지 말라는 취지로 360도 영상 기능을 활용하여 설득력 있는 전달 방식을 선택했다. 즉 소셜 미디어에서 보이는 타인의 삶이 사진이나 영상에서 보이는 것만큼 화려하고 행복한 삶이 아니라는 현실을 보여주기 위해서 <Awesome Makes Me Sick>이라는 캠페인이 기획되었다.

2) 캠페인 전략 및 특징

페이스북 360 기능 활용

2016년 당시 360도 사진이 젊은 층에게 전 세계적으로 인기를 끌면서 소셜 미디어인 페이스북에서도 360도 사진을 볼 수 있는 기능이 새롭게 추가되었다. Deutsche Depressionshilfe는 이 기능을 활용하여 완벽하게 보이는 삶의 허상을 설득력 있게 전달하고자 했다(그림 12.34). 해당 사진을 마우스로 스크롤하면 사진을 다양한 각도에서 볼 수 있었고, 이는 360도 사진이라고 표시되어 사람들이 클릭을 하도록 유도했다. 소셜 미디어가 보여주는 '완벽한 순간'도 사실은 나와 비슷한 상황에서 좋은 부분만을 보여준다는 점을 전달하기에 유용한 기능이라는 점에 착안한 것이다. 6개의 전형적인 소셜 미디어의 멋진(awesome) 포스팅을 360도로 제작해, 멋진 순간을 사는 사람도 결국 나와 비슷한 일상을 사는 사람이라고 설득력 있게 표현했다.

그림 12.34 360도 사진 원리 설명[72]

전문가와의 협업을 통한 정교한 타깃 공략

미디어 심리학 및 우울증 관련 전문가와의 협업을 통해 캠페인의 타깃인 사용자를 심리학적으로 분석해 자체적으로 페이스북용 클러스터링 알고리즘을 개발했다. 특히, 실제 우울증을 겪고 있거나, 겪을 위험성이 높은 고위험군에게 캠페인이 노출될 수 있도록 클릭하는 사진이나 영상의 해시태그, 그리고 포스팅 글에서의 우울증 관련 단어 등을 범주화시켰다. 이에 따라 정확한 타깃에게 메시지를 전달했기 때문에 공감이나 화제성이 더 높았다(그림 12.35).

3) 캠페인 결과

캠페인에서 사용된 360도 사진 포스팅을 실제로 보는 비율이 평균 360도 사진보다 3배나 높았던 것으로 나타났으며, 페이스북 알고리즘

72 https://angelikikarnoupaki.com/awesome-makes-me-sick

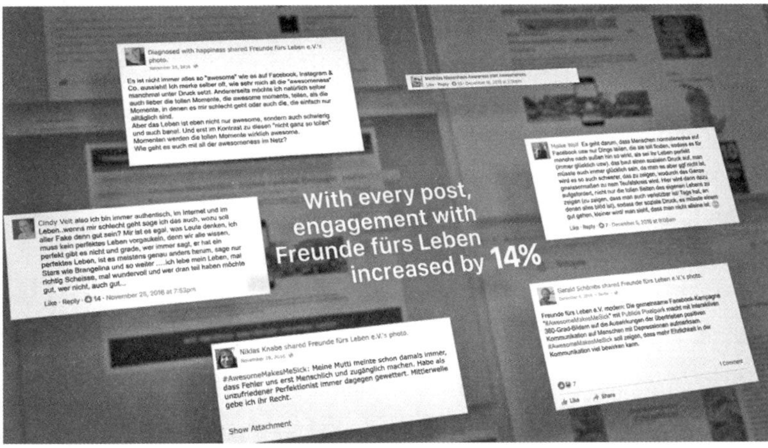

그림 12.35 캠페인에 대한 실제 소비자 반응[73]

을 통해 사진이 노출되도록 설정한 사용자들 모두 내용에 대해 공감도 10점 만점을 주었다. 또한, 소셜 미디어가 우울증에 미치는 문제에 대한 내용 및 해당 캠페인이 미디어상에서 120만 건 이상 노출된 것으로 나타났다. 또한 Deutsche Depressionshilfe의 페이스북 계정에서 우울증 진단 테스트, 극복하는 법 등에 대해 소개한 전체 포스팅에 대한 참여율 및 조회수가 14% 이상 증가했다.[74]

14. 아일랜드 <Make a Ripple - Tell Your Story>

아일랜드의 국가정신건강낙인감소 파트너십(The National Mental

73 https://angelikikarnoupaki.com/awesome-makes-me-sick

74 https://angelikikarnoupaki.com/awesome-makes-me-sick

Health Stigma Reduction Partnership) 민간 기관인 씨체인지(See Change)[75]는 2010년도부터 2012년까지 정신건강 증진과 낙인 감소를 목표로 하는 <Make a Ripple - Tell Your Story> 캠페인을 진행했다. 당시 아일랜드에서 자살률이 높은 것으로 보고된 젊은 남성층을 타깃 집단으로 정신건강에 대해 공개하고 긍정적으로 받아들이라(Be open and positive about their own and others mental health)라는 목표로 다양한 프로그램을 진행했다. 특히 "침묵하는 곳에 낙인이 있어요. 이야기합시다(Where there is silence, there is stigma. Let's talk)"라는 슬로건으로 온-오프라인 캠페인 활동, 워크샵 등 다양한 활동을 통해 사람들이 자발적으로 자신의 정신건강 관련 이야기를 공유하도록 독려했다.

1) 사회적 배경과 목적

아일랜드의 자살률은 2009년도 기준 인구 10만 명당 11.7명, 그중 남성은 18.8명, 여성은 4.7명으로 남성 자살률이 여성보다 약 네 배 정도 높은 것으로 보고되었다(OECD, 2020). 국립자살연구재단(The National Suicide Research Foundation)은 아일랜드에서 2007년부터 2015년 사이에 특히 20-24세 남성층이 인구 10만 명당 30명이라는 가장 높은 자살률을 기록했다고 보고했다. 젊은 남성의 자살률은 사회적 문제로 부각되었고, 젊은 연령대 남성 집단의 정신건강과 자살 예방에 대한 인식 개선과 행동 변화를 목표로 전국적인 캠페인을 진행했다. 특히 아일랜드 사람들이 정신건강 문제를 공개하도록 독려하기 위해 <Make a Ripple - Tell Your Story>라는 온라인상의 개인 경험 공

75 https://seechange.ie/

유 참여 프로그램을 실시하고 자신의 경험담을 공유하는 리플메이커들(Ripple makers)을 통해 각종 커뮤니티, 대학, 직장 등에 파급 효과를 가져왔다(See Change, 2012a).

2) 캠페인 전략 및 특징

온라인과 오프라인 채널의 통합적 활용

18-24세 젊은 남성 집단, 직장인 등 특정 집단에 초점을 맞추는 전략으로 TV, 라디오, 신문, 잡지 등 전통 매스 미디어와 더불어 홈페이지, 페이스북, 트위터 등 소셜 미디어를 동시에 활용하는 통합 헬스 커뮤니케이션 캠페인 전략을 구사했다(그림 12.36). 특히 라디오를 활용한 <My Ripple - Radio Awareness Campaign>과 트위터를 활용한 해시태그 #makearipple 캠페인은 오프라인과 온라인상에서 큰 호응을 얻었다(See Change, 2012a). 뿐만 아니라 70여 개의 파트너 기관들, 지역사회 단체들[76]과의 연계를 통한 캠페인 활동을 펼쳐나갔으며, 그 밖에도 워크샵, 공연 예술 활동[77] 등 다채로운 오프라인 활동들을 병행했다(See Change, 2012a).

실제 경험 공유를 통한 온라인 상의 국민 참여 유도 전략

<Make a Ripple - Tell your story> 프로그램에서는 온라인상의 요

---

76 파트너 기관들로서 A&S Fitness, Ahead, Amnesty International Ireland, DCU Students' Union, Department of Health and Children 등이 있다 (See Change, 2012).

77 이 캠페인은 정신건강 문제에 대한 실제 사람들의 경험 이야기를 공유하는 것을 목표로 했으며, 아트 이벤트 활동으로서 'Box of frogs: A revue of the mind'라는 제목의 연극 공연을 하기도 했다. 이 공연은 아일랜드에서 세명의 인물들의 정신건강 문제와 낙인에 대한 실제 경험을 내용으로 했으며 2012년 11월 동안 Smock Alley Theatre에서 열렸다.

그림 12.36 라디오를 활용한 캠페인 이미지
(My Ripple- Radio Awareness Campaign)[78]

소들을 활용해 아일랜드 전역의 커뮤니티, 대학, 직장인들까지 참여할 수 있도록 유도하는 전략을 전개했다. 특히 참여자들에게 페이스북과 트위터 등 소셜 미디어상에서 정신건강 문제와 관련된 실제 개인의 경험 스토리를 직접 녹음하여 업로드하고 공유하도록 유도함으로써 온라인상에서 공감과 확산을 불러일으키는 효과를 가져왔다(그림 12.37). 이를 위해 "Break the silence of stigma"라는 슬로건으로 자신의 경험을 침묵하지 말고 이야기하고 공유하도록 독려함으로써 많은 리플메이커들(Ripple makers)이 자기의 이야기를 할 수 있도록 분위기를 조성했다.

지역사회 파트너십을 통한 다양한 활동

70여 개의 관련 기관들과 파트너십을 맺고, 커뮤니티 단위의 캠페인 활동들이 다양하게 이루어졌다. 일례로 2012년 9월 TASK(Training and Support Kilkenny)와 파트너십을 맺고 더블린 파킹 데이(Dublin

78 See Change (2012). Make a Ripple - Tell your story, 2012 Report.

그림 12.37 트위터 상의 해시태그 캠페인 활동[79]

Parking Day)라는 이름으로 정신건강 문제를 길에서 이야기하는 이벤트를 가졌다(See Change, 2012b). 파킹 데이는 일반적인 주차 공간을 시민, 아티스트 들이 합동으로 공원, 게임장, 예술 설치 등 인간 친화적인 공간으로 만드는 창의적이고 시민 참여적인 연례 이벤트이다(그림 12.38). 행사 참여자들이 편안하게 꾸며진 주차 공간에서 그들의 정신건강 문제와 관련된 개인적인 경험을 이야기하고, 정신건강 문제가 삶의 의복 같은 존재로서 곧 회복될 수 있는 것임을 자각하게 하는 데 목표를 두었다.

79 캠페인 트위터: https://twitter.com/search?q=makearipple%20until%3A2014-01-01&src=typed_query&f=image

그림 12.38 더블린 파킹 데이 포스터[80] 및 행사 당일 장면[81]

3) 캠페인 결과

2012년 5월부터 6월에 걸쳐 아일랜드인 1,038명을 대상으로 정신건강 문제에 대한 아일랜드인들의 태도에 관한 전국 단위의 조사를 실시했다(See Change, 2012b). 조사 결과, 캠페인을 통해 정신건강 문제, 낙인과 지지 서비스에 대한 인식과 이해도가 전반적으로 개선된 것으로 나타났으며, 정신건강 문제를 가진 사람들이나 정신건강 문제를 극복한 사람들에 대해서도 인식과 태도가 개선된 것으로 나타났다(See Change, 2012b). 한편, 정신건강 문제에 대한 전문가들의 도움 요청 의지가 88%에서 91%까지 증가한 것으로 나타났으며, The Journal.ie 독자들을 대상으로 한 조사에서 캠페인이 정신건강 문제 인식에 미친 영향력에 대해 91%가 긍정적으로 평가한 것으로 보고되었다(송인한, 2012).

80 See Change (2012) "Make a ripple - Tell your story", 2012 report.
81 https://www.dublinparkingday.org

15. 캐나다 <#308conversations>

캐나다의 정신건강위원회(Mental Health Commission of Canada, MHCC)[82]는 캐나다의 자살 문제를 국가적 차원에서 해결하기 위한 방편으로 전국 단위 규모의 <#308conversations> 캠페인을 실시했다(MHCC, 2015). 2014년 5월 MHCC에 의해 시작된 이 캠페인은 캐나다의 308명 국회의원들을 참여하도록 하여, 지역적 대화를 넘어서 범국가적인 대화로 확장에 성공한 자살 예방 대화 캠페인 프로그램이다(MHCC, 2015; 보건복지부, 2019). 캐나다 연방 의회 국회의원들의 리더십 촉진, 지역사회 정신건강 자살 예방 관련 이해관계자들과의 협력, 자살 예방에 관한 지역사회 대화의 촉진 등이 성과로 평가된다.

1) 사회적 배경과 목적

캐나다의 자살률은 2013년 기준 인구 10만 명당 11.1명으로 남성 16,9명, 여성 5.5명으로 보고되었다(OECD, 2020). 남성의 자살 건수가 여성에 비해 세 배 이상 높은 것으로 나타났다. 이러한 추세는 이전 10여 년 이상 장기간 지속되어온 것으로 보고되고 있다(Statistics Canada, 2020). MHCC는 자살 예방과 관련해 지역사회의 대화를 이끌어내고자 국회의원들의 참여를 촉구하고, <#308conversation> 캠페인을 통해 자살 예방에 대한 지역사회 미팅[83]을 주선하도록 했다(MHCC, 2015).

---

82 https://www.mentalhealthcommission.ca/English/308conversations

83 <#308conversation>은 지역사회 기반의 정신건강 인식 제고 캠페인으로서, 지역전문가, 사회사업가, 신뢰기반 지역사회 리더, 군인, 경찰, 관심있는 시민들, 교육자, 헬스케어 전문가 등 다양한 지역사회 정신건강 관련 이해관계자들이 참여한 아래로부터 위로의(bottom-up) 전국 캠페인이다(MHCC, 2015).

캠페인이 시작된 이후 40여 개의 대화 이벤트가 열렸으며, 지역 단위의 정신건강 관련 기구, 헬스케어 전문가, 교육자 등이 대화에 참여하여 지역사회의 자살 예방과 정신건강을 위한 성공적인 실천 사례, 낙인 감소를 위한 협력과 지속 가능한 해결책 등을 공유했다.

2) 캠페인 전략 및 특징

소셜 미디어를 활용한 풀뿌리 민주주의 대화 캠페인

지역사회의 우수 실천 사례들을 수집하고, 낙인 감소를 위한 지역사회 이해관계자들과의 협력, 지속가능한 해결책을 도출하기 위해 2014년 5월 이후부터 40회 이상의 대화 이벤트가 개최되었으며, 1,200명의 캐나다인들이 참여했다(MHCC, 2015). MHCC는 소셜 미디어 특히 트위터를 통해 캠페인과 관련한 정보, 자살 예방 및 행사와 관련된 정보 트윗 등 #308conversation 해시태그를 지속적으로 공유했다. 자살 예방 관련 이해관계자들도 정기적으로 해시태그를 공유했다. 뉴스레터와 퍼블리시티 등 오프라인상의 캠페인 활동 역시 함께 진행되었다. 지역사회의 상황에 따라 라운드테이블, 타운홀미팅, 토론, 발표 등 다양한 형식으로 자살 예방 관련 기관 담당자, 헬스케어 전문가, 교사, 경찰 등 지역사회 이해관계자들이 대화에 참여했다(그림 12.39). 대화에서는 지역사회 내 자살 예방과 관련한 우수 실천 사례, 지역사회의 자살 예방 사업과 관련된 기회와 문제 요인, 자살로 인한 피해 감소를 위한 해결책에 대한 논의 등이 솔직한 대화 형식으로 이루어졌다(MHCC, 2015). 이러한 대화 이벤트들은 도서관, 학교 체육관, 공공 모임 장소 등에서 열렸으며, 우수 실천 사례 수집을 통해 지역사회 모델 생산과 정신건강 관련 활동 전략 수립으로 이어졌다.

그림 12.39 <#308conversations> 타운홀 대화 이벤트 장면[84, 85]

공동 지원(Peer Support)을 통한 사회적 관계의 역할에 촛점

MHCC가 발간한 공동 지원 실천을 위한 가이드라인(Guidelines for the Practice and Training of Peer Support)에 따르면, 공동 지원은 본인이나 가족의 정신건강과 자살 경험과 관련해 사회적 관계와 지원을 통해 정신건강의 회복에 도움이 된다고 설명하고 있다(Sunderland et al., 2013). 공동 지원은 공통의 경험을 하며 생활한 사람들 간 감정이입과 상호 지지를 통해 보다 긍정적이고, 이익이 되며, 중요한 과정으로 간주되고 있다(MHCC, 2015). <#308conversation> 캠페인 참여자들은 컨퍼런스, 토론 등을 통해 지역사회 내 자살 예방을 위한 공동 지원에 대한 다양한 논의를 공유했다(그림 12.40).

84 https://cbennett.liberal.ca/news-nouvelles/townhall-mental-health/

85 https://www.mentalhealthcommission.ca/English/photo/35571/mhcc-308conversations-la unch-3-harold-albrecht

그림 12.40 공동 지원에 관한 내셔널 컨퍼런스[86] 및 포스터[87]

3) 캠페인 결과

캐나다의 <#308conversations> 캠페인은 자살 예방과 관련해 캐나다 전 지역에서 40여 회 이상의 대화 행사들의 성공적인 개최를 이끌어내었으며, 1,200명 이상의 캐나다인들의 참여를 가져왔다. 캐나다 308명의 국회의원들은 각 지역사회 대화 행사들을 주선했으며, 소셜 미디어 등을 통해 대화 행사들에 대한 지역사회의 관심과 지속적인 참여를 불러일으켰다(MHCC, 2015). MHCC는 다음해인 2015년도에도 <#308conversations> 캠페인을 지속했으며 대화와 관련한 지역사회 행사를 꾸준히 개최했다. 트위터에서도 550 이상의 팔로워 뿐 아니라 소셜 미디어상의 큰 관심과 긍정적인 피드백을 이끌어냄으로써 지역사회 대화를 넘어서 캐나다 전 지역으로의 대화로 확장하는 데 기여했다(MHCC, 2015; 보건복지부, 2019).

---

86 https://twitter.com/MHCC_/status/725674536172056576

87 https://twitter.com/MHCC_/status/926450649667170304

16. 뉴질랜드 <National Depression Initiative>

뉴질랜드의 정부 기관 보건부(Ministry of Health)가 주체가 되어 2006년부터 현재까지 뉴질랜드 전 국민들을 대상으로 우울증에 관한 인식 개선과 자살 예방을 목표로 진행한 대국민 캠페인이다(Wyllie, 2009). 특히 뉴질랜드 국민 스포츠인 럭비를 좋아하는 15-44세 남성에게 큰 인기를 얻고 있었던 럭비 선수 존 커완(John Kirwan)이 참여하여 큰 호응을 얻었다. 캠페인의 주요 타깃 집단은 15세부터 24세 젊은이를 비롯해 25세부터 44세의 남성 및 25세부터 64세의 여성, 마오리족, 불안장애 경험자, 게이, 레즈비언 등 사회적으로 고립된 위험 취약군 등 전 국민을 포함했다(Wyllie, 2009). 유명 스포츠 선수를 적극적으로 활용하여 다양하고 광범위한 전국 단위 타깃 집단에게 효과적으로 소구했다.

1) 사회적 배경과 목적

뉴질랜드의 자살률은 2005년도 기준 인구 10만 명당 자살수 12.7건으로 남성 19.6명, 여성 6.3명으로 보고되었다(OECD, 2020). 남성이 여성에 비해 세 배 이상 높은 자살률을 기록했다. 특히 마오리족 청년들의 자살률이 인구 10만 명당 35.3명으로 평균 대비 2.5배 이상의 높은 자살률을 기록하고 있으며, 45-64세 중장년 집단의 자살률이 2001년과 2010년 사이에 상승 추세를 나타내었다(송인한 외, 2014). 이러한 남성 집단의 높은 자살률, 중장년층의 자살률 상승 추세와 마오리족의 자살률 등의 사회적 배경하에 뉴질랜드는 범국가적 자살 예방 실행 계획을 2008년부터 2012년까지 진행했으며, 특히 우울증과 자살

그림 12.41 캠페인 관련 행사 포스터[88]

예방에 대한 인식 개선을 위해 대국민 캠페인 <National Depression Initiative>를 실시하게 되었다(그림 12.41).

2) 캠페인 전략 및 특징

유명 스포츠 선수를 활용한 제3자 인증 전략(Third Party Endorsement)

존 커완(John Kirwan)은 뉴질랜드의 인기 럭비 선수이며, 직접 인터뷰에 출연해 본인의 우울증과 관련한 경험을 공개하고 우울증과 정신건강에 대한 정보를 전달했다(Wyllie, 2009). 그는 또한 정신건강 문제에 대해 적극적인 도움을 요청하라는 메시지를 전달했다. 그는 각종 TV 광고 인터뷰를 비롯해 강연회와 인터넷 동영상 등을 통해 <National

88 https://www.slideshare.net/suicidepreventionnz/phoenix-research

Depression Initiative> 캠페인에 대한 소개와 더불어 우울증 및 정신건강, 자살 예방에 대한 국민적 인식 제고에 앞장섰다. 주요 핵심 메시지로는 '도움을 구하라(Seeking Help)'였으며, 주요 캠페인 채널로는 광고, 인터뷰를 통한 미디어 보도, 웹사이트 등이었다(Wyllie, 2009). 다양한 채널들을 활용한 스타의 활동은 캠페인의 인지도와 우울증 및 자살 예방에 대한 광범위한 타깃 집단의 관심을 이끌어냈다.

온라인 기반 자가진단 모듈 활용(Depression Self-Management Tool)

이후 존 커완은 웹기반의 우울증 자가진단 모듈 웹페이지에도 등장하여 캠페인과 연계 활동을 했다(그림12.42). 우울증 자가진단 모듈은 모바일 기기를 비롯하여 웹사이트[89] depression.org.nz에서도 활용할 수 있도록 했다. 이 웹사이트는 현재 400만 명의 유저들이 사용하고 있으며, 2013년부터 2014년도까지 62만 명이 사용하던 것에서 2015

그림 12.42 가상 정신건강 코칭 앱을 설명하는 존 커완의 모습[90]

89 https://depression.org.nz

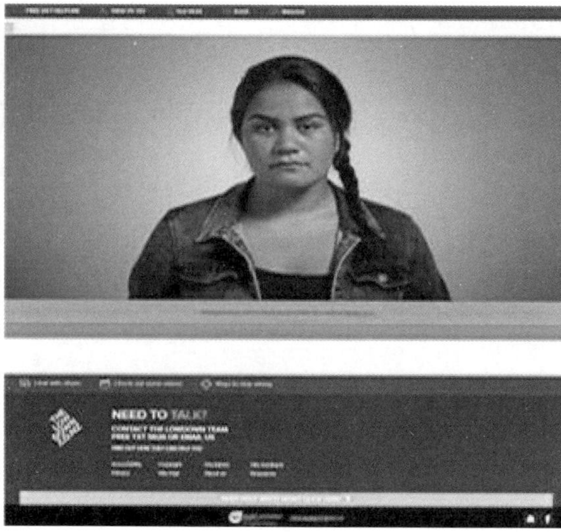

그림 12.43 thelowdown.co.nz 페이지[91]

년부터 2016년 이후 100만 명을 넘어서게 되었다. 또한 젊은 층들을 위한 웹페이지 thelowdown.co.nz가 별도로 개설되어 스트레스, 우울증, 걱정 등과 같은 정신건강 관련 정보를 제공하고 자유롭게 질문하고 지원을 받을 수 있도록 했다(그림 12.43). 일반 웹사이트가 정신건강 관련 일반적인 정보 제공에 초점을 맞추었다면, 젊은 층들을 위한 웹페이지는 학교와 친구 그리고 다양한 감정으로서 분노, 우울, 슬픔, 상실 등 보다 세부적인 정신건강 정보와 지원에 초점을 맞추었다.

---

90 https://thespinoff.co.nz/business/15-04-2020/the-virtual-mental-health-coach-to-help-you-get-through-lockdown-angst/

91 https://thelowdown.co.nz/

3) 캠페인 결과

캠페인의 효과 측정을 위해 2007년도와 2008년도에 전국 단위로 캠페인 광고와 우울증 등 정신건강에 관한 인지, 태도 등이 조사되었다(Wyllie, 2009; Wyllie, 2010). 광고 캠페인에 대한 회상률이 93%로 나타났으며, 도움 요청 행동 가능성에 대한 질문에 83%가 긍정적으로 응답했다. 또한 우울증의 성공적인 치료 가능성에 대한 질문에는 기존에 치료가 필요없다는 5%에 비교해 69%로 큰 증가세를 나타냈다(Wyllie, 2009). 2007년도에 웹사이트(www.depression.org.nz)에서 진행된 온라인 서베이 결과에서도 74%의 응답자가 우울증을 경험하고 사이트를 방문했으며, 18%가 사이트를 재방문할 의사를 나타낸 것으로 보고되었다(Wyllie, 2009). 조사 결과 전반적으로 <National Depression Initiative> 캠페인은 캠페인 자체에 대한 인지도뿐 아니라 우울증과 정신건강 문제, 그리고 자살 예방 행동에 대한 인지도 제고 효과를 가져온 것으로 나타났다.

17. 아일랜드 <Your Mental Health>

<Your Mental Health> 캠페인은 아일랜드 전 국민들을 대상으로 TV와 라디오 방송 광고, 홈페이지 등을 통해 범 국가적 활동으로 전개되었으며, '당신 스스로와 당신의 정신건강을 돌아보세요(Look after yourself, Look after your mental health)'라는 슬로건하에 정신건강과 자살 문제에 대한 인식, 타인의 도움 요청에 대한 독려 등의 핵심 메시지를 전달했다. 온라인상에서도 홈페이지[92]와 페이스북[93] 등을 통한 활발

한 참여가 이루어졌다. 특히 젊은 층들을 위한 웹사이트[94]가 개설되어 젊은이들의 정신건강에 대한 이슈 토론 및 각종 지원 서비스를 받을 수 있도록 했다.[95]

1) 사회적 배경과 목적

아일랜드의 자살률은 2006년도 기준 인구 10만 명당 자살수 10.6명으로, 남성 17.4명, 여성 3.9명으로 보고되었다(OECD, 2020). 남성이 여성에 비해 약 4.5배 높은 자살률을 기록했다. 아일랜드 국가자살예방국(National Office of Suicide Prevention, NOSP)은 사회적 문제로 제기되는 자살 문제의 해결을 위해 2005년부터 2014년까지 국가 자살 예방 전략을 수립하고 범국민적 자살 예방 활동을 위한 정책 프레임워을 수립했다. 2007년도 10월 이러한 정책 프레임웍을 배경으로 아일랜드 전 국민들의 정신건강과 자살 예방에 대한 대국민 인식 개선을 목표로 <Your Mental Health> 캠페인이 출발했다(Health Service Executive, 2007). 특히 아일랜드 정부는 관련 부처 및 민간 영리기관들의 협력 체계를 구성하여, 재정을 지원하며 공동으로 캠페인을 진행했다(그림 12.44).

---

92 https://www.yourmentalhealth.ie

93 https://www.facebook.com/hseyourmentalhealth

94 https://www.bebo.com/yourmentalhealth

95 2007년부터 2015년까지 아일랜드에서 가장 높은 자살률을 기록한 집단은 20~24세 젊은 남성층으로 인구 10만명당 자살수 30명을 나타냈다고 보고된 바 있다 (The National Suicide Research Foundation, 2016). 아일랜드 사회에서 젊은 남성층의 자살 문제는 심각한 상황이었다. <"Your Mental Health"> 캠페인은 아일랜드 전국민을 대상으로 하면서도 청년층을 위한 별도 웹사이트를 운영하기도 했다.

그림 12.44 'Your Mental Health' 런칭[96] 및 Look after yourself 소책자[97]

2) 캠페인 전략 및 특징

TV와 라디오, 소책자 등 매스 미디어를 활용한 대국민 캠페인

전 국민의 자살 예방과 정신건강 문제에 대한 인식을 제고하기 위한 첫 번째 단계로서 2007년 10월 9일부터 11월 4일까지 한 달 동안 TV 광고 캠페인을 실시했다(Health Service Executive, 2007). '당신 스스로와 당신의 정신건강을 돌아보세요(Look after yourself, Look after your mental health)'라는 슬로건으로 시청자들의 정신건강에 대한 인식 제고 및 전문가에 대한 도움 요청을 독려하는 메시지가 제공되었다. 젊은층을 대상으로 한 라디오 캠페인도 병행되었다. 옥외 광고 또한 실행되었는데 버스 정류장을 비롯한 도심권 지역에 광고 포스터가 부착되었다. 뿐만 아니라 아일랜드 정부(NOSP)는 'Your Mental Health' 캠페인과

96 Health Service Executive (2007)

97 Health Service Executive (HSE) (2008). Look after yourself, look after your mental health: Information booklet for older people. Retrieved from: https://www.lenus.ie/handle/10147/ 304902

슬로건을 영화관 광고를 통해서도 제공했으며, 전국 단위뿐 아니라 지역 단위로도 캠페인 활동을 했다. 노년층들을 위해서도 정신건강에 관한 정보들을 담은 소책자를 별도로 발간하여 배포했다.

일반인 대상 홈페이지와 페이스북 등 소셜 미디어 운영

홈페이지(www.yourmentalhealth.ie)[98]를 통해 정신건강에 대한 심도깊은 정보를 제공함으로써 좋은 반응을 이끌어냈다. 캠페인 시작 후 첫 3주 기간안에 4,500명의 방문자 수를 기록했다(Health Service Executive, 2007). 또한 페이스북[99] 등 소셜 미디어를 통해 정신건강에 관한 유용한 정보 제공, 흥미로운 정신건강 관련 이야기 등을 시각적 이미지와 함께 전달하여 호응을 얻었다. 캠페인 시작 당시 젊은 층들을 타깃으로 별도 소셜 네트워킹 웹사이트[100]를 개설하여 정신건강에 대한 다양한 이슈들을 이야기할 수 있도록 하고, 정신건강 관련 지원 서비스에 대한 기회를 제공하기도 했다(그림 12.45). 이 웹페이지에서는 젊은

그림 12.45 일반인 대상 홈페이지[101] 및 페이스북 정보[102]

98 https://www.yourmentalhealth.ie
99 https://www.facebook.com/hseyourmentalhealth
100 https://www.bebo.com/yourmentalhealth

층들과 관련된 다양한 정신건강 주제들을 다루었는데, 친구 스트레스, 알콜과 약물, 가족과 가정생활 등 세부 주제들이 포함되었다.

3) 캠페인 결과

아일랜드 정부(NOSP)가 발표한 2007년 보고서에 따르면, TV 캠페인 광고는 약 2.1백만 명의 시청자들에게 평균 5번 정도 도달이 되었으며, 라디오 캠페인 광고는 약 260만 명의 청취자들에게 최소 7번 정도 도달되었다(Health Service Executive, 2007). 특히 TV, 라디오, 옥외 광고는 높은 회상률 뿐 아니라 흥미성, 정보성, 신뢰성 측면에서 높은 점수를 나타냈다. 조사 응답자 1/2명 이상은 TV와 라디오 광고 모두 자살 예방 문제에 대한 인식 증가를 가져왔다고 응답했으며, 7/10명은 캠페인 광고가 정신건강에 대한 차별화된 생각을 할 수 있도록 했으며 태도와 행동 측면에서 영향을 미쳤다고 응답했다. 온라인 캠페인과 관련해서도 캠페인 시작 후 첫 3주간 홈페이지(www.yourmentalhealth.ie) 방문자가 4,500명을 넘는 등 큰 반응을 불러일으켰다. 특히 젊은 층을 대상으로 한 bebo 웹페이지는 캠페인 시작 후 첫 3주간 25,000명의 뷰 기록을 나타냈다(Health Service Executive, 2007).

101 https://www.yourmentalhealth.ie

102 https://www.facebook.com/hseyourmentalhealth

18. 영국 <Time to Change>

정신건강과 관련된 낙인 감소 캠페인 <Time to Change>은 2009년도부터 2014년도까지 매스 미디어와 소셜 미디어, 그리고 사회적 이벤트 등을 통해 진행되었다(Sampogna et al., 2017). 20대 중반부터 40대 중반 연령층을 타깃 집단으로 했으며 수입 기준으로 중류층 집단을 대상으로 했다. 기존 캠페인들이 정신건강과 자살 예방에 대한 전반적인 인식 개선과 자살률 감소에 초점을 두었다면, 영국의 <Time to Change> 캠페인은 특히 정신건강 문제에 대한 낙인과 편견에 초점을 맞추고, 이에 대한 태도 변화에 초점을 두었다는 데 차별점이 있다(그림 12.46).

time to change

let's end mental health discrimination

그림 12.46 캠페인 로고와 슬로건[103]

103 https://www.time-to-change.org.uk/mrgl

1) 사회적 배경과 목적

영국의 자살률은 2017년 인구 10만 명당 자살수 10.1명으로 1981년도 14.7명이었던 데 비해 감소하는 추세라고 보고된다(ONS, 2019). <Time to Change> 캠페인의 궁극적인 목적은 영국 국민들의 정신건강 문제에 대한 사회적 낙인과 차별을 감소시키고 사람들의 태도를 변화시키는 데 있었다(Time to Change, 2018). 이를 위해 일반인과 유명인의 정신건강 문제와 관련된 개인 경험 이야기와 정신건강 관련 정보들을 소셜 미디어와 매스 미디어를 통합적으로 잘 활용하여 전달했다.

2) 캠페인 전략 및 특징

소셜 미디어를 활용한 대국민 소셜 마케팅 캠페인

프로그램의 초점을 "사람(individual)"에 두고, 사람들의 의견(opinion) 공유와 적극적인 참여를 위해 소셜 미디어를 적극적으로 활용했다(Sampogna et al., 2017). 소셜 미디어를 통해 정신건강 문제와 관련된 개인 경험담을 공유하고 정신 장애를 가진 사람들에 대한 의견을 긍정적으로 변화할 수 있도록 했다. 먼저 홈페이지[104]를 통해 개인의 정신건강과 낙인 감소에 관한 경험담을 공유하도록 함으로써 큰 호응을 이끌었다. 또한 트위터[105] 계정을 통해 개인의 정신건강과 낙인 감소에 관한 이야기나 흥미로운 정신건강 관련 정보 등을 게시하고 팔로워들에게 공유하도록 함으로서 젊은 층의 폭넓은 캠페인 참여를 유도했다(그

104 https://www.time-to-change.org.uk
105 https://twitter.com/TimetoChange

그림 12.47 홈페이지를 통한 개인 스토리 공유[106] 및 트위터 멘션[107]

림 12.47). 페이스북에도 트위터와 마찬가지로 개인의 정신건강 이야기 및 흥미로운 정보들을 업로드함으로써 최근까지도 43만 명 이상의 팬들이 이 페이지를 팔로우하고 있다.

TV, 신문, 라디오, 영화, 옥외 광고 등 매스 미디어의 폭넓은 활용

온라인상에서의 정신건강과 낙인에 관한 개인 스토리 공유는 신문, 방송 등 매스 미디어 캠페인 활동과도 연계되어 보다 폭넓게 전달되었다(그림 12.48). 일반 개인의 이야기뿐 아니라 유명인들의 정신건강과 낙인에 관한 개인 이야기도 방송과 신문 등 인터뷰, 포스터 등을 통해 공유되었다. 유명 권투선수 프랭크 브루노(Frank Bruno)도 정신건강과 낙인에 관한 개인 경험과 스토리를 인터뷰를 통해 공개했으며, 신문 기사, 방송 인터뷰, 포스터 등을 통해 진솔한 개인의 경험담이 그대로 전달되었다(그림 12.49). 유명인을 활용한 캠페인의 미디어 퍼블리시티는 일반인들의 캠페인에 대한 관심을 고취시켰고, 유명인들의 정신건강에 관한 솔직한 이야기는 많은 사람들의 공감을 불러일으켰다.

106 https://www.time-to-change.org.uk/blog/i-experience-schizoaffective-disorder-i-am-not-my-diagnosis

107 https://twitter.com/TimetoChange

그림 12.48 캠페인 관련 미디어 PR[108]

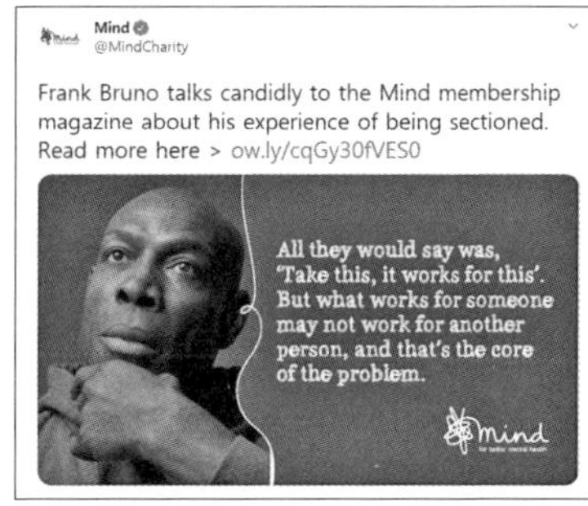

그림 12.49 유명 복서의 트윗[109]

3) 캠페인 결과

<Time to Change> 캠페인 효과 평가를 위해 정신건강 서비스 사용자와 전문가 등 총 10,526명을 대상으로 설문조사와 인터뷰를 실시했다. 조사 결과, 2010년도 7월부터 9월까지 50,000명 이상의 사람들이 <Time to Change> 소셜 미디어 채널을 사용했던 것으로 나타났다(Sampogna et al., 2017). 2014년도 9월부터 12월 동안에는 250,000명 이상으로 증가한 것으로 나타났다. 또한 캠페인 인지도와 관련하여, 캠페인 직후 38%의 인지도 증가율을 나타냈다. 2012년 1월과 2월 그리고 2013년 1월부터 2월 사이에는 인지도가 각각 81.7%와 60.7%까지 증가한 것으로 나타났다. 더불어 이러한 캠페인 인지도는 정신건강 문제에 대한 긍정적인 수용 및 지지 태도와 긍정적인 행동과 유의미한 관련성을 나타냈다.

108 http://www.time-to-change.org.uk/
109 https://twitter.com/mindcharity/status/920235551894265856

19. 스코틀랜드 <Choose Life>

2010년부터 2012년까지 스코틀랜드 전 국민과 30대 이상 고위험 집단을 대상으로 TV, 포스터 등을 매체로 정신건강 캠페인 <Choose Life>가 진행되었다(The Scottish Government, 2006). 자살 예방에 있어 당사자뿐 아니라 가족, 친구, 동료 등 주변인들의 역할과 중요성을 부각시키고, 이를 위해 광범위한 대국민 캠페인을 진행했다. 일반적인 정신건강 증진 캠페인보다 자살 예방에 더욱 직접적인 목표를 두고 자살(suicide)이라는 용어를 캠페인에서 직접 사용했다.

1) 사회적 배경과 목적

스코틀랜드는 2009년도 기준 자살수가 인구 10만 명당 14.3명으로 남성 21.7명, 여성 7.3명을 기록했다(Public Health Information for Scotland, 2009). 특히 남성의 자살률이 여성의 자살률보다 세 배나 높은 것으로 보고되었다. 이 당시 본국인 영국은 2009년도 기준 자살수가 인구 10만 명당 6.8명으로 남자 10.9명, 여자 2.9명으로 집계되었다(OECD, 2020). 영국 전체에 비해 스코틀랜드 지역의 자살률이 두 배 이상 높았다. 이러한 높은 자살률은 큰 사회적 문제가 되었는데, 2002년 당시 스코틀랜드는 국가 자살 예방 전략 및 액션 플랜(The National Strategy and Action Plan to Prevent Suicide in Scotland)을 수립한 바 있다(Scottish Executive, 2002). 이러한 국가적 전략 액션 플랜을 기반으로 정신건강 및 자살 예방 캠페인 <Choose Life>가 실시되었다.

2) 캠페인 전략 및 특징

가족, 친구와 동료의 역할을 부각

기존 자살 예방 및 정신건강 캠페인들이 당사자 본인에 초점을 맞추어왔던 데 비해서 <Choose Life>는 당사자뿐 아니라 가족, 친구와 동료 등에 대한 소구에 초점을 맞추었다. 2012년 캠페인에서는 'Read Between the Lines—If you can read between the lines, you can save a life'라는 슬로건으로 가족과 동료들이 자살 당사자와 관련된 행간의 의미를 읽음으로써 당사자의 자살 행동을 예방할 수 있음을 강조했다. 광고 포스터 이미지에도 가족, 친구와 동료들을 등장시킴으로써 자살 예방과 관련해 가정과 직장 생활 속에서 이들의 역할과 중요성을 부각시키고 공감을 이끌어냈다(그림 12.50).

그림 12.50 'Read Between the Lines'의 가족[110] 및 친구[111] 버전

그림 12.51 캠페인 슬로건을 보여주는 기념품 및 포스터[112]

포스터, 리플렛 광고와 TV 방송 등 오프라인 매스 미디어 캠페인 전략

스코틀랜드의 전 국민들을 대상으로 캠페인을 펼치기 위해서 TV 방송, 포스터와 리플렛, 신문과 잡지, 옥외 광고, 기념품 등을 활용했다(그림 12.51). 포스터와 리플렛을 통해서는 자살 예방과 관련해 가족, 친구와 동료들의 역할을 강조하는 시각적 이미지와 함께 정신건강 정보를 제시했다. 특히 몇몇 포스터 시리즈에서는 자살(Suicide)이라는 용어를 직접적으로 사용했다(송인한, 2012). 자살 'Suicide'라는 용어의 시각적 이미지 강조는 일반인들이 자살 예방과 정신건강 문제에 대해 보다 직관적으로 인지할 수 있도록 한 장치로 해석된다.

---

110 https://twitter.com/Edinburgh_CC/status/905367937242017793

111 https://twitter.com/P_H_S_Official/status/1003996595409416194

112 https://nlsportandhealth.wordpress.com

3) 캠페인 결과

<Choose Life> 캠페인은 가족, 친구와 동료들을 활용한 친근감 있는 이미지 포스터와 자살 suicide 용어의 시각적이고 직관적인 사용으로 긍정적인 효과를 나타냈다. 캠페인에 대한 평가를 위해 2010년 18세부터 44세 남성 800명을 대상으로 사전 사후 조사를 실시한 결과, 응답자의 93%가 이러한 정신건강 관련 캠페인의 중요성에 대한 인식을 나타냈으며, 자살 예방 기관 인지도 제고와 타인에 대한 도움 요청 행동 증가가 함께 보고되었다(송인한 외, 2014; Scottish Executive, 2002).

이와 관련해 스코틀랜드의 지역 중 하나인 노스 래너크셔 지역에서 진행된 'Choose Life Public Awareness Raising Programme in North Lanarkshire' 캠페인과 관련해 2011년 521명을 대상으로 별도의 효과성 평가 조사가 진행되었다(Robinson, Robertson, & Braybrook, 2012). 이 조사에서는 캠페인이 지역 커뮤니티에 도달된 정도, 캠페인에 대한 인지도, 정신건강 관련 태도와 행동에 미친 영향 등이 포함되었다. 조사 결과 응답자의 39%가 캠페인에 대한 인지도와 자살 예방 정보에 대한 인식이 증가되었다고 응답했으며, 여성보다 특히 남성에서 이러한 응답이 높게 나타난 것으로 보고되었다.

20. 캐나다 <Opening Minds>

캐나다는 청소년 등 젊은 세대들의 정신건강과 낙인 감소에 관한 문제를 해결하기 위해 캐나다 정신건강위원회(The Mental Health

Commission of Canada, MHCC)[113] 주도하에 2009년 청소년들을 대상으로 <Opening Minds> 캠페인을 실시했다. 이 캠페인은 캐나다에서 젊은 세대들이 다른 집단보다 낙인의 영향에 대한 인식이 높다는 점에 착안했다(Stuart, Patten, Koller, Modgill, & Liinamaa, 2014). 정신건강과 관련된 낙인과 차별 감소 문제를 해결하기 위해 지속적으로 전개되었으며, 2014년 이후에는 학교, 정부, 관련 파트너 기관들과 협력하여 보다 확장된 전국적 대화 캠페인으로 지속되었다.

1) 사회적 배경과 목적

캐나다의 자살률은 2009년 기준 인구 10만 명당 11명으로 남성이 여성에 비해 세 배 높은 자살률을 기록했다(OECD, 2020). 캐나다인들의 정신건강 및 우울증과 관련된 낙인 인식 역시 높은 것으로 보고되었는데, 2010년 5월부터 6월까지 캐나다인 10,389명을 대상으로 진행된 낙인 인식에 관한 연구 결과에 따르면, 응답자의 절반 이상이 우울증을 가진 사람에 대한 낙인이 존재한다고 생각하는 것으로 나타났다(Stuart et al., 2014). 우울증을 가진 12세부터 15세 사이의 청소년에 대한 편견과 낙인 인식은 차별에 대한 경험과도 관련이 있는 것으로 나타났다(Stuart et al., 2014). 이러한 사회적 배경 하에 캐나다 정신건강위원회(MHCC)에 의해 주도된 <Opening Minds>는 캐나다 청소년들의 정신건강에 대한 낙인과 차별을 감소시키기 위한 목적으로 실시되었다.

---

113 https://www.mentalhealthcommission.ca/English

2) 캠페인 전략 및 특징

젊은 청소년층을 대상으로 한 학교 기반 캠페인

2009년부터 시작되어 캐나다 전 지역의 학교들을 중심으로 정신건강 문제를 경험한 적이 있는 훈련된 연사들이 청소년들에게 정신건강 문제와 관련된 개인적 경험에 대해 이야기함으로써 교육을 하고, 적극적인 토론 기회를 제공했다(그림 12.52). 학교를 중심으로 지역사회와 14세부터 18세 청소년들이 정신건강 낙인에 대처하는 지식과 기술 등을 교육받았으며, 학교를 기반으로 한 캠페인이었기 때문에 교사들의 지지가 필수적이었다. 학생들의 캠페인 참여에 대한 교사들의 가이드라인을 제시해주는 교사용 가이드북과 학생 워크북 활동 킷 등이 제공됨으로써 캐나다 전역의 여러 학교들이 캠페인 프로그램을 체계적이고도 일관되게 운영할 수 있도록 했다. 또한 학생들에게 정신건강 문제와 관련된 도움을 요청하기 위해서 어디로 가야 하는지 등 적극적인 도움 요청과 관련된 교육도 함께 이루어졌다.

그림 12.52 <Opening Minds> 캠페인 슬로건과 로고[114]

114 Mental Health Commission of Canada(2016).

직접 대면 교육 프로그램을 통한 이야기 공유

이 캠페인의 두드러진 특징은 실제 정신건강 문제 경험자들을 훈련시켜 희망과 정신건강 회복의 이야기를 공유하도록 하고, 이 과정을 대면 교육 프로그램으로서 학생과 교사들이 참여하도록 구성했다는 점이다(그림 12.53). 특히 정신건강 이야기를 공유하는 강연자들은 지역사회 내에서 삶의 경험을 함께한 사람들로서 정신건강 문제 및 낙인, 차별 경험 등과 관련해 더 깊은 공감과 지지를 이끌어낼 수 있었다(MHCC, 2019). 또한 이야기 공유와 토론 등 다양한 프로그램 활동들을 통해서 참가자들은 각자 가지고 있는 잠재적인 정신건강 문제 및 낙인에 대한 태도와 행동을 스스로 발견할 수 있도록 하는 기회를 경험할 수 있었다(MHCC, 2019).

그림 12.53 <Opening Minds> 공연 및 프로그램 활동 장면[115]

115 https://fondationlorenzetti.org/2018/12/14/headstrong-how-the-mental-health-commission-of-canada-initiative-supports-metis-youth/

3) 캠페인 결과

<Opening Minds> 캠페인은 2015년부터 2016년까지 약 800명의 학교들과 8,000명의 학생들이 참가한 것으로 집계되었다. 잠재적으로는 약 300,000명의 학생들이 학교 교육 프로그램을 통해 경험한 것으로 보고되고 있다(MHCC, 2016). 특히 정신건강에 대한 편견과 고정관념을 긍정적으로 변화시키는 데 기여한 것으로 나타났다(Koller et al., 2012). 2개 지역 952명의 고등학생들을 대상으로 한 조사 결과에 의하면, '정신건강에 문제를 가진 사람들은 일하기에는 너무 무능하다'라는 질문에 49.4%가 캠페인 이전보다 낙인이 감소된 응답을 했다. 또한 '정신건강에 문제가 있는 사람들은 평균적인 사람들에 비해 좀 더 위험하다'라는 질문에는 46.2%의 응답자가 캠페인 이전보다 감소된 낙인을 보여주었다. '나는 정신건강에 문제가 있는 누군가를 피하고 싶다'라는 질문에 28%가 캠페인 이전보다 낙인이 감소된 응답을 했고, '나는 정신건강의 문제를 가진 사람들을 위한 프로그램에 자원봉사하고 싶다'라는 질문에서도 29.4%의 응답자가 캠페인 이전보다 긍정적인 응답을 했다. 전반적으로 캠페인 이전에 비해서 정신건강 문제와 관련된 낙인은 32.4%가 긍정적으로 변화되었으며, 22.1%가 인식이 개선되었다고 응답했다.

CHAPTER 13

한국형 자살 예방 헬스 커뮤니케이션을 위한 제언

1. 정신건강 증진을 위한 사회적 분위기 조성

정신건강 문제를 거리낌 없이 이야기하고 도움 받을 수 있는 사회 환경이 조성되어야 한다. 특히 코로나19로 변화된 낯선 일상 속에서 우리 스스로와 주변 사람들의 마음이 잘 챙겨지고 있는지 묻고, 이야기 나누고, 주저 없이 도움 받을 수 있어야 한다. 지금까지 국내 자살 예방정책은 자살 시도자 및 고위험군에 치우쳐왔다. 호주, 핀란드 등 선진 국가들이 높은 자살률을 큰 폭으로 줄일 수 있었던 이유 중 하나는 전체 국민을 대상으로 한 포괄적 접근이다. 자살 위험 신호에 대한 주변의 관심과 적극적인 개입을 통해, 국민 모두 게이트키퍼로서 역할할 수 있어야 한다. 이를 위해 자살을 우리 모두의 문제로 자리매김할 수 있는 사회적 환경 마련이 필요하다.

무엇보다 정신건강 서비스 접근성과 이용률을 높일 수 있는 사회적 분위기 조성이 시급하다. 일반인을 대상으로 자신과 타인의 정신건강 상태를 편견 없이 이야기하고, 이해할 수 있도록 독려해야 한다. 2016년부터 시작된 중앙자살예방센터의 "괜찮니?" 캠페인은 주변인에 대한 관심을 촉구하며 대화를 유도한다. 2020년 5월 현재까지 지속 중이며, 우체통 캠페인[1]은 약 150회 정도 진행되었고 온라인 엽서보내기[2]에는 1,208명이 참여했다. 특히 자살률이 높은 젊은 층을 타깃으로 한 자살 예방 웹툰 <괜찮니? 얘들아>[3]는 평균 주간 조회수 약 230만을 기록하며 관심을 받았다(중앙자살예방센터, 2020b). 이는 2009년 호주에서 시작된 <R U OK?> 캠페인과 유사한 접근으로, 우울증과 같은 정신질환에 대한 일반인의 관심과 참여를 높이고자 하는 전략들이다.

정신질환에 대한 낙인과 정신건강 서비스에 대한 부정적 태도를 개선하기 위한 노력은 많은 해외 캠페인에서 중요하게 다루어져왔다. 스코틀랜드의 <See Me> 캠페인은 실제로 정신건강 문제를 경험했던 사람들이 자신의 경험을 공유하고 관련 논의를 주도할 수 있도록 소규모 단위의 커뮤니티를 기반으로 변화를 유도했다. 영국의 <Time to Change> 캠페인은 소셜 미디어를 통해 다양한 경험 및 이야기를 공유

---

1 "괜찮니?" 캠페인의 우체통 캠페인은 면대면 커뮤니케이션을 촉진하여 엽서를 매개체로 안부 묻기를 활성화하고자 하는 캠페인으로 2015년부터 2020년 현재까지 주로 대학교 캠퍼스에서 진행되어 3,000여 명이 참여했다. 캠페인 현장에서 제공되는 엽서에 안부를 묻는 글을 작성한 후 학과별 우체통에 넣거나(캠퍼스에서 진행되는 경우) 엽서의 주인공에게 직접 전달하는 방식으로 진행된다.(http://howau.co.kr/#Episode_3)

2 "괜찮니?" 캠페인의 온라인 엽서 보내기 캠페인은 캠페인 웹사이트에서 제공하는 엽서 배경화면들을 이용하여 엽서를 직접 쓰고, 이것을 SNS나 문자메시지, 메일 등을 통해 상대방에게 공유할 수 있는 활동이다. (http://howau.co.kr/#Episode_1)

3 https://comic.naver.com/webtoon/list.nhn?titleId=714880&weekday=tue

하도록 했고, 캐나다의 <Opening Mind>의 경우 젊은 세대에 초점을 두고 캐나다 전 지역의 학교에 정신건강 문제를 경험한 연사들이 방문하여 경험을 공유하며 정신질환에 대한 논의를 활성화했다.

대부분의 해외 캠페인이 지역사회나 학교 등 개인이 속해 있는 환경을 기반으로 지속적으로 낙인 감소를 위한 캠페인을 진행하며 실질적 행동 변화를 유도했다는 것이 공통점이다. 낙인 감소 캠페인이 일회성으로 이루어진 것이 아니라, 몇 년에 걸쳐 지속되었으며 이에 대한 실제 행동과 인식의 변화가 실증적으로 평가되어 그 성과를 입증하고 있다. 캐나다의 <Opening Minds>의 경우 캠페인을 실시했던 학교에서 정신건강과 낙인 인식에 대한 조사를 한 결과, 약 32.4%가 긍정적인 방향으로 변화했으며, 22.1%가 인식이 개선되었다고 응답했다(Koller et al., 2012). 또한 정신질환을 뇌의 문제라고 설명하여 호응을 얻은 호주의 <It's not you, it's your brain> 캠페인은 청소년들이 정신건강에 대한 전문적인 도움을 요청하는 행동들이 캠페인 전에는 29%, 캠페인 후에는 43%로 증가하는 성과를 보여준다.[4] 국내에서도 지속적인 캠페인 실시와 함께 그 성과에 대한 평가와 이를 통한 개선이 이뤄져야 하겠다.

2. 한국 문화에 대한 체계적 이해와 전략

한국형 낙인 감소 전략 마련을 위해서는 우리 사회의 문화적 특징과

4 https://www.effies.com.au/attachments/youthbeyondblue-entry-219-j-not-for-profitncau.pdf

소통방식에 대한 깊은 관심과 분석이 이루어져야 한다. 낙인은 사회문화적 맥락을 바탕으로 '우리'와는 다른 '그들'을 구분하고, '그들'에 대한 지위 상실 및 차별을 모두 포괄하는 개념이다(Link & Phelan, 2001). 조긍호(1997)는 한국인의 정서적 특징에 대하여 타인을 일차적인 참조 대상으로 하는 타인 중심적 정서가 강하고, 대인관계의 조화를 깨뜨릴 가능성이 있는 경우 정서 표출을 억제하는 경향이 강하며, 부정적 감정을 수용하는 경향이 강하다고 설명한다. 이와 같은 체면, 눈치와 같은 문화적 개념이 정신질환에 대한 증상 인지와 표현에 미치는 영향력을 파악하고 구체적 전략 개발로 연결되어야 한다.

지금까지 체면, 눈치와 같은 사회 문화적 변인은 조직 구성원 간의 관계, 일상 속 소통 방식, 위기 관리 커뮤니케이션 영역에서 제한적으로 연구 및 활용되어져 왔다. 조직 내의 문화적 변인이 조직 내 구성원 간의 관계성에 미치는 효과(문비치 · 이유나, 2008; 이공희 · 박주영, 2012), 대인 간의 커뮤니케이션이 문화적 변인에 받는 영향(유민봉 · 심형인, 2011; 정현숙, 2002; 차희원 · 임유진, 2014), 위기 관리에 미치는 효과(김영욱 외, 2014;장기선 · 김영욱, 2013) 연구 등에서 체면과 눈치는 한국 문화의 특성을 드러내는 유의미한 변인으로 입증되어왔다.

아직까지 자살 예방 등 헬스 커뮤니케이션 영역에서 문화 변인의 활용은 활발히 이루어지지 않았다(안순태 · 이하나, 2017b). 정신건강 증진을 위해 체면, 눈치, 자기 통제와 같은 문화적 요인들이 장애물로 작동하고 있는 과정과 이에 대한 해결책 마련이 필요하다. 문화 요인의 활용은 해외 캠페인에서 빈번히 나타난다. 예를 들어 남성성에 대한 문화적 요인이 정신질환 치료의 장애물임을 고려하여 중년 남성을 대상으로 많은 해외 캠페인이 진행되었다. 미국의 <Men Therapy> 캠페인은 문제를 직면하고 도움을 요청하는 것이 남자다운 것이라는 남성성에 대한 재해석을 통해 정신질환에 대한 인식을 개선했고, 호주에서는 호주 버전의 <Men Therapy> 캠페인으로 확장되기도 했다. 또 영국의 #Man Dictionary 캠페인은 기존의 남성성을 표현하는 단어들을 변형하여 정신질환에 대한 도움을 새롭게 정의하는 방식으로 좋은 반응을 이끌어냈다. 한국인의 자살 관련 인식과 태도가 시의적 도움 추구와 증상 표현의 장애물로서 어떻게 영향을 미치는지, 이를 제거할 수 있는 소통 전략은 무엇인지에 대한 깊은 고민이 필요하다. 문화 요인에 대한 이해를 바탕으로 이를 적극적으로 활용한 캠페인 전략이 유용할 것이다.

3. 헬스 커뮤니케이션 관점의 접근

헬스 커뮤니케이션 지식과 이론에 근거한 전략 개발이 체계적으로 이루어져야 한다. 독일 <Awesome Make Me Sick> 캠페인은 미디어 심리학 및 우울증 관련 전문가와의 협업을 통해 캠페인의 타깃인 사용자를 심리학적으로 분석해 자체적으로 페이스북용 클러스터링 알고리즘을 개발했다. 실제 우울증을 겪고 있거나, 겪을 위험성이 높은 고위험군에게 캠페인이 노출될 수 있도록 사진이나 영상의 해시태그, 그리고 포스팅 글에서의 우울증 관련 단어 등을 범주화시켜 효과적으로 타깃에게 접근했다. 영국의 <Lo-Fi beats Suicide> 캠페인에서는 자살 예방 비영리단체 소속의 미디어 전문가들과 함께 위험을 최소화시킬 수 있는 내러티브를 개발했다. 자살을 시도하는 캐릭터를 보여주는 것이 오히려 자살을 조장할 수 있기 때문에 자살 예방 단체 소속 전문가들과의 긴밀한 협업을 통해 여러 차례의 수정을 거쳐 내러티브를 구성하고 좋은 성과로 이어졌다.

호주의 <It’s not you, it’s your brain>은 이론적 근거에 바탕을 둔 캠페인의 유용성과 실질적 효과를 잘 보여준다. 귀인 이론(attribution theory) 관점에서 정신건강 문제에 접근하여 이론적, 실무적 완성도를 높인 좋은 예이다. 정신건강의 원인을 개인의 책임이나 잘못이 아니라 뇌의 책임으로 돌림으로써 정신건강 관련 낙인을 낮추고자 했다. 뇌퀴즈를 통해 정신질환의 원인과 치료에 대한 이해를 도모했고, 퀴즈 참여자들 중 도움이 필요한 사람에게 시의적이고 적절한 실질적 도움도 제공하여 큰 성과를 얻었다.

귀인 이론에 근거해 낙인 감소를 유도하고 정신건강 서비스에 대한 접근성을 높이는 전략은 미국의 항우울제 처방약 광고에서도 발견된다. 우울증과 같이 낙인화된 질병에 대한 미국의 DTC(Direct-to-Customer) 광고를 분석한 결과(An & Kang, 2011), DTC 광고에서는 재범주화, 즉 질병에 걸린 사람이 ‘우리’ 중의 한 명이라는 점을 강조하는 전략이 많이 사용되었다. “당신은 혼자가 아닙니다(You are not alone)”(Paxil 항우울제 광고), “당신 주변의 사람들도 이 약의 도움을 받을 수 있습니다(Chances are someone you know is feeling better again because of it)”(Prozac 항우울제 광고) 등이 그 예이다.

미국의 경우 항우울제 복용의 증가로 인한 문제점(Spence, 2016)과 항우울제 광고로 인한 약 소비 증가가 논란이 되기는 했지만(Ventola, 2011; Wolfe, 2002), 위와 같은 캠페인 전략이 낙인 감소를 유도하고 우울증 치료에 도움을 주는 점에는 많은 전문가들이 의견을 같이한다(Bell et al., 2010; Holmer, 2002; Ventola, 2011). 국내에서도 항우울제 복용 및 정신과 상담에 대한 부정적 인식과 태도를 바로잡기 위해 위와 같은 전략 활용이 유용할 것으로 생각된다. 정신질환에 대한 한국인의 인식과 태도에 대한 연구가 필요한 이유이기도 하다.

4. 실질적인 도움 체계와 캠페인의 연동

일반인 대상의 낙인 감소 캠페인도 절실하지만, 가장 기본적으로 대화하는 법을 알려주는 캠페인도 필요하다. 예를 들어, 캐나다의 <Bell Let's Talk> 캠페인은 대화 가이드북을 제공하여 상대에게 필요한 도움을 제안하기 위한 단계별 대화법을 제시하고 있다. 일상 대화에서 사용되는 정신질환에 대한 편견과 낙인을 포함한 단어의 사용 줄이기, 정신질환에 대한 정확한 사실에 기반하여 말하기, 상대방의 안부를 묻는 것부터 대화 시작하기 등을 구체적으로 권하고 있다. 구체적 방법을 단계적으로 제시하고 있는 캐나다 사례는 체면과 눈치로 인해 어떻게 대화를 시작해야 할지 모르는 한국인에게 그 유용성이 클 것으로 보인다.

캠페인을 통해 실질적 상담 서비스나 구체적인 행동 변화로 연결시키는 것도 필요하다. 영국의 CALM(Campaign Against Living Miserably)은 실제로 24시간 전화 상담 서비스나 웹캠 상담 등을 제공하여 좋은 성과를 얻었다. 미국의 <Man Therapy> 캠페인에서는 가상의 인물인 '남자다운 테라피스트'를 등장시킴으로써 Head Inspection이라는 익명 자가진단 테스트에 부담 없이 접근할 수 있도록 유도했다. 자가진단 후 심각한 정신건강 상태로 분류되는 경우, 도움을 받을 수 있는 연락처를 제공하거나 국가 자살 예방 시스템으로 연결되도록 설정하여 그 실효성을 높였다.

단순히 메시지를 전달하는 데 그치지 않고 실질적 상담 서비스와 행동 변화로 연결되는 좋은 예는 영국과 인도의 경우에서도 드러난다. 영국의 <Lo-Fi beats suicide> 캠페인은 대학생들의 시험 기간 중에 음악 스트리밍 채널을 활용하여 정신건강 관련 기사를 바로 볼 수 있게 하고, 직접 전문가들에게 실시간 상담을 받을 수 있도록 연결해주었다.

인도의 <#Give Subtitles to Suicide> 캠페인에서는 자막 기능을 활용한 극적인 영상 끝에 게이트키퍼 프로그램을 신청할 수 있는 웹사이트를 제공했다. 영상을 통해 젊은 층의 자살 문제에 대한 심각성을 인식시킨 후, 바로 자살 예방에 동참할 수 있도록 게이트키퍼 교육 신청을 유도했다.

국내에서 자살과 정신질환에 대해 이야기할 수 있는 분위기 조성이 절실함은 꾸준히 지적되어왔고, <괜찮니?> 캠페인의 경우 "괜찮니?"라는 친근한 인사말을 활용하여 자연스럽게 정신질환에 대해 이야기하도록 독려해왔다. "괜찮니?"라는 인사말에 더하여 어떠한 대화법이 필요한지 좀 더 상세히 단어 사용과 대화 방식에 대한 정보가 주어진다면 좀 더 실효성 있는 결과로 이어질 수 있을 것이다. 무엇보다 이러한 접근법이 구체적 목표와 실질적 도움 체계와 연동되어 진행될 때 효율성과 효과가 증대될 수 있을 것이다.

5. 집단별로 특화된 맞춤형 캠페인과 정책

자살률이 증가세에 있거나 높은 집단에 특화된 캠페인이 많아져야 한다. 핀란드의 경우 자살 취약군인 15-29세 남성을 대상으로 <Time Out! Back on the track>이라는 캠페인을 실시하여 목표 타깃인 15-29세 남성 중 60% 이상에게 도달되는 결과를 얻었다(Patana, 2014). 미국 <Real Men, Real Depression>은 중년 남성 우울증에 대한 인식이 부족하고 도움을 구하는 비율이 낮다는 점에 착안하여 실제 우울증을 겪은 다양한 인종과 직업, 연령대의 남성들이 우울증에 대한 경험을 이야기하는 방식으로 전개되었다. 영국의 <Campaign Against

Living Miserably>에서 실시한 <Project 84>는 매주 자살하는 영국 남성의 숫자와 동일한 84명의 조각을 옥외에 설치하여 그 심각성을 알리고, 웹사이트에 이들의 실명과 이야기를 전달하며 큰 호응을 얻었다.

특화된 캠페인이나 프로그램을 제시할 경우 목표 공중의 눈높이에 맞는 전략과 미디어 활용이 필수적이다. 호주의 <It's not you, it's your brain> 캠페인은 개인이 통제할 수 없는 뇌가 느끼는 불안과 우울을 표현하기 위하여 자기 마음대로 하려는 짓궂은 성격의 뇌 캐릭터를 만들어 캠페인에 활용했다. 뇌를 제멋대로인 귀여운 캐릭터로 표현하여 청소년에게 소구했고, 뇌가 본인 자신과는 별도로 우울과 불안에 대한 징후를 만들고 있다고 강조하여 이러한 증상이 개인의 잘못이 아님을 강조하고 개인에 대한 낙인을 낮추도록 했다. 호주의 <Zero2hero> 캠페인이 실시한 Zero2hero Day는 학생들이 원더우먼이나 배트맨 등 자신이 좋아하는 영웅의 옷차림으로 학교에 등교하여 정신건강에 대해 이야기하도록 유도했다. 스스로의 정신건강 문제를 씩씩하게 대처하고 극복하는 것뿐만 아니라, 따돌림을 당하거나 어려움을 겪는 친구들을 위해서 맞서는 영웅이 될 수 있다는 내용으로 청소년들에게 성공적으로 다가갔다. 영국의 <Lo-Fi beats suicide>는 대학생들이 공부할 때 즐겨 듣는 것으로 인기를 끌고 있는 실시간 음악 스트리밍 채널을 활용하여 자살 예방 상담 서비스 이용률을 효과적으로 높였다.

전 세계적으로 증가세에 있는 중년 남성 자살률은 우리 사회에서도 집중적으로 다루어져야 한다. 높은 청소년, 노인 자살률도 집단 특성에 맞는 미디어 선택과 캠페인 전략으로 특화되어야 한다. 모두를 위한 캠페인은 어느 누구에게도 효과적이지 못할 수 있기 때문이다. 집단 특성에 따라 우울증 등 정신질환을 유발하는 선행 요인이 상이하고, 치료와 도움 추구를 주저하게 만드는 장애요인이 다를 수밖에 없다. 집단별로 특화된 맞춤형 캠페인에 대한 고민과 집중적 지원이 요청된다.

6. 디지털 미디어 환경의 적극적 활용

디지털 미디어 환경을 적극 활용해야 한다. 차별화된 미디어 전략으로 목표 공중의 관심을 끌어 행동변화를 효과적으로 유도할 수 있기 때문이다. 인도의 <#Give Subtitles to Suicide> 캠페인은 유튜브의 자막 기능을 이용하여 자살징후를 효과적으로 알아내는 방법을 흥미롭게 표현했다. 자막이 없을 때는 몰랐던 자살 시도를 한 친구의 속마음을 자막을 통해서 알게 되는 형식으로 이야기를 전개했다. 자살의 심각성에 대한 이해를 극적인 방법으로 전달하고 영상 마지막에는 게이트키퍼 프로그램 신청을 연결시켜 자살 예방에 적극 동참할 수 있도록 유도했다.

독일의 <Awesome Make Me Sick> 캠페인 역시 페이스북 360도 기술을 이용하여 독창적이면서 설득력 있게 접근했다. 소셜 미디어의 주 사용자인 젊은 층이 소셜 미디어를 통해 빈번히 보여지는 타인의 멋진 삶에 상대적 박탈감과 우울감을 느낀다는 점에 착안하여 이를 역이용했다. 완벽해 보이는 타인의 행복한 모습이 페이스북 360도 기술을 이용해 살펴보았을 때 단면적인 일부라는 것을 깨닫게 하는 데 목표를 두었다. 타인을 의식하고 비교하며 눈치를 보는 것이 유난히 강한 우리 문화에서 그 활용성이 엿보이는 미디어 전략이다.

소셜 미디어의 적극적 활용은 필수적이다. 페이스북에서는 2018년부터 알고리듬을 이용하여 페이스북 사용자가 올린 게시물을 분석, 자살위험 사용자를 찾아내도록 한다. 예를 들면 'kill', 'die', 'goodbye'와 같이 자살 의도를 나타내는 단어 및 문장들을 찾아내고, 상황이 심각한 경우 실질적 도움을 줄 수 있는 기관으로 연결해준다(Card, 2018). 인스타그램의 경우 2019년부터 자살과 자해 등 이용자에게 잠재적으로 해를 끼칠 수 있는 게시물을 금지하고, 이를 위해 자해 관련 이미지를 흐릿하게 표시하는 "sensitivity screen" 등 다양한 방법의 사용을 고려 중이라고 밝혔다(Jacobs, 2019).

국내에서도 온라인 자살 정보에 대한 관리 노력이 나타나고 있다. 2018 '자살 예방 국가 행동계획'에서는 자살을 촉발시키는 위험 요인으로서 온라인상 자살 유해 정보 유통 금지 및 처벌을 위한 법적 근거 마련을 추진하고 자살유해정보 모니터링 및 대응을 강화하고 있다(보건복지부, 2018). 중앙자살예방센터에서는 자살 유발 정보 모니터링 및 집중 클리닝 활동을 통해 자살 유해 정보 매뉴얼을 제작하고, 자살 유발 정보 및 긴급 구조 대상자 대응 체계를 구축하며 관련 기관에 배포 및 홍보 등을 실시하고 있다. 다음과 네이트의 경우에는 검색창에 '자살'을 입력하면 자살 예방 상담전화, 청소년 전화, 정신건강 상담전화, 한국생명의전화, 한국자살예방협회, 중앙자살예방센터 등의 전화번호가 검색창 상단에 제공된다.

국내 온라인 자살 정보의 관리와 위기 사항 모니터링과 더불어, 디지털 미디어 환경을 적극적이고 창의적으로 활용한 캠페인 전략 개발을 기대해본다. 디지털 미디어 이용이 일상화된 한국 상황에서 타깃 설정과 전달력이 용이하며, 극적이고 흥미로운 전개 방식으로 설득력을 높일 수 있기 때문이다. 무엇보다 소셜 미디어 접근성이 높은 국내 미디어 환경을 적극 활용하여 공유와 확산이 극대화될 수 있을 것이다.

7. 자살 예방을 위한 자살 보도과 미디어 콘텐츠 관리

자살 예방을 적극적으로 도모할 수 있는 자살 보도가 되어야 한다. 현행 자살 보도 권고 기준 3.0은 해야 할 것들보다 하지 말아야 할 것들에 치중되어 있다. 자살 보도의 역기능을 막는 데 치중되어 자살 예방을 위한 적극적 정보에 대한 권고가 미흡하다. 현행 5가지 항목 중에서 "자살로 발생하는 부정적인 결과와 자살 예방 정보를 제공합니다"만이 자살 예방을 위한 정보에 대해 언급하고 있다. "자살로 발생하는 부정적 결과"를 알려야 한다는 점은 자살 예방과 관련이 있으나 취약성에 대한 균형적 정보 제공 없이 부정적 결과인 심각성만 강조할 경우 오히려 자살 낙인을 유도하여 자살 예방을 저해할 수도 있다는 우려를 자아낸다. 자살로 인한 부정적 결과의 강조로 자살자를 탓하게 만드는 사회적 분위기를 조장하게 될 위험이 있기 때문이다. 무엇보다 "자살 예방 정보"에 대한 구체적인 방향성과 내용이 부족하다.

자살보도의 역기능을 최소화하기 위해 방어적 기조에 치중되어 있는 현행 자살 보도 권고 기준은 보강이 필요하다. 미국, 호주, 핀란드 등 해외 자살 보도 권고 기준은 좀 더 상세하게 예방 정보 제시 방식과 내용을 제안하고 있다. 구체적으로 "지양해야 할 것"과 "지향해야 할 것"을 동시에 제시하면서, 자살 행동이 정신질환과 연관이 있다는 것을 알리라고 권고하며 자살 행동을 막기 위한 치료법과 도움을 받을 수 있는 정보 제시를 권고한다. 뉴질랜드 자살 보도 권고 기준의 경우 "해야 할 것," "하지 말아야 할 것"에 덧붙여 "고려할 것"이라는 항목이 있고, 이를 자살 및 자해, 자살 유가족에 대한 접근, 소셜 네트워크의 이용, 문화적 태도의 관점에서 나누어 구체적으로 설명하고 있다.

자살 예방을 위해 다양한 미디어 콘텐츠를 총괄해서 관리하는 기관의 설립도 고려해야 한다. 독자적인 기관의 운영은 자살 예방 정보의 모니터링뿐만 아니라 관련 실무자 교육 차원에서도 중요하다. 호주의 마인드프레임의 경우 미디어 종사자들, 정신질환 및 자살 관련 분야 전문가에게 교육을 제공한다. 언론 보도의 역기능과 순기능을 설명하며, 더 나아가 자살 보도의 좋은 사례, 나쁜 사례 등 구체적 가이드라인과 예시를 제공한다. 저널리즘과 커뮤니케이션 전공 대학생들을 대상으로 자살 보도 기준, 관련 정보, 배경 지식 등도 교육한다. 경찰 담당 부서에서는 자살 관련 사건 보도에 대해 대중매체와 효과적으로 소통할 수 있도록 경찰 관계자를 지원하기도 한다.

높은 자살률에도 불구하고 국내에는 자살 관련 미디어 콘텐츠를 관리하는 독립된 기관이 없다. 중앙자살예방센터에서 일부 기능을 수행하고 있을 뿐이다. 자살 사건이 발생할 때마다 심의 규정의 강화와 보도 규제에 치우친 논의는 언론이 자살 예방을 위해 할 수 있는 적극적 기능을 간과하게 만든다. 자살 보도의 문제점을 지적하는 데 치중하지 말고, 미디어 종사자가 적극적 참여자로서 자살 예방을 이끌 수 있는 교육과 지원을 통해, 자살 보도의 순기능이 발현될 수 있어야 한다.

8. 다층적, 통합적인 자살 예방 전략

전체적으로 다층적인 자살 예방 소통 전략이 검토되어야 한다. 사람들의 육체적/정신적 건강은 개인과 조직 그리고 사회 구조의 복합적인 상호 작용의 결과물이다. 효과적인 자살 예방 전략을 구축하기 위해서는 개인과 사회 그리고 이를 둘러싼 환경의 상호 작용을 모두 고려한 다층적, 통합적인 관점이 요구된다. 개인, 대인, 집단 수준에서 동기화를

시키고 참여를 유도하는 소통 전략 탐색이 필요하다. 다시 말해 개인 수준에서의 지식, 태도 변화가 필요하고, 사회적 관계망을 활용한 대인 수준의 소통 전략이 개발되어야 하며, 마지막으로 집단 수준에서 집단 간 협조와 협업을 위한 소통 방안이 마련되어야 한다.

다층적인 접근의 효과성과 필요성은 해외 캠페인에서도 잘 드러난다. 스코틀랜드의 <See Me> 캠페인은 커뮤니티 단위의 사회운동과 학교 단위의 청소년 교육, 직장 환경 개선, 의료 서비스 종사자 대상 교육 등 각각 다른 계층 및 환경에서 이루어졌다. 예를 들어 학교에서는 청소년 개개인의 태도와 인식 변화를 위해 낙인 개선 프로그램을 진행했고, 직장 환경에서는 직장 내 문화, 관습, 정책 등을 변화시키고자 하는 조직 차원의 프로그램이 운영되었다. 캐나다의 <#308converstions>는 캐나다의 국회의원 308명을 참여시켜 다양한 이해관계자들의 관심과 협력을 촉진했다. 지역사회 시민 개개인에서 나아가 커뮤니티 리더, 종교단체, 사회복지단체 등 다양한 지역 단체의 모임을 활성화시키면서 국회의원의 주도하에 사회, 국가적 차원의 논의를 이끌어내었다.

자살 예방 캠페인과 정책은 지역사회와 유기적으로 연결되어 큰 틀에서 기획되고 실행되어야 한다. 예를 들어 노인을 대상으로 한 자살 예방 캠페인의 경우 노인 개개인의 관심과 참여를 도모할 수 있는 동기화 전략에서 시작하여, 보건소와 복지관, 노인정 등 노인 집단과 관련 단체들이 주체적인 역할을 할 수 있는 자살 예방 사업과 연동되어야 한다. 개인, 집단, 사회로 자연스럽게 확산되면서 문제에 대한 공론화가 이루어지고 국가적 대책 마련이 가능해진다. 목표 공중과 효과적으로 소통할 수 있도록 대인, 집단, 사회의 단계별로 접점을 찾아야 하며 이 과정에서 참여를 증진시키고 노출을 극대화시키는 전략이 필수적이다.

9. 자살 예방 캠페인 주체와 참여의 다각화

정신질환자나 우울증 환자를 캠페인의 대상으로만 볼 것이 아니라 적극적인 참여를 독려하고 능동적 역할을 강조해야 한다. 스코틀랜드의 <See Me> 캠페인에서는 실제로 정신건강 문제를 경험했던 사람들이 캠페인 교육 및 단체 활동을 주도하는 사회 운동가 겸 리더로 활약했다. 아일랜드의 <Make a Ripple - Tell Your Story> 캠페인에서도 정신건강 문제를 실제로 경험한 사람들이 리플메이커들(Ripple makers)로 역할을 하면서, 온라인상에서 공감과 확산을 불러일으켰다. 수면에 잔물결을 일으키며 퍼져나간다는 의미로 <Make a Ripple>이라는 슬로건을 제시하고 한 명 한 명의 참여자들을 리플메이커로 명명하며 능동적이고 주체적인 역할을 담당하게 했다.

캠페인 참여의 폭은 넓히고, 캠페인 주체는 다각화가 필요하다. 캐나다의 <Bell Let's Talk> 캠페인은 통신회사가 주도가 되어 정신질환을 이야기하는 방식과 내용에 대한 지침을 알리면서 정신질환에 대한 자유로운 소통의 중요성을 강조했다. 뉴질랜드 캠페인 <The Right to Grow>는 자선단체인 모벰버 재단이 단체의 로고인 콧수염을 활용하여 자살 예방에 대한 젊은이들의 관심을 고양시켰다. 뉴질랜드 학교에서 학생들의 콧수염이 금지되어 있다는 점에 착안하여 이 교칙을 한시적으로 바꾸자는 캠페인을 전개하여 남성 자살 문제에 대한 사회적 관심과 학생들의 참여를 유도했다.

캠페인 주체의 다각화를 위해 자살 예방을 위한 민간단체가 좀 더 많이 필요하다. 국내의 경우 중앙자살예방센터를 제외한 자살 예방 캠페인은 거의 없다고 볼 수 있다. 한국자살예방협회,[5] 한국 생명의전화,[6] 생명의친구들 자살 예방상담[7] 등의 기관이 자살 예방을 위해 노력하고 있으나 대국민 캠페인은 잘 이루어지지 않는다. 민간 차원에서는 삼성생명이 여러 해에 걸쳐 자살 예방 관련 사업을 실시하고 있으나, 대부분이 걷기 대회나 건강 박람회 등 일회성 행사에 집중되어왔다(보건복지부, 2012). 특히 '사람사랑 생명사랑 밤길걷기' 행사는 14년째 개최 중이지만 지속적이고 다각적인 캠페인으로 이어지지는 않았다(연합뉴스, 2019). 또 한국자살예방협회의 농약보관함 사업, 생명의 전화에서 운영하는 자살 예방 핫라인 등(중앙자살예방센터, 2020a)이 있었으나 큰 주목을 받지는 못했다.

반면 해외에서는 민간단체가 주축이 되어 활발한 자살 예방 캠페인이 이루어지는 경우가 많다. 호주의 경우 호주자살예방협회, 비욘드블루, 세인오스트레일리아 등에서 자살 예방 및 정신건강 서비스에 대한 접근 강화 및 자살에 대한 인식 개선에 힘쓰고 있다. 영국은 사마리탄스와 파피루스 등이 대표적인 자살 예방 민간단체로 활동하면서, 자살보도 권고 기준을 제시하고 상담 전화를 운영하거나 자살 예방을 위한 프로그램을 직접 개발하고 있다. 영국의 자선단체 캄(Campaign Against Living Miserably, CALM)은 <Project 84>와 같은 설득력 있고 독창적인 캠페인으로 남성 자살 문제의 심각성을 알리고 40만명 이상의 서명을 받아 영국에서 처음으로 자살 예방 장관이 임명되는 데 기여하기도 했다.

민간단체와 정부기관의 긴밀한 협력도 이루어져야 한다. 많은 해외 민간단체들은 정부기관의 예산을 편성받아 재원을 마련하고 있다. 예를 들어 영국의 사마리탄스나 호주의 호주자살예방협회는 정부기관의 예

5 http://suicideprevention.or.kr/

6 http://www.lifeline.or.kr/

7 http://www.counselling.or.kr/

산을 상당 부분 편성 받아 자살 예방 활동에 재원을 활용하고 있다. 호주의 국가 기관에 속하는 에브리마인드는 미디어 보도 및 커뮤니케이션 관련 프로그램인 마인드프레임을 통해 자살 관련 미디어 보도를 관리하고 모니터링하며 관련 분야 전문가 교육도 제공하고 있다. 정신건강 문제의 중요성에 대한 대국민 인식 변화를 통해 더 많은 민간단체들이 자살 예방의 주체가 되고, 정부와 민간단체의 지속적이고 긴밀한 협조를 이끌어내야 할 것이다.

10. 자살 예방을 위한 국가적 차원의 자원과 지원 증대

자살이 한국 사회가 당면한 중대 과제임에도 불구하고 아직도 이에 대한 국가적 지원과 자원은 미흡하다. 국내 자살 예방 사업의 중추적 역할을 하고 있는 중앙자살예방센터는 2012년 설립되었다. 보건복지부 산하 기관으로, 교육팀에서 자살 예방 생명지킴이 양성 교육 및 자살 예방 교육을 실시하며, 홍보팀에서는 자살 예방 캠페인과 관련 콘텐츠를 개발 및 보급하고 있다. 그 외 자살 예방 정책 추진을 위한 지자체 지원, 자살 보도 권고 기준 교육, 자살 시도자 사후 관리 및 관리 사업 등 다양한 사업을 담당하고 있다.[8] 그러나 2019년 중앙자살예방센터의 예산은 146억 원으로 교통사고나 산업 재해를 전담하는 한국교통안전공단, 한국산업안전보건공단 등의 20분의 1에 미치는 수준이다(문지웅 외, 2020). 2017년 기준 10-30대의 사망원인 1위가 자살이고, 40-50대 사망원인 2위가 자살(중앙자살예방센터, 2019)인 것을 고려하면 자살 예방

8 http://www.spckorea.or.kr/sub.php?menukey=20

을 위한 예산은 턱도 없이 부족해 보인다.

전반적으로 자살 예방에 투입되는 정부 예산은 2019년 기준 전체 보건 예산의 0.05%에 그친다. 이는 자살로 인한 사회적 지출이 매년 6조 5천억 원에 달하는 것에 비하면 미미한 수준이며, 해외의 다른 국가와 비교할 때도 매우 낮다(이에스더, 2019). 2018년 기준 한국의 자살 예방 관련 예산은 105억 원으로 책정되었고, 가까운 일본의 경우 2018년 자살 예방 예산은 7,633억 원으로 우리의 약 70배에 달하는 규모이다(신성식, 2017). 호주 정부는 2019-2020년 청소년 및 원주민 자살 예방 프로그램에만 4억 6,100만 호주 달러를 배정했다. 청소년과 원주민을 위한 자살 예방에만 한화 3,500억 원 이상을 책정한 호주 상황은 중앙자살예방센터를 통한 전체 예산이 200억 원이 안 되는 우리 상황과 큰 대조를 이룬다.

자살 예방은 우리 사회가 해결해야 할 시급한 문제임과 동시에 국민 정신건강 증진이라는 장기적인 목표 하에 많은 고민과 지원이 요청되는 국가적 과제이다. 급속한 경제 발전 속에서 낮은 행복감, 높은 우울감으로 표면화된 우리 정신건강의 현주소는 체계적 고찰과 지속적 지원을 통해서만 향상될 수 있기 때문이다. 정신건강 증진이라는 중대한 사회적 과제를 직시하고 개인, 지역사회, 국가 차원에서 다양한 이해관계자들의 다각적인 참여와 협업이 이루어져야 한다. 무엇보다도 이해관계자들의 능동적이고 주체적인 참여를 도모하기 위한 효과적인 소통 전략과 미디어 활용이 좀 더 활발히 이루어져야 하겠다.

참고문헌

강상경 (2010). "우울이 자살을 예측하는가?: 우울과 자살태도 관계의 성별 · 연령 차이". 『사회복지연구』, 41(2), 67-99.

강승미 · 안순태 (2019). "정신건강에 대한 위험인식과 모바일 앱 이용의도: e 헬스리터러시와 정신과 상담 태도의 영향력". 『정신건강과 사회복지』, 47(3), 35-61.

강아영 (2015.3.4). "클릭하면 화끈거리는 언론사 홈피". 『기자협회보』. (http://www.journalist.or.kr/news/article.html?no=35881)

강희양 · 양경화 (2013). "청소년의 자살생각에 대한 경로분석: 우울과 자기개념을 중심으로". 『상담학연구』, 14(1), 539-554.

건강보험심사평가원 (2015). 국민관심질병통계. (http://opendata.hira.or.kr/op/opc/olapMfrnIntrsIlnsInfo.do.)

고재홍 · 윤경란 (2007). "청소년의 스트레스와 자살생각". 『한국청소년연구』, 18(1), 185-212.

국가지표체계 (2019). 삶의 만족도. (http://www.index.go.kr/unify/idx-info.do?idxCd=4070&clasCd=7)

국립정신건강센터 (2019a). <정신건강현황 4차 예비조사 결과보고서>.

______ (2019b). <2019년 국민 정신건강지식 및 태도조사 결과보고서>. (http://www.ncmh.go.kr/kor/common/file_download.jsp?&filename=2019%B3%E2%20%B1%B9%B9%CE%20%C1%A4%BD%C5%B0%C

7%B0%AD%C1%F6%BD%C4%20%B9%D7%20%C5%C2%B5%B5%C1%B6%BB%E7_%B0%E1%B0%FA%BA%B8%B0%ED%BC%AD.pdf&file=/2020/01/20200120141454675040_1.pdf&board_id=SNMH_BOARD&seq= 8681&idx=2)

권종욱 · 차인현 (2002). “한국종업원의 개인-집단주의 구조분석과 조직성과”. 『국제통상연구』, 7(1), 1-23.

김가득 (2012). “자살로 자녀를 잃은 부모의 경험”. 『한국사회복지학』, 64(4), 5-29.

______ (2016). “유가족을 통해 바라본 남성노인의 자살 의미”. 『정신보건과사회사업』, 44(2), 86-112.

김기성 (2019.5.3). “뉴질랜드 세계 첫 ‘웰빙예산’ 도입…‘번영 측정 방식 바꿀 것’”, 『연합뉴스』. (https://www.yna.co.kr/view/AKR20190530148200009)

김령희 · 구혜경 · 안지원 (2020). “코로나19 사태로 본 미국, 일본, 프랑스의 원격진료”. 국회도서관.

김병수 · 윤대현 (2011). “‘자살전염’예방 언론이 첨병 역할 맡아야”. 『신문과방송』, 2011년 7월호, 22-26.

김성균 · 오수진 · 최미숙 · 홍성혁 · 이재창 (2018). “눈치와 대학생활 스트레스 및 적응 간 관계에서 자아존중감의 매개효과”. 『예술인문사회융합멀티미디어논문지』, 8(7), 649-658.

김승섭 (2017). 『아픔이 길이 되려면 - 정의로운 건강을 찾아 질병의 사회적 책임을 묻다』. 동아시아.

김영욱 · 성현정 · 장유진 (2014). “한국인의 위기 커뮤니케이션과 체면의 영향력 위기 유형, 위기 커뮤니케이션, 체면 민감성의 상호작용 중심”. 『홍보학 연구』, 18(3), 155-184.

김영욱 · 양정은 (2011). “체면, 소통 그리고 갈등해소”. 『한국언론학회 심포지움 및 세미나』, 315-345.

김은이 · 송민호 · 김용준 (2015). “신문의 자살보도가 자살 관련 인식에 미치는 영향”. 『한국언론학보』, 59(3), 94-122.

김은정 (2018). “독거노인의 고독감이 자살생각에 미치는 영향: 회복탄력성의 조절효과 검증”. 『사회과학연구』, 44(1), 171-197.

김이선·김민정·한건수 (2006). 『여성 결혼이민자의 문화적 갈등 경험과 소통 증진을 위한 정책과제』. 한국여성개발원.

김정은·서진환 (2015). “영화 속 정신장애인에 대한 사회적 표상 연구-한국 영화를 중심으로”. 『사회복지연구』, 46(2), 177-204.

김정진 (2009). “대학생의 자살생각 관련 요인 연구-자살시도경험, 정신건강, 심리사회적 문제를 중심으로”. 『정신보건과 사회사업』, 32(1), 413-436.

김정현 (2020.6.1). “건강취약계층 위한 ‘비대면 진료’ 확대... 디지털돌봄시스템 구축”, 『뉴스 원』. (https://www.news1.kr/articles/?3951681)

김현주 (2008). “청소년 자살위험성에 영향을 미치는 요인”. 『한국아동복지학』, 27, 69-93.

김형수 (2002). “한국노인의 자살생각과 관련요인 연구”. 『한국노년학』, 22(1), 159-172.

______ (2006). “생애주기별 자살현황과 예방대책”. 『노인복지연구』, 34, 271-292.

김혜진·황준원·주진형·김학선·황세미·이강욱 (2015). “정신보건사업 종사자의 자살 관련 지식, 태도 및 경험에 관한 예비 연구”. 『신경정신의학지』, 54(3), 338-349.

남혜경·김영준 (2019). “재독 한인 국제결혼여성의 문화 간 커뮤니케이션에 관한 연구”. 『다문화사회연구』, 12(1), 45-77.

노법래 (2013). “자아의 위기와 한국 자살발생의 인구학적 구조 변동: 자살에 대한 사회심리학적 접근”. 『보건사회연구』, 33(4), 218-244.

문비치·이유나 (2008). “조직문화, 사원 커뮤니케이션, 조직-사원 관계성에 대한 연구”. 『한국언론학보』, 52(3), 122-150.

문지웅·박윤균·차창희·김금이 (2020.7.15). “극단적 선택, 교통사망보다 4배 많지만… 예산은 30분의1”, 『매일경제』. (https://www.mk.co.kr/news/society/view/2020/07/726370/)

박선영 (2016). “한국사회 증상으로서의 집단주의와 개인주의”. 『현대정신분석』, 18(2), 40-77.

박선환 · 박숙희 · 신은영 · 이주희 · 정미경 · 김혜숙 (2001). 『정신건강론』. 서울: 양서원.

박재규 · 이정림 (2011). “한국 성인 남녀의 우울증 변화에 영향을 미치는 요인 분석”. 『보건과 사회과학』, 29, 99-128.

박정숙 · 박용경 · 정성화 · 이채식 · 김홍 (2014). “회복탄력성과 우울이 노인의 자살생각에 미치는 영향”. 『한국노년학』, 34(2), 247-258.

박정열 · 허태균 · 최상진 (2001). “사회적 범주과정의 심리적 세분화: 내집단 속의 우리와 우리편”. 『한국심리학회지: 일반』, 21(1), 25-44.

배정환 · 배병걸 · 최선화 (2014). “소셜 빅데이터를 활용한 자살사건 반응 분석”. 『한국지형공간정보학회 학술대회』, 241-242.

백종우 (2019.4.29). “조현병과 자살 - 조현병은 타해보다 자해 · 자살이 더 심각”, 『YTN 뉴스』. (https://www.ytn.co.kr/_ln/0103_201904291431432739)

보건복지부 (2012). “보건복지부-삼성생명-생보협회, 암 · 자살 예방 나선다”. (http://www.mohw.go.kr/react/al/sal0301vw.jsp?PAR_MENU_ID=04&MENU_ID=0403&CONT_SEQ=266351&page=8)

______ (2015). “2015년 심리부검 결과보고”. (http://www.psyauto.or.kr/ main.asp)

______ (2016). <국가 정신건강현황 2차 예비조사 결과보고서>. (http://ncmh.go.kr/snmh/data)

______ (2017a). <2016년 정신질환실태 역학조사>. (http://www.mohw.go.kr/front_new)

______ (2017b). <2017년 심리부검 결과보고>. (http://www.psyauto.or.kr/main.asp)

______ (2018). “정부, 자살 문제 해결을 위한 행동계획 마련 · 추진”. (http://www.mohw.go.kr/react/al/sal0301vw.jsp?PAR_MENU_ID=04&MENU_ID=0403&CONT_SEQ=343649&page=44)

______ (2019). 『자살예방백서』. 중앙자살예방센터.

서미경 · 이민규 (2013). "한국인의 정신건강이해력 평가와 취약집단분석". 『한국사회복지학』, 65(2), 313-334.

서울시정신건강복지센터 (2017). <2017년 정신건강에 관한 서울시민 인식도 조사 보고서>. (http://seoulmentalhealth.kr/dataroom/report.jsp?cmd=view&test_num=90)

서한기 (2018.1.23). "하루 36명, 40분마다 1명 자살하는 나라…13년째 OECD 1위", 『연합뉴스』. (https://www.yna.co.kr/view/AKR20180122153500017)

설진배 · 김소희 · 송은희 (2013). "결혼이주여성의 사회적 연결망과 초국가적 정체성". 『아태연구』, 20(3), 229-260.

손해인 (2018). "미국 국가자살예방전략에 따른 뉴욕주 자살예방정책". 『국제사회보장리뷰』, 2018(여름), 78-97.

송영달 · 손지아 · 박순미 (2010). "독거노인의 자살생각에 영향을 미치는 생태체계적 요인분석". 『한국노년학』, 30(2), 643-660.

송인한 (2012). 『국내외 자살 예방 캠페인 비교 분석』. 연세대학교 산학협력단.

송인한 · 권세원 · 김정수 · 유정원 · 박장호 · 김리자 · 김우식 · 김현지 · 김현진 · 김지은 · 안상민 (2014). "자살예방을 위한 인식개선 캠페인의 국가 간 비교: 뉴질랜드 · 미국, 아일랜드, 스코틀랜드, 호주 및 대한민국의 캠페인 전략 및 내용 분석". 『한국콘텐츠학회논문지』, 14(7), 253-270.

송태민 (2014). "소셜빅데이터를활용한보건복지정책동향분석". 『보건복지포럼』, 2014(7).

신성식 (2017.11.30). "OECD 자살 1위 오명.. 내년 예방 예산은 거의 제자리", 『중앙일보』. (https://news.joins.com/article/22163190)

안소정 · 박은희 · 홍현주 · 송정은 · 육기환 · 김소은 (2013). "청소년 우울증 환자에서 자살시도의 보호요인으로서 회복탄력성의 역할". 『한국임상심리학회지』, 32(2), 351-366.

안순태 · 강한나 · 정순둘 (2018). "지각된 노인 낙인 척도의 타당도 검증 및 인구통계학적 특징에 따른 낙인 인식". 『한국노년학』, 38, 203-223.

안순태 · 이하나 (2016). “자살예방을 위한 미디어 보도 방향: 건강신념모델을 통한 우울증보도 내용분석”. 『보건사회연구』, 36(1), 529-564.

______ (2018). “정신건강 증진을 위한 모바일 정신건강 앱 이용에 관한 연구”. 『한국언론학보』, 62(6), 167-194.

______ (2019). “온라인 자살예방 정보와 댓글 분석: 자살예방 정보의 순기능과 역기능”. 『정신건강과 사회복지』, 47(1), 258-290.

______ (2017a). “자살에 대한 인식과 태도: 부정적 감정 수용과 자살 리터러시의 역할에 대한 탐색”. 『한국사회복지조사연구』, 52, 95-117.

______ (2017b). “자살시도자를 향한 사회적 낙인척도의 단축형 개발과 타당화: 인구통계학적 특성에 따른 낙인인식 검증”. 『정신건강과 사회복지』, 45(4), 83-108.

양정은 (2014). “한국인들의 문화적 특성이 위험 인식과 커뮤니케이션에 미치는 영향에 대한 연구 위험 커뮤니케이션 전문가 대상 심층인터뷰 내용을 중심으로”. 『홍보학연구』, 18(1), 107-150.

연합뉴스 (2019.9.2). “생명의전화, 자살 예방 ‘2019 사람사랑 생명사람 밤길걷기’ 성료”. (https://www.yna.co.kr/view/AKR20190902122600848)

오은정 · 오세영 (2018). “지역사회에 거주하는 정신장애인의 레질리언스 영향요인”. 『인문사회과학연구』, 19, 189-220.

오진탁 (2014). “자살자의 죽음이해 분석”. 『인문과학연구』, 42, 335-354.

유민봉 · 심형인 (2011). “공무원이 조직생활에서 경험하는 체면 현상과 행위에 대한 질적 연구: 근거이론 (Grounded Theory) 을 적용하여”. 『한국행정학보』, 45(1), 199-225.

유현재 · 송지은 (2012). “미디어의 성격별, 자살 관련 보도의 스타일에 대한 분석: 인터넷 신문 (대안지)과 전통적 신문(연장지)의 차이 비교”. 『보건사회연구』, 32(2), 427-467.

윤현숙 · 염소림 (2017). “노인의 우울이 자살생각에 미치는 영향에 대한 회복탄력성의 매개효과”. 『노인복지연구』, 72(1), 233-255.

이경진 · 조성호 (2004). “청소년 자살 고위험 집단의 심리적 특성”. 『한국심리학

회지: 상담 및 심리치료』, 16(4), 667-685.
이공희 · 박주영 (2012). “체면중시와 LMX가 상사의 도움지원에 미치는 영향에 관한 한국과 미국 비교 연구”. 『인적자원관리연구』, 19(2), 41-62.
이선혜 · 서진환 (2010). “한국 성인의 정신건강역량: 우울증과 정신분열병을 중심으로”. 『사회복지연구』, 41(2), 127-158.
이수민 · 김정호 · 김미리혜 · 김제중 (2020). “스마트폰 앱(App)을 이용한 웰빙인지기법이 중년기 성인의 우울 및 주관적 웰빙에 미치는 영향”. 『한국심리학회지: 건강』, 25(2), 393-416.
이에스더 (2019.5.7). “15년째 OECD 1위인데...정부 자살 예방 예산 1년 218억뿐”, 『중앙일보』. (https://news.joins.com/article/23471205)
이원영 · 홍연표 · 이제숙 (2013). 『우리나라 일반국민과 정책결정자들에 대한 자살인식조사 연구』. 서울: 한국건강증진재단.
이종명 · 이승아 (2017). “일상으로 들어온 정신병”. 『미디어, 젠더 & 문화』, 32(1), 41-74.
이종환 (2000). “한국인의 대인관계의 심리사회적 특성-집단주의적 성향과 개인주의적 성향으로의 변화”. 『한국심리학회지: 사회문제』, 6(3), 201-219.
이준혁 (2013.2.19). “4월부터 단순 정신과 상담엔 ‘F 코드’ 낙인 안 찍는다”, 『한국경제』. (https://www.hankyung.com/news/article/201302197408i)
이중서 · 배승오 · 안용민 · 박두병 · 노경선 · 신현균, … & 김용식 (2005). “한국판 Hamilton 우울증 평가 척도의 신뢰도, 타당도 연구”. 『J. Korean Neuropsychiatr Assoc』, 44(4), 456-465.
이충원 · 김효창 (2006). “체면민감성, 자아존중감, 사회적 불안이 불확실성 회피에 미치는 영향”. 『한국심리학회지: 사회 및 성격』, 20(3), 17-30.
이하나 · 안순태 (2013). “자살예방뉴스의 낙인(stigma) 요소에 대한 분석”. 『한국언론학보』, 57(4), 27-47.
______ (2015). “자살에 대한 한국 사회의 인식: 다큐멘터리에 재현된 ‘우리’와 ‘그들’”. 『보건사회연구』, 35(4), 309-343.
______ (2017). “정신건강과 자살 리터러시에 대한 탐색: 모바일 인스턴트 메

신저를 통한 매개 커뮤니케이션 상황을 중심으로". 『커뮤니케이션학연구』, 25(4), 5-33.
이현미 · 김준영 (2019.1.1). "청년 7.8% '틀딱 · 연금충들'.. 노인 16.6% '들어본 적 있다' ['세대 갈등'에 멍드는 한국 - 신년특집]", 『세계일보』. (https://news.v.daum.net/v/20190101180325349)
임낭연 · 서은국 (2011). "체면민감성이 외로움에 미치는 영향". 『한국심리학회 학술대회 자료집』, 2011(1), 218-218.
임소현 (2020). "미국 원격진료 서비스 시장동향", 『KOTRA』. (https://news.kotra.or.kr/user/globalBbs/kotranews/782/globalBbsDataView.do?setIdx=243&dataIdx=180640)
임혁 · 이효영 (2012). "이주노동자의 레질리언스와 정신건강". 『보건교육건강증진학회지』, 29(5), 13-26.
장기선 · 김영욱 (2013). "체면과 위기 커뮤니케이션: 조직의 지위, 위기-체면 커뮤니케이션 전략과 공중의 체면욕구 중심 분석". 『한국언론학보』, 57(6), 350-385.
장혜경 · 우아영 (2011). "TV 다큐멘터리가 생성한 정신장애 담론: 구별짓기의 완성". 『사회복지연구』, 42(1), 179-217.
전진아 (2019). 『수요자 중심의 정신건강서비스 접근성 강화 전략 연구』. 한국보건사회연구원.
전홍진 (2012). "우울증과 자살 역학연구". 『Journal of the Korean Medical Association』, 55(4), 322-328.
정경운 (2007). "이주여성의 사회문화적 정체성에 관한 연구". 『아시아여성연구』, 46(1), 97-139.
정경희 · 오영희 · 강은나 · 김경래 · 이윤경 · 오미애 · 황남희 · 김세진 · 이선희 · 이석구 · 홍송이 (2017). 『2017년도 노인 실태조사』. 한국보건사회연구원.
정광재 · 이보겸 (2016). 『모바일 웹과 앱의 이용패턴 비교와 모바일 인터넷 서비스의 생태계』. 정보통신정책연구원.
정영미 (2007). "여성노인의 우울에 따른 건강상태 및 우울관련 요인". 『한국노년학』, 27, 71-86.
정현숙 (2002). “커뮤니케이션 관점에서 고찰해 본 한국적 협상 커뮤니케이션의 스타일과 문제점”. 『스피치와 커뮤니케이션』, (1), 252-275.
조경원 (2006). “국내 성인의 인터넷 이용 행태 및 인터넷을 이용한 건강정보 획득 현황에 대한 고찰”. 『한국콘텐츠학회 종합학술대회 논문집』, 4(2), 721-724.
조긍호 (1996). “문화유형과 타인이해 양상의 차이”. 『한국심리학회지: 임상』, 15(1), 104-139.
______ (1997). “문화유형과 정서의 차이 : 한국인의 정서 이해를 위한 시론”. 『심리과학』, 6(2), 1-43.
조원섭 (2017). 『결혼이주여성의 정신건강증진에서 레질리언스의 의의-요인과 과정을 중심으로』. 서울대학교 박사학위논문.
주경준 (2020.7.14). “한국판 뉴딜...3천억 투입 스마트 의료 인프라 구축”, 『뉴스더보이스』. (http://www.newsthevoice.com/news/articleView.html?idxno=13231)
주정완 · 하현옥 (2019.3.6). “국민소득 3만 달러, 세계 7번째 30-50클럽…내 지갑은 왜 가볍지”, 『중앙일보』. (https://news.joins.com/article/23402675)
중앙자살예방센터 (2017). <2017 자살예방백서>. 서울: 중앙자살예방센터.
______ (2019). <2019 자살예방백서>. 서울: 중앙자살예방센터.
______ (2020a). <2020 자살예방백서>. (http://www.spckorea.or.kr/sub.php?id=issue&mode=view&menukey=10&idx=33&page=1&menukey=10)
______ (2020b). “괜찮니 캠페인 운영”. (http://www.spckorea.or.kr/sub.php?id=business&mode=view&menukey=8&idx=16&page=1&menukey=8)
지승희 · 신효정 · 이명우 (2008). “아동, 청소년상담: 사이버상담에 나타난 청소년의 자살행동 특징”. 『상담학연구』, 9(1), 165-179.
질병관리본부 (2016). <2016 청소년건강행태온라인 조사>.
______ (2017). <2017 청소년건강행태온라인 조사>.
차희원 · 임유진 (2014). “조직문화가 기업명성과 재무적성과에 미치는 영향: 사내 커뮤니케이션의 매개효과를 중심으로". 『광고학연구』, 25(8), 269-292.

최말옥 · 손광훈 · 김서정 · 김행미 (2007). "소방대원의 외상 후 스트레스와 레질리언스 과정에 관한 연구". 『사회과학연구』, 23(3), 173-199.

최명민 · 김도윤 · 김가득 (2015). "한국 농촌지역 자살에 대한 심리부검 연구". 『한국사회복지학』, 67(1), 55-81.

최상진 (2000). "한국인의 심정심리 (心情心理)". 『성곡논총』, 31(1), 479-514.

최상진 · 김기범 (2000). "체면(體面)의 심리적 구조". 『한국심리학회지: 사회 및 성격』, 14(1), 185-202.

최상진 · 박수현 (1990). "우리성에 대한 사회심리학적 한 분석". 『한국심리학회 연차학술대회 발표논문집』, 69-78.

최상진 · 최연희 (1989). "눈치의 사회심리학적 구조: 눈치의 개념화를 위한 탐색적 시안". 『한국심리학회 학술대회 자료집』, 1989(1), 212-221.

최상진 · 최인재 (1999). "정(情), 체면(體面)이 스트레스에 미치는 영향". 『한국심리학회지: 건강』, 4(1), 41-56.

최상진 · 최인재 · 김기범 (1999). "정, 체면민감성과 스트레스, 문제대응방식 간의 관계". 『한국심리학회: 사회 및 성격 동계학술발표회』, 28-44.

최송식 · 최말옥 · 김경미 · 이미경 · 박은주 · 최윤정 (2014). 『정신건강론』. 서울: 학지사.

최원기 (2004). "청소년 자살의 사회구조적 원인 연구". 『사회복지정책』, 18, 5-30.

최인재 · 최상진 (2002). "한국인의 문화 심리적 특성이 문제대응방식, 스트레스, 생활만족도에 미치는 영향: 정(情), 우리성을 중심으로". 『한국심리학회지: 상담 및 심리치료』, 14(1), 55-71.

통계청 (2015). <한국의 사회동향 2015>. (http://kostat.go.kr/board/file_dn.jsp?aSeq=350293&ord=1)

______ (2016a). <2016년 사망원인통계>. (http://kostat.go.kr/portal/korea/kor_nw/2/6/2/index.board)

______ (2016b). <2015년 전국다문화가족실태조사 분석>. (http://www.korea.

kr/common/download.do?tblKey=EDN&fileId=211426)

통계청 · 여성가족부 (2016). <2016 청소년통계>. (http://kostat.go.kr/portal/korea/kor_nw/1/1/index.board?bmode=read&aSeq=353501)

______ (2020). <2020 청소년통계>. (http://kostat.go.kr/portal/korea/kor_nw/1/1/index.board?bmode=download&bSeq=&aSeq=381815&ord=2)

하규섭 (2015). <2015 국가 정신건강현황 예비조사 결과보고서>. 국립정신건강센터.

한국언론진흥재단 (2014). <2014 언론수용자 의식조사>. (http://media.nodong.org/bbs/download.php?table=bbs_9&idxno=113390&file_extension=pdf&filename=2-3-2014-%BE%F0%B7%D0%BC%F6%BF%EB%C0%DA+%C0%C7%BD%C4%C1%B6%BB%E7.pdf&downCount=9)

한국자살예방협회 (2011). 『노인 자살예방을 위한 가이드라인: 자살, 함께하면 예방할 수 있어요!』. 서울: 한국자살예방협회.

한국행정연구원 (2016). 『2016년 사회통합실태조사』. 서울: 한국행정연구원.

한기봉 (2018). "당신도 외로운가요. 대한민국 정책 브리핑". (http://korea.kr/news/policyNewsView.do?newsId=148855681)

허재홍 (2014). "눈치가 정신건강에 미치는 영향-자기존중감의 매개효과". 『상담학연구』, 15(6), 2191-2207.

허재홍 · 박원주 (2013). "눈치척도 개발 및 타당화-대학생집단을 대상으로". 『상담학연구』, 14(6), 3537-3555.

허재홍 · 박원주 · 김승주 (2012). "눈치개념 연구". 『인문과학연구』, 33, 557-581.

홍현숙 (2007). "국민 정신건강증진을 위한 각국의 자살예방정책동향". 『정신건강정책포럼』, 1, 2-24.

홍현숙 · 김수진 · 송진희 · 하유정 · 노성원 (2008). 『우리나라 일반성인의 정신건강(Mental Health Literacy) 실태조사』. 서울: 국립정신보건교육연구센터.

황나래 · 홍해숙 (2013). "육군 장교의 자살에 대한 지식과 자살예방 행동준비도 및 자기평가". 『군진간호연구』, 31(2), 42-53.

ABS (2008). National Survey of Mental Health and Wellbeing: Summary of Results 2007, 9.

Adams, R. (2015.5.13). Surge in young people seeking help for exam stress. *The Guardian*. (https://www.theguardian.com/education/2015/may/14/calls-to-childline-over-exam-stress-break-records)

Adforum (2018.9.18). *Give subtitles to suicide, WATConsult's Rajiv Dingra on their latest campaign*. (https://www.adforum.com/interviews/give-subtitles-to- suicide)

Allik, J. & Realo, A. (2004). Individualism-collectivism and social capital. *Journal of Cross-Cultural Psychology, 35*(1), 29-49.

An, S. (2008). Antidepressant direct-to-consumer advertising and social perception of the prevalence of depression: Application of the availability heuristic. *Health Communication, 23*(6), 499-505.

An, S. & Kang, H. (2011). Stigma-reducing components in direct-to-consumer prescription ads: Onset controllability, offset controllability, and recategorization. *Health Communication, 26*(5), 468-478.

An, S., Cruwys, T., Lee, H., & Chang, M. X. L. (2020). Cultural differences in reactions to suicidal ideation: A mixed methods comparison of Korea and Australia. *Archives of Suicide Research, 24*(3), 415-434.

An, S., Jin, H. S., & Brown, J. D. (2009). Direct-to-consumer antidepressant ads and young adults' beliefs about depression. *Health Marketing Quarterly, 26*(4), 259-278.

An, S., Lim, S. S., & Lee, H. (2020). Marriage migrants' use of social media. *Asian Journal of Communication, 30*(2), 83-99.

APAC (2016). Mobile Apps in APAC 2016 Report. (http://apac.thinkwithgoogle.com/articles/mobile-apps-in-apac-2016-report.html)

Arthur-Worsop, S. (2017.11.4). Movember open letter to schools sparks mixed responses. *Rotorua Daily Post*. Retrieved from: Bell Let's Talk. (n.d.) Conversation guide. (https://letstalk.bell.ca/en/toolkit)

Australian Bureau of Statistics (2019). Causes of death, Australia, 2018. Catalogue No. 3303. Retrieved 26 September 2019.

Baker, L., Wagner, T. H., Singer, S., & Bundorf, M. K. (2003). Use of the internet and e-mail for health care information: Results from a national survey. *JAMA*, *289*(18), 2400-2406.

Bartels, R. D., Kelly, K. M., & Rothman, A. J. (2010). Moving beyond the function of the health behaviour: The effect of message frame on behavioural decision-making. *Psychology and Health, 25*(7), 821-838.

Batterham, P. J., Calear, A. L., & Christensen, H. (2013). Correlates of suicide stigma and suicide literacy in the community. *Suicide and Life-Threatening Behavior, 43*(4), 406-417.

Bell, R. A., Taylor, L. D., & Kravitz, R. L. (2010). Do antidepressant advertisements educate consumers and promote communication between patients with depression and their physicians?. *Patient Education and Counseling, 81*(2), 245-250.

Berkman L. F. & Syme, S. L. (1979). Social networks, host resistance, and mortality: A nine-year follow-up study of Alameda country residents. *American Journal of Epidemiology, 109*(2), 186-204.

Bernhardt, J. M. (2004). Communication at the core of effective public health. *American Journal of Public Health, 94*(12), 2051-2053.

Berrouiguet, S., Baca-García, E., Brandt, S., Walter, M., & Courtet, P. (2016). Fundamentals for future mobile-health (mHealth): A systematic review of mobile phone and web-based text messaging in mental health [On-Line]. *Journal of Medical Internet Research, 18*(6), 135. (https://www.ncbi.nlm.nih.gov/pmc/articles/PMC4920962/)

Beyondblue (2014). Man therapy interim evaluation results to 31

December 2013. (http://mengage.org.au/mental-health/beyond-blue-man-therapy-evaluations)

Beyondblue (2019). Annual Highlight 2018/19. (https://www.beyondblue.org.au/docs/default-source/default-document-library/beyond-blue-annual-highlights-2018-19-web.pdf on May 15, 2020.)

Bonabi, H., Müller, M., Ajdacic-Gross, V., Eisele, J., Rodgers, S., Seifritz, E., & Rüsch, N. (2016). Mental health literacy, attitudes to help seeking, and perceived need as predictors of mental health service use: A longitudinal study. *The Journal of Nervous and Mental Disease, 204*(4), 321-324.

Bond, M. H. & Hwang, K. (1986). *The Social Psychology of Chinese People*. Oxford University Press.

Brailovskaia, J., Schillack, H., & Margraf, J. (2018). Facebook addiction disorder in Germany. *Cyberpsychology, Behavior, and Social Networking, 21*(7), 450-456.

Brewer, M. B. (1979). In-group bias in the minimal intergroup situation: A cognitive-motivational analysis. *Psychological Bulletin, 86*(2), 307.

Brian, R. M. & Ben-Zeev, D. (2014). Mobile health (mHealth) for mental health in Asia: Objectives, strategies, and limitations. *Asian Journal of Psychiatry, 10*, 96-100.

Brown, R. J. (1984). The role of similarity in intergroup relations. In Tajfel H (Eds.), *The Social Dimension: European Developments in Social Psychology* (pp. 603-623). Cambridge University Press: Cambridge.

Buchan, L. (2018.10.9). Theresa May appoints first ever minister for suicide prevention. *Independent*. (https://www.independent.co.uk/news/uk/politics/suicide-minister-uk-government-theresa-may-jackie-doyle-price-mental-health-a8576471.html)

Calear, A. L., Batterham, P. J., & Christensen, H. (2012). The literacy of suicide scale: Psychometric properties and correlates of suicide literacy. *Unpublished Manuscript*.

CALM (2017, December 21). *'Bigger Issues' campaign sees 45% increase in awareness of male suicide*. (Retrieved from: https://www.thecalmzone.net/2015/12/bigger-issues-campaign-sees-45-increase-in-awareness-of-male-suicide/)

______ (2018). CALM Annual Report and Financial Statement. (https://issuu.com/reset-magazine/docs/calm-record-of-the-year-1718)

CALMzine (2017.4.25). Exclusive: William and Harry in their own words. (https://www.thecalmzone.net/2017/04/exclusive-william-harry-words/)

______ (2018.10.12). UK's first suicide prevention minister: How we got here. (https://www.thecalmzone.net/2018/10/uks-first-suicide-prevention-minister-how-we-got-here/)

Canadian Mental Health Association (2020.1.17). Bell Let's Talk Day - January 29, 2020. (https://mps.cmha.ca/news/bell-lets-talk-day-january-29-2020/)

Card, C. (2018). How facebook AI helps suicide prevention. (https://about.fb.com/news/2018/09/inside-feed-suicide-prevention-and-ai/)

Carver, C. S. (1998). Resilience and thriving: Issues, models, and linkages. *Journal of Social Issues, 54*(2), 245-266.

Carver, C. S., Scheier, M. F., & Weintraub, J. K. (1989). Assessing coping strategies: A theoretically based approach. *Journal of Personality and Social Psychology, 56*(2), 267.

Center for Disease Control and Prevention (2018). WISQARS (Web-based injury statistics query and reporting system) Fatal Injury Report (1981-2016). (https://webappa.cdc.gov/sasweb/ncipc/mortrate.html)

Chan, W. I., Batterham, P., Christensen, H., & Galletly, C. (2014). Suicide literacy, suicide stigma and help-seeking intentions in Australian medical students. *Australasian Psychiatry, 22*(2), 132-139.

Cheng, C. (1986). The concept of face and its confucian roots. *Journal of Chinese Philosophy 13*, 329-48.

Children's Mental Health Network (2011.12.14). Facebook provides first-of-a-kind service to help prevent suicides. (https://www.cmhnetwork.org/news/facebook-provides-firstofakind-service-to-help-prevent-suicides/)

Choi, S. C. & Choi, S. H. (1994). We-ness: A Korean discourse of collectivism. In G. Yoon & S. C. Choi (Eds.), *Psychology of the Korean People: Collectivism and Individualism* (pp. 57-84). Seoul, South Korea: Dong-A Publishing & Printing Col., Ltd.

Christakis, N. A & Fowler, J. H. (2007). The spread of obesity in a large social network over 32 years. *New England Journal of Medicine, 357*(4), 370-379.

Cohen, G. E. & Kerr, B. A. (1999). Computer-mediated counseling: An empirical study of a new mental health treatment. *Computers in Human Services, 15*(4), 13-26.

Cohen, S., Doyle, W.J. & Skoner, D. (1997). Social ties and susceptibility to the common cold. *Journal of American Medical Association, 277*(24), 1940-1944.

Corrigan, P. W. (2004). How stigma interferes with mental health care. *American Psychologist, 59*(7), 614-625.

______ (2000). Mental health stigma as social attribution: Implications for research methods and attitude change. *Clinical Psychology: Science and Practice, 7*, 48-67.

Corrigan, P. W., Sheehan, L., Al-Khouja, M. A., & Stigma of Suicide Research Team. (2017). Making sense of the public stigma of suicide. *Crisis, 38*(5), 351-359.

Corrigan, P. W. & Watson, A. C. (2002). Understanding the impact of stigma on people with mental illness. *World Psychiatry, 1*(1), 16-20.

______ (2004). At issue: Stop the stigma: Call mental illness a brain disease. *Schizophrenia Bulletin, 30*(3), 477-479.

Corrigan, P. W., Larson, J., Sells, M., Niessen, N., & Watson, A. C. (2007). Will filmed presentations of education and contact diminish mental illness stigma?. *Community Mental Health Journal, 43*(2), 171-181.

Cox, D. & Cox, A. D. (2001). Communicating the consequences of early detection: The role of evidence and framing. *Journal of Marketing, 65*(3), 91-103.

Crocker, J. & Major, B. (1989). Social stigma and self-esteem: The self-protective properties of stigma. *Psychological Review, 96*(4), 608.

Crocker, J., Major, B., & Steel, C. (1998). Social stigma in New York. *The Handbook of Social Psychology. ed. 2, 4th.*

Cruwys, T., An, S., Chang, M. X. L., & Lee, H. (2018). Suicide literacy predicts the provision of more appropriate support to people experiencing psychological distress. *Psychiatry Research, 264*, 96-103.

Cvinar, J. (2005). Do suicide survivors suffer social stigma?, A review of the literature. *Perspectives in Psychiatric Care, 41*, 14-21.

Davidhizar, R., Dowd, S., & Giger, J. N. (1997). Cultural differences in pain management. *Radiologic Technology, 68*(4), 345-349.

Department of Health (2014, January). R U OK? DAY, Evaluation of suicide prevention activities. (http://www.hpv.health.gov.au/internet/publications/publishing.nsf/Content/suicide-prevention-activities-evaluation~Appendices~appendixa~project31)

Department of Health and Social Care & Department for Education (2018). Government response to the consultation on '*Transforming Children and Young People's Mental Health Provision: A Green*

Paper' and next steps. (https://www.gov.uk/government/consultations/transforming-children-and-young-peoples-mental-health-provision-a-green-paper)

Department of Health and Social Care (2019). Preventing Suicide in England: Fourth Progress Report. (https://www.gov.uk/government/publications/suicide-prevention-fourth-annual-report)

Devine, P. G. (1995). Prejudice and out-group perception. *Advanced Social Psychology, 467*, 524.

Devine, P. G. & Elliot, A. J. (1995). Are racial stereotypes really fading? The Princeton Trilogy Revisited. *Personality and Social Psychology Bulletin, 21*(11), 1139-1150.

Devine, P. G., Plant, E. A., & Harrison, K. (1999). The problem of "us" versus "them" and AIDS stigma. *American Behavioral Scientist, 42(7)*, 1212-1228.

Diefenbach, D. L. (1997). The portrayal of mental illness on prime-time television. *Journal of Community Psychology, 25*(3), 289-302.

Domino, G., Su, S., & Shen, D. (2000). Cross-cultural investigation of a new set of scales for the suicide opinion questionnaire, *OMEGA: Journal of Death and Dying, 41*(4), 307-321.

Donker, T., Petrie, K., Proudfoot, J., Clarke, J., Birch, M. R., & Christensen, H. (2013). Smartphones for smarter delivery of mental health programs: A systematic review [On-Line]. *Journal of Medical Internet Research, 15*(11). (https://www.ncbi.nlm.nih.gov/pmc/articles/PMC3841358/)

Dovidio, J. F., Major, B., & Crocker, J. (2000). Stigma: Introduction and overview. In T. F. Heatherton, R. E. Kleck, M. R. Hebl, & J. G. Hull(Eds.), *The Social Psychology of Stigma* (pp.1-28). Guiford Press.

Dudgeon, P., Milroy, J., Calma, T., Luxford, Y., Ring, I. T., Walker, R.,

Cox, A., Georgatos, G., Holland, C. (2016). Solutions That Work: What the Evidence and Our People Tell Us: Aboriginal and Torres Strait Islander Suicide Prevention Evaluation Project Report. University of Western Australia.

Dumon, E. & Portzky, G. (2014). Suicide Prevention Toolkit for Media Professionals. (https://www.eenheidzelfmoordonderzoek.be/pdf/16012015-161111-EUREGENAS%20-%20Suicide%20Prevention%20Toolkit%20for%20Media%20Professionals.pdf)

Durkheim, E. (1979). *Suicide: A Study in Sociology: Translated by John A. Spaulding and George Simpson; Edited with an Introduction by George Simpson*. New York, NY: Free Press.

Dyer, J. G. & McGuinness, T. M. (1996). Resilience: Analysis of the concept. *Archives of Psychiatric Nursing, 10*(5), 276-282.

Eagles, J. M., Carson, D. P., Begg, A., & Naji, S. A. (2003). Suicide prevention, a study of patients' views, *British Journal of Psychiatry, 182*(3), 261-265.

Eccleston, C. P. & Major, B. N. (2006). Attributions to discrimination and self-esteem: The role of group identification and appraisals. *Group Processes & Intergroup Relations, 9*(2), 147-162.

Entman, R. M. (1993). Framing: Toward clarification of a fractured paradigm. *Journal of Communication, 43*(4), 51-58.

______ (2004). *Projections of Power: Framing News, Public Opinion, and U.S. Foreign Policy*. Chicago: University of Chicago Press.

Etzersdorfer, E. & Sonneck, G. (1998). Preventing suicide by influencing mass-media reporting. The Viennese experience 1980-1996. *Archives of Suicide Research, 4*(1), 67-74.

EUREGENAS (2012). Suicide Prevention Toolkit for Media Professionals. (https://www.euregenas.eu/publications/)

EY & ReachOut Australia (2015). A WAY FORWARD: Equipping Australia's Mental Health System for the Next Generation. (http://about.au.reachout.com/wp-content/uploads/2015/05/A-Way-Forward.pdf)

Fergus, S. & Zimmerman, M. A. (2005). Adolescent resilience: A framework for understanding healthy development in the face of risk. *Annual Review of Public Health, 26*, 399-419.

Firth, J., Torous, J., Nicholas, J., Carney, R., Pratap, A., Rosenbaum, S., & Sarris, J. (2017). The efficacy of smartphone-based mental health interventions for depressive symptoms: A meta-analysis of randomized controlled trials. *World Psychiatry, 16*(3), 287-298.

Fisher, J. D. & Farina, A. (1979). Consequences of beliefs about the nature of mental disorders. *Journal of Abnormal Psychology, 88*(3), 320.

Gaertner, S. L. & Dovidio, J. F. (2000). The aversive form of racism. In C. Stangor (Ed.), *Key Readings in Social Psychology Stereotypes and Prejudice: Essential Readings* (pp.289-304), Psychology Press.

Gaertner, S. L., Dovidio, J. F., Anastasio, P. A., Bachman, B. A., & Rust, M. C. (1993). The common ingroup identity model: Recategorization and the reduction of intergroup bias. *European Review of Social Psychology, 4*(1), 1-26.

Gaertner, S. L., Mann, J. A., Dovidio, J. F., Murrell, A. J., & Pomare, M. (1990). How does cooperation reduce intergroup bias?. *Journal of Personality and Social Psychology, 59*(4), 692.

Gao, G. & Ting-Toomey, S. (1998). *Communicating Effectively with the Chinese* (Vol. 5). Sage Publications.

Garraza, L. G., Walrath, C., Goldstein D. B., Reid, H., & McKeon, R. (2015). Effect of the Garrett Lee Smith memorial suicide prevention program on suicide attempts among youths. *JAMA Psychiatry, 72*(1), 1143-1149.

Garro, L. C. (1990). Culture, pain and cancer. *Journal of Palliative Care, 6*(3), 34-44.

Goffman, E. (1955). On face-work: An analysis of ritual elements in social interaction. *Psychiatry, 18*(3), 213-231.

______ (1963). *Stigma: Notes on the Management of Spoiled Identity*. NY: Simon & Schuster.

Government of Western Australia (2020). Suicide Prevention 2020. (https://www.mhc.wa.gov.au/about-us/strategic-direction/suicide-prevention-2020-together-we-can-save-lives/)

Gupta, R. (2019.9.9). India has the highest suicide rate in South-East Asia: WHO. Down to Earth. (https://www.downtoearth.org.in/news/health/india-has-the-highest-suicide-rate-in-south-east-asia-who-66625)

Hall, E. T. & Hall, M. R. (1990). *Understanding Cultural Differences*. Intercultural Press: Yarmouth, ME.

______ (2001). Key concepts: Underlying structures of culture. *International HRM: Managing Diversity in the Workplace*, 24-40.

Hall, S., Gurevitch, M., Bennett, T., Curran, J., & Woollacott, J. (1982). *Culture, Society and the Media*. New York.

Han, S. A. (2003, December). Do South Korean adult learners like native English speaking teachers more than Korean teachers of English. In *Indicators of International Education Research Conference, Auckland, New Zealand*.

Harris, S. (2017.6.15). Unicef report reveals New Zealand's poor scores for child wellbeing. *New Zealand Herald*. (https://www.nzherald.co.nz/nz/news/ article.cfm?c_id=1&objectid=11874764)

Harrison, J. E., Pointer, S. & Elnour, A. A. (2009). A review of suicide statistics in Australia. *Australian Institute of Health and Welfare*. (https://www.aihw.gov.au/getmedia/8d8a8344-59b4-43a7-8bd9-

f4827a6105bb/injcat-121-10754.pdf.aspx?inline=true on May 14, 2020.)

Health Service Executive (2007). National Office for Suicide Prevention Annual Report 2007: Reducing suicide requires a collective, concerted effort from all groups in society. *Health Service Executive.* (http://www.nosp.ie)

Hebl, M. R. & Heatherton, T. F. (1998). The stigma of obesity in women: The difference is black and white. *Personality and Social Psychology Bulletin, 24*(4), 417-426.

Heider, F. (1958). *The Psychology of Interpersonal Relation*. New York: Wiley.

Heine, S. J., Lehman, D. R., Markus, H. R., & Kitayama, S. (1999). Is there a universal need for positive self-regard?. *Psychological Review, 106*(4), 766.

Helliwell, J. F., Sachs, J. & De Neve, J.E. (2020). World Happiness Report [2020]. (https://happiness-report.s3.amazonaws.com/2020/WHR20.pdf)

Heppner, P. P., Heppner, M. J., Lee, D. G., Wang, Y. W., Park, H. J., & Wang, L. F. (2006). Development and validation of a collectivist coping styles inventory, *Journal of Counseling Psychology, 53*(1), 107-125.

Herek, G. M. & Capitanio, J. P. (1997). AIDS stigma and contact with persons with AIDS: Effects of direct and vicarious contact. *Journal of Applied Social Psychology, 27*(1), 1-36.

Herrman, H., Stewart, D. E., Diaz-Granados, N., Berger, E. L., Jackson, B., & Yuen, T. (2011). What is resilience?. *The Canadian Journal of Psychiatry, 56*(5), 258-265.

Hewlett, E. & Horner, K. (2015). Mental health analysis profiles (MhAPs): England.

Hewstone, M., Bond, M. H., & Wan, K. C. (1983). Social facts and social attributions: The explanation of intergroup differences in Hong Kong. *Social Cognition, 2*(2), 142-157.

Hitosugi, M., Nagai, T., & Tokudome, S. (2009). Proposal of new ICD code for suicide by charcoal burning. *Journal of Epidemiology & Community Health, 63*(10), 862-863.

Hoffner, C. A. & Cohen, E. L. (2012). Responses to obsessive compulsive disorder on Monk among series fans: Parasocial relations, presumed media influence, and behavioral outcomes. *Journal of Broadcasting & Electronic Media, 56*(4), 650-668.

Hofstede, G., Hofstede, G. J., & Minkov, M. (2010). *Cultures and Organizations: Software of the Mind*. Revised and Expanded 3rd Edition. New York: McGraw-Hill.

Hogan, M. F. & Grumet, J. G. (2016). Suicide prevention: An emerging priority for health care. *Health Affairs, 35*(6), 1084-1090.

Holmer, A. F. (2002). Direct-to-consumer advertising—strengthening our health care system. *New England Journal of Medicine, 346*(7), 526-28.

Holmes, E. P., Corrigan, P. W., Williams, P., Canar, J., & Kubiak, M. A. (1999). Changing attitudes about schizophrenia. *Schizophrenia Bulletin, 25*(3), 447-456.

Hornsey, M. J. & Hogg, M. A. (2000). Subgroup relations: A comparison of mutual intergroup differentiation and common ingroup identity models of prejudice reduction. *Personality and Social Psychology Bulletin, 26*(2), 242-256.

Horwitz, A. G., Hill, R. M., & King, C. A. (2011). Specific coping behaviors in relation to adolescent depression and suicidal ideation. *Journal of Adolescence, 34*(5), 1077-1085.

Impinen, A., Lunetta, P., & Lounamaa, A. (2008). Tapaturmakuolemat ja alkoholi Suomessa 1987-2006.

Inglehart, R., C. Haerpfer, A. Moreno, C. Welzel, K. Kizilova, J. Diez-Medrano, M. Lagos, P. Norris, E. Ponarin & B. Puranen et al. (Eds.) (2014). World values survey: Round six-country-pooled datafile version: www.worldvaluessurvey.org/WVSDocumentationWV6.jsp. Madrid: JD Systems Institute.

IPSO (2019). Editors' Code of Practice. (https://www.ipso.co.uk/editors-code-of-practice/#ReportingSuicide)

Isometsä, E. T., Henriksson, M. M., Aro, H. M., Heikkinen, M. E., Kuoppasalmi, K. I., & Lönnqvist, J. K. (1994). Suicide in major depression. *The American Journal of Psychiatry, 151*(4), 530-536.

Jacobs, J. (2019.2.7). Instagram bans graphic images of self-harm after teenager's suicide. *New York Times*. (https://www.nytimes.com/2019/02/07/technology/instagram-self-harm-ban.html)

Jeon, H. J., Walker, R. S., Inamori, A., Hong, J. P., Cho, M. J., Baer, L., ... & Mischoulon, D. (2014). Differences in depressive symptoms between Korean and American outpatients with major depressive disorder. *International Clinical Psychopharmacology, 29*(3), 150-156.

Jeong, S. H. (2007). Effects of news about genetics and obesity on controllability attribution and helping behavior. *Health Communication, 22*, 221-228.

Joiner, T. (2007). *Why People Die by Suicide*. Harvard University Press.

Jones, E. E., Farina, A., Hastorf, A. H., Markus, H., , D. T., & Scott, R. A. (1984). *Social Stigma: The Psychology of Marked Relationship*. New York, NY: Freeman.

Jorm, A. F. (2000). Mental health literacy: Public knowledge and beliefs about mental disorders. *The British Journal of Psychiatry, 177*(5), 396-401.

______ (2012). Mental health literacy: Empowering the community to take action for better mental health. *American Psychologist, 67*(3), 231.

Jorm, A. F., Kitchener, B. A., Kanowski, L. G., & Kelly, C. M. (2007). Mental health first aid training for members of the public. *International Journal of Clinical and Health Psychology, 7*(1), 141-151.

Jung, H., von Sternberg, K., & Davis, K. (2017). The impact of mental health literacy, stigma, and social support on attitudes toward mental health help-seeking. *International Journal of Mental Health Promotion, 19*(5), 252-267.

Karasawa, M. (1991). Toward an assessment of social identity: The structure of group identification and its effects on in-group evaluations. *British Journal of Social Psychology, 30*(4), 293-307.

Kessler, R., Berglund, P., Demler, O., Jin, R., Merikangas, K. R. & Walters E. E. (2005). Lifetime prevalence and age-of-onset distributions of DSM-IV disorders in the National Comorbidity Survey Replication. *Archives of General Psychiatry, 62*, 593-602.

Kim, S. H. (2003). Korean cultural codes and communication. *International Area Review, 6*(1), 93-114.

Kitayama, S., Markus, H. R., & Kurokawa, M. (2000). Culture, emotion, and well-being: Good feelings in Japan and the United States. *Cognition & Emotion, 14*(1), 93-124.

Kitayama, S., Markus, H. R., Matsumoto, H., & Norasakkunkit, V. (1997). Individual and collective processes in the construction of the self: Self-enhancement in the United States and self-criticism in Japan. *Journal of Personality and Social Psychology, 72*(6), 1245.

Klin, A. & Lemish, D. (2008). Mental disorders stigma in the media: Review of studies on production, content, and influences. *Journal of*

Health Communication, 13(5), 434-449.

Koller, M., Chen, S.P., Heeney, B., Potts, A., & Stuart, H. (2012). Opening minds in high school: Results of a contact-based anti-stigma intervention Durham and York region talking about mental illness (TAMI) programs.

Kutcher, S., Bagnell, A., & Wei, Y. (2015). Mental health literacy in secondary schools: A Canadian approach. *Child and Adolescent Psychiatric Clinics of North America, 24*(2), 233-244.

Lal, S. & Adair, C. E. (2014). E-mental health: A rapid review of the literature. *Psychiatric Services, 65*(1), 24-32.

Lawrence, D., Johnson, S., Hafekost, J., Boterhoven De Haan, K., Sawyer, M., Ainley, J., Zubrick, S. R. (2015). *The Mental Health of Children and Adolescents: Report on the Second Australian Child and Adolescent Survey of Mental Health and Wellbeing*. Canberra: Department of Health.

Leary, M. R. & Schreindorfer, L. S. (1998). The stigmatization of HIV and AIDS: Rubbing salt in the wound. In V. J. Derlega & A. P. Barbee (Eds.), *HIV and social interaction* (pp. 12-29). Sage Publications, Inc.

Lebra, T. S. (1976). *Japanese Patterns of Behaviour*. University of Hawaii Press.

Lee, H. & An, S. (2016). Social stigma toward suicide: Effects of group categorization and attributions in Korean health news, *Health Communication, 31*(4), 468-477.

______ (2013). A contents analysis of stigma in health news on suicide: Focusing on onset controllability and categorization. *Korean Journal of Journalism and Communication Studies, 57*(4), 28-50.

Leipold, B. & Greve, W. (2009). Resilience: A conceptual bridge between coping and development. *European Psychologist, 14*(1), 40-50.

Levey, S., Howells, K., & Levey, S. (1995). Dangerousness, unpredictability and the fear of people with schizophrenia. *Journal of Forensic Psychiatry, 6*(1), 19-39.

Lim, T. & Choi, S. (1996). Interpersonal relationships in Korea. In W. Gudykunst, S. Ting-Toomey, & T. Nishida(Eds.), *Communication in Personal Relationships Across Cultures*. Thousand Oaks, CA: Sage, 122-136.

Link, B. G. & Cullen, F. T. (1986). Contact with the mentally ill and perceptions of how dangerous they are. *Journal of Health and Social Behavior*, 289-302.

Link, B. G. & Phelan, J. C. (2001). Conceptualizing stigma. *Annual Review of Sociology, 27*(1), 363-385.

Link, B. G., Cullen, F. T., Struening, E., Shrout, P. E., & Dohrenwend, B. P. (1989). A modified labeling theory approach to mental disorders: An empirical assessment. *American Sociological Review*, 400-423.

Luthar, S. S., Cicchetti, D., & Becker, B. (2000). The construct of resilience: A critical evaluation and guidelines for future work. *Child Development, 71*(3), 543-562.

Luxton, D. D., McCann, R. A., Bush, N. E., Mishkind, M. C., & Reger, G. M. (2011). mHealth for mental health: Integrating smartphone technology in behavioral healthcare. *Professional Psychology: Research and Practice, 42*(6), 505-512.

Machlin, A., Skehan, J., Sweet, M., Wake, A., Fletcher, J., Spittal, M., & Pirkis, J. (2012). Reporting suicide: Interpreting media guidelines. *Australian Journalism Review, 34*(2), 45.

Markus, H. R. & Kitayama, S. (1991). Culture and the self: Implications for cognition, emotion, and motivation. *Psychological Review, 98*(2), 224.

Masten, A. S. (2001). Ordinary magic: Resilience processes in development. *American Psychologist, 56*(3), 227-238.

Masten, A. S., Best, K. M., & Garmezy, N. (1990). Resilience and development: Contributions from the study of children who overcome adversity. *Development and Psychopathology, 2*(4), 425-444.

McGarty, C. & Penny, R. E. C. (1988). Categorization, accentuation and social judgement. *British Journal of Social Psychology, 27*(2), 147-157.

McGinty, E. E., Kennedy-Hendricks, A., Choksy, S., & Barry, C. L. (2016). Trends in news media coverage of mental illness in the United States: 1995-2014. *Health Affairs, 35*(6), 1121-1129.

Mehta, S. & Farina, A. (1997). Is being "sick" really better? Effect of the disease view of mental disorder on stigma. *Journal of Social and Clinical Psychology, 16*(4), 405-419.

Mental Health Commission of Canada (2015). #308conversations Interim Report. Ottawa: Mental Health Commission of Canada.

______ (2019). Youth Anti-Stigma Initiative. (http://ccs-montreal.org/wp-content/uploads/2019/02/2019-HEADSTRONG-Promo_Outreach-doc-feb-2018.pdf)

______ (2016). The Mental Health Commission of Canada's HEADSTRONG Youth Anti-Stigma Initiative. 2014-2015 Final Report, Ottawa, ON: Mental Health Commission of Canada

Michel, K., Wyss, K., Frey, C., & Valach, L. (2000). An exercise in improving suicide reporting in print media. *Crisis: The Journal of Crisis Intervention and Suicide Prevention, 21*(2), 71.

Miller, J. G. & Bersoff, D. M. (1992). Culture and moral judgment, How are conflicts between justice and interpersonal responsibilities resolved?. *Journal of Personality and Social Psychology, 62*(4), 541.

Miller, N. & Brewer, M. B. (1984). The social psychology of desegregation:

An introduction. In N. Miller & M. B. Brewer (Eds.), *Groups in Contact: The Psychology of Desegregation* (pp.1-8), Orlando. FL: Academic Press.

Mills, M. E. & Davidson, R. (2002). Cancer patients' sources of information: Use and quality issues. *Psycho-Oncology: Journal of the Psychological, Social and Behavioral Dimensions of Cancer, 11*(5), 371-378.

Mindframe (2018). About us. (https://mindframe.org.au/about-us)

Ministry of Health (2011). Reporting Suicide: A resource for the media. (https://www.health.govt.nz/system/files/documents/publications/reporting-suicide-a-resource-for-media-dec2011.pdf)

Ministry of Social Affairs and Health (2017.12.13). Ministry of social affairs and health finances the current care guideline for suicide prevention. Press release.

Miraldi, P. (2003). Exploring the interpersonal communication aspects of suicide: A research agenda for communi-suicidology. In *Conference Apers-International Communication Association*, 1-20.

Musiat, P. & Tarrier, N. (2014). Collateral outcomes in e-mental health: A systematic review of the evidence for added benefits of computerized cognitive behavior therapy interventions for mental health. *Psychological Medicine, 44*(15), 3137-3150.

Myllykangas, M. (2018). The History of Suicide Prevention in Finland, 1860s-2010s. 10.1007/978-3-319-98698-9.

National Health Service. (2014, October). Five Year Foward View. (https://www.kingsfund.org.uk/publications/implementing-nhs-five-year-forward-view?gclid=EAIaIQobChMIgI6g36Gk6gIVRtiWCh3QpQJjEAAYASAAEgKRKPD_BwE)

National Institute of Health (2003). The Facts about Men and Depression.

(https://www.nimh.nih.gov/health/topics/men-and-mental-health/men-and-depression/index.shtml)

NG, G. (2019.1.31). 2019 Bell Let's Talk Day raises $7.2 million through 145 million social interactions. iPhone in Canada. (https://www.iphoneincanada.ca/carriers/bell/2019-bell-lets-talk-day-7-2-million/)

Niederkrotenthaler, T., Voracek, M., Herberth, A., Till, B., Strauss, M., Etzersdorfer, E., ... & Sonneck, G. (2010). Role of media reports in completed and prevented suicide: Werther v. Papageno effects. *The British Journal of Psychiatry, 197*(3), 234-243.

Nier, J. A., Gaertner, S. L., Dovidio, J. F., Banker, B. S., Ward, C. M., & Rust, M. C. (2001). Changing interracial evaluations and behavior: The effects of a common group identity. *Group Processes & Intergroup Relations, 4*(4), 299-316.

Norman, C. D. & Skinner, H. A. (2006). eHEALS: The eHealth literacy scale. *Journal of Medical Internet Research, 8*(4), e27.

NZ Media & Advertising News Daily. (2017.11.29). Movember fights for the right to grow. (https://www.mad-daily.com/movember-fights-right-grow/)

Oakes, P. J. & Turner, J. C. (1980). Social categorization and intergroup behaviour: Does minimal intergroup discrimination make social identity more positive?. *European Journal of Social Psychology, 10*(3), 295-301.

OECD (2017), Health at a Glance 2017: OECD Indicators. OECD Publishing, Paris. (http://dx.doi.org/10.1787/health_glance-2017-en)

______ (2019). OECD Better Life Index. (http://www.oecdbetterlifeindex.org/#/11111111111)

______ (2020). Suicide Rates. (https://data.oecd.org/healthstat/suicide-rates.htm)

Office for National Statistics [ONS]. (2016). Suicides in the UK: 2014 registrations. (Retrieved from: https://www.ons.gov.uk/peoplepopulationandcommunity/birthsdeathsandmarriages/deaths/bulletins/suicidesintheunitedkingdom/2014registrations)

______ (2019). Suicides in the UK: 2018 registrations. (https://www.ons.gov.uk/peoplepopulationandcommunity/birthsdeathsandmarriages/deaths/bulletins/suicidesintheunitedkingdom/2018registrations)

Office of the Chief Coroner (2019). Chief Coroner Releases Provisional Annual Suicide Figures. (https://coronialservices.justice.govt.nz/assets/Documents/Publications/Media-Release-August-2020.pdf)

Office of the Surgeon General & National Action Alliance for Suicide Prevention (Sep, 2012). 2012 National Strategy for Suicide Prevention: Goals and Objectives for Action: A Report of the U.S. Surgeon General and of the National Action Alliance for Suicide Prevention. US Department of Health & Human Services (US). (https://www.ncbi.nlm.nih.gov/books/NBK109917/)

Oliver, R. J., Spilsbury, J. C., Osiecki, S. S., Denihan, W. M., Zureick, J. L., & Friedman, S. (2008). Brief report: Preliminary results of a suicide awareness mass media campaign in Cuyahoga County. Ohio, *Suicide and Life Threatening Behavior, 38*, 245-249.

Omnicore (2020.2.10). YouTube by the numbers: Stats, demographics & fun facts. (https://www.omnicoreagency.com/youtube-statistics/)

Parrott, S. & Parrott, C. T. (2015). Law & disorder: The portrayal of mental illness in US crime dramas. *Journal of Broadcasting & Electronic Media, 59*(4), 640-657.

Patana, P. (2014). Mental Health Analysis Profiles (MhAPs): Finland.

Pescosolido, B. A., Martin, J. K., Long, J. S., Medina, T. R., Phelan, J. C., & Link, B. G. (2010). "A disease like any other?" A decade of change in public reactions to schizophrenia, depression, and alcohol dependence. *American Journal of Psychiatry, 167*(11), 1321-1330.

Pirkis, J., Burgess, P., Blood, R. W., & Francis, C. (2007). The newsworthiness of suicide. *Suicide Life Threat. Behav. 37*, 278-283.

Pompili, M., Mancinelli, I., & Tatarelli, R. (2003). Stigma as a cause of suicide. *The British Journal of Psychiatry, 183*(2), 173-174.

Public Health Information for Scotland[ScotPHO] (2002; 2009). (https://www. scotpho.org.uk/ health-wellbeing-and-disease/suicide /data/ data-introduction)

R U OK? (2016). 2015-2016 Annual Report. (https://www.ruok.org.au/what-were-about)

______ (2019). 2018-2019 Annual Report. (https://irp-cdn.multiscreensite.com/22b3e3c9/files/uploaded/RUOK_2018-2019%20Annual%20Report_210x297_Final.pdf)

Reavley, N. J. & Jorm, A. F. (2011). Stigmatizing attitudes towards people with mental disorders: Findings from an Australian National Survey of mental health literacy and stigma. *Australian & New Zealand Journal of Psychiatry, 45*(12), 1086-1093.

Recupero, P. R., Harms, S. E., & Noble, J. M. (2008). Googling suicide: Surfing for suicide information on the internet. *The Journal of Clinical Psychiatry. 69*(6), 878-888.

Reda, S. (1996). Public perceptions of former psychiatric patients in England. *Psychiatric Services, 47*(11), 1253-1255.

Reese, S. D. (2001). The Framing project: A bridging model for media research revisited. *Journal of Communication, 57*(1), 148-154.

Reporting on suicide (2020). Recommendations for Reporting Suicide. (https://reportingonsuicide.org/)

Robinson, K. H., Bansel, P., Denson, N., Ovenden, G. & Davies, C. (2014).

Growing Up Queer: Issues Facing Young Australians Who are Gender Variant and Sexuality Diverse, Young and Well Cooperative Research Centre. Melbourne, p.5

Robinson, M., Robertson, S., & Braybrook, D. (2012). Evaluation of the Choose Life North Lanarkshire Awareness Programme Final Report. Faculty of Health and Social Sciences Leeds Metropolitan University. (http://eprints.leedsbeckett.ac.uk/832/)

Rochlen, A. B., Whilde, M. R., & Hoyer, W. D. (2005). The real men. Real depression campaign: Overview, theoretical implications, and research considerations. *Psychology of Men & Masculinity, 6*(3), 186.

Rogers, J. (2018.9.13). El Paso County taking a different approach to suicide, mental illness: Man Therapy. *The Gazette*.

Ross, A. M. & Bassilios, B. (2019). Australian R U OK? Day campaign: Improving helping beliefs, intentions and behaviours. *International Journal of Mental Health Systems, 13*(1), 61.

Rothbart, M. & John, O. P. (1985). Social categorization and behavioral episodes: A cognitive analysis of the effects of intergroup contact. *Journal of Social Issues, 41*(3), 81-104.

Rothman, A. J. & Salovey, P. (1997). Shaping perceptions to motivate healthy behavior: The role of message framing. *Psychological Bulletin, 121*(1), 3.

Rudd, M. D., Goulding, J. M., and Carlisle, C. J., (2013), Stigma and suicide warning signs, *Archives of Suicide Research, 17*(3), 313-318.

Rutter, M. (1985). Resilience in the face of adversity. Protective factors and resistance to psychiatric disorder. *The British Journal of Psychiatry, 147*(6), 598-611.

______ (1987). Psychosocial resilience and protective mechanisms. *American Journal of Orthopsychiatry, 57*(3), 316-331.

Saavedra, J., Arias-Sanchez, S., Corrigan, P., & Lopez, M. (2020). Assessing the factorial structure of the mental illness public stigma in Spain. *Disability and Rehabilitation*, 1-7.

Samaritans (2020). Media Guidelines for Reporting Suicide. (https://media.samaritans.org/documents/Media_Guidelines_FINAL_v2_TABa8C6.pdf)

Sampogna, G., Bakolis, I., Evans Lacko, S., Robinson, E., Thornicroft, G., & Henderson, C. (2017). The impact of social marketing campaigns on reducing mental health stigma: Results from the 2009-2014 Time to change programme. *European Psychiatry, 40*, 116-122.

Sanders, L. (2019.12.11). Germany: Depression in women, youth above EU average. *Deutsche Welle*. (https://www.dw.com/en/germany-depression-in-women-youth-above-eu-average/a-51622420)

Scheufele, D. A. (1999). Framing as a theory of media effects. *Journal of Communication, 49*(1), 103-122.

Schwarzer, R. & Weiner, B. (1991). Stigma controllability and coping as predictors of emotions and social support. *Journal of Social and Personal Relationships, 8*(1), 133-140.

Scocco, P., Castriotta, C., Toffol, E., & Preti, A. (2012). Stigma of Suicide Attempt (STOSA) scale and Stigma of Suicide and Suicide Survivor (STOSASS) scale: Two new assessment tools. *Psychiatry Research, 200*(2-3), 872-878.

Scott, T. L., Gazmararian, J. A., Williams, M. V., & Baker, D. W. (2002). Health literacy and preventive health care use among medicare enrollees in a managed care organization. *Medical Care, 40*(5), 395-404.

Scottish Executive (2002). *Choose Life: A National Strategy and Action Plan to Prevent Suicide in Scotland*. Stationery Office.

Scottish Government (2013). Attitudes to Mental Health in Scotland:

Scottish Social Attitudes Survey 2013. (https://www.gov.scot/publications/attitudes-mental-health-scotland-scottish-social-attitudes-survey-2013/)

See Change (2012a). Make a Ripple - Tell Your Story 2012 Report

______ (2012b). Research 2012_Irish Attitudes towards Mental Health Problems. (http://www.seechange.ie)

See Me (2015). YouGov poll. (https://www.seemescotland.org/workplace/understanding-discrimination-at-work/facts-on-stigma-and-discrimination/)

______ (2018.6.25). Up to 6000 pupils in schools across the borders to benefit from mental health stigma training. (https://www.seemescotland.org/news-and-blogs/up-to-6000-pupils-in-schools-across-the-borders-to-benefit-from-mental-health-stigma-training)

______ (2020). Three Year Programme Evaluation 2016-2019. (https://www.seemescotland.org/about-see-me/how-we-are-making-a-difference/three-year-evaluation-reports-2016-2019/)

Sherif, M., Harvey, O. J., White, B. J., Hood, W. R., & Sherif, C. W. (1961). *Intergroup Conflict and Cooperation: The Robbers Cave Experiment*. Oklahoma.

Slade, T, Johnston, A, Teesson, M, Whiteford, H, Burgess, P, Pirkis, J, Saw, S. (2009). *The Mental Health of Australians 2. Report on the 2007 National Survey of Mental Health and Wellbeing*. Department of Health and Ageing, Canberra.

Spence, D. (2016). Bad Medicine: The rise and rise of antidepressants. *British Journal of General Practice, 66*(652), 573-573.

Spencer-Thomas, S., Hindman, J, & Conrad, J. (2014.3.10). Outreach and impact on men's mental health program 18 months after launch.

Stack, S. (2005). Suicide in the media: A quantitative review of studies based on nonfictional stories. *Suicide and Life-Threatening Behavior,*

35(2), 121-133.

Statistics Canada (2020). Suicide Rates. (https://www150.statcan.gc.ca/ n1/pub/82-624x/2012001/article/11696-eng.htm)

Stastitics Finland (2019). Findicator: Causes of Deaths. (https://findikaattori.fi/en/10)

Strauss, P., Cook, A., Winter, S., Watson, V., Wright Toussaint, D., Lin, A. (2017). Trans Pathways: The Mental Health Experiences and Care Pathways of Trans Young People. Summary of Results. Telethon Kids Institute, Perth, Australia.

Stuart, H. (2006). Media portrayal of mental illness and its treatments. *CNS Drugs, 20*(2), 99-106.

Stuart, H., Patten, S.B., Koller, M., Modgill, G. and Liinamaa, T. (2014). Stigma in Canada: Results from a rapid response survey. *The Canadian Journal of Psychiatry, 10*, S27-33.

Substance Abuse and Mental Health Services Administration (2017a). 2017 National Survey on Drug Use and Health. (https://datafiles.samhsa.gov/study/national-survey-drug-use-and-health-nsduh-2017-nid17938)

______ (2017b). Key Substance Use and Mental Health Indicators in the United States: Results from the 2016 National Survey on Drug Use and Health. Rocvillge, MD: Author (https://www.samhsa.gov/data/sites/default/files/NSDUHFFR1-2016/NSDUH-FFR1-2016.pdf)

Suh, E. & Diener, E. (1995). Subjective well-being: Issues for cross-cultural research. 『한국심리학회 학술대회 자료집』, *1995*(1), 145-165.

Suicide Prevention Australia (2017). Many Voices, One Goal: 25 Years of Suicide Prevention. (https://www.suicidepreventionaust.org/wp-content/uploads/bsk-pdf-manager/2018/12/many-voice-one-goal-25-years-suicide-prevention-australia.pdf)

Sunderland, K., Mishkin, W., Peer Leadership Group, Mental Health Commission of Canada (2013). Guidelines for the Practice and Training of Peer Support. Calgary, AB: Mental Health Commission of Canada. (http://www.mentalhealthcommission.ca.)

Tajfel, H. (1969). Cognitive aspects of prejudice. *Journal of Biosocial Science, 1*(S1), 173-191.

Tajfel, H. & Turner, J. C. (1979). An integrative theory of social conflict. *The Social Psychology of Intergroup Relations, 2*, 33-47.

Tajfel, H., Turner, J. C., Austin, W. G., & Worchel, S. (1979). An integrative theory of intergroup conflict. *Organizational Identity: A Reader*, 56-65.

Talosig-Garcia, M. & Davis, S. W. (2005). Information-seeking behavior of minority breast cancer patients: An exploratory study. *Journal of Health Communication, 10*(sup1), 53–64.

Tan, A., Fujioka, Y., & Lucht, N. (1997). Native American stereotypes, TV portrayals, and personal contact. *Journalism & Mass Communication Quarterly, 74*(2), 265-284.

The Scottish Government (2006). Evaluation of the First Phase of Choose Life. Edinburgh: The Scottish Government.

The Trevor Project (2019). National Survey on LGBTQ Mental Health. New York, New York: The Trevor Project.

Time to Change (2018/2019). Our Impact. (https://www.time-to-change.org.uk/about-us/our-impact)

Triandis, H. C. (1988). Collectivism v. individualism: A reconceptualisation of a basic concept in cross-cultural social psychology. In *Cross-Cultural Studies of Personality, Attitudes and Cognition* (pp. 60-95). Palgrave Macmillan, London.

_____ (1995). *Individualism and Collectivism*. Boulder, CO: Westview

Press.

Turner, J C. (1985). Social categorization and the self-concept: A social cognitive theory of group behaviour. In E.J. Lawler (Ed.), *Advances in Group Processes: Theory and Research, 2*(pp.77-121). Greenwich, CT: JAI.

Turner, J. C., Hogg, M. A., Oakes, P. J., Reicher, S. D., & Wetherell, M. S. (1987). *Rediscovering the Social Group: A Self-Categorization Theory.* Basil Blackwell.

Tzeng, W. C. & Lipson, J. C. (2004). The cultural context of suicide stigma in Taiwan. *Qualitative Health Research, 14*, 345-358.

Uchida, Y. & Kitayama, S. (2009). Happiness and unhappiness in east and west: Themes and variations. *Emotion, 9*(4), 441.

Ventola, C. L. (2011). Direct-to-consumer pharmaceutical advertising: Therapeutic or toxic?. *Pharmacy and Therapeutics, 36*(10), 669.

Wahl, O. F. & Harman, C. R. (1989). Family views of stigma. *Schizophrenia Bulletin, 15*(1), 131-139.

Wahl, O., Wood, A., Zaveri, P., Drapalski, A., & Mann, B. (2003). Mental illness depiction in children's films. *Journal of Community Psychology, 31*(6), 553-560.

Wahlbeck, K. & Aromaa, E. (2011). Research on stigma related to mental disorders in Finland: A systematic literature review. *Psychiatrica Fennica, 42*, 87-109.

Wald, J., Taylor, S., Asmundson, G. J. G., Jang, K. L., & Stapleton, J. (2006). Literature Review of Concepts Final Report: Psychological Resilience. Toronto, ON: DRDC.

Walters, L. (2016.5.18). New Zealand suicide reporting has changed, here's what you need to know. Stuff. (https://www.stuff.co.nz/national/80143183/new-zealand-suicide-reporting-laws-due-to-changeheres-what-you-need-to-know)

Weiner, B. (1979). A theory of motivation for some classroom experiences. *Journal of Educational Psychology, 71*(1), 3.

______ (1986). *An Attributional Theory of Achievement Motivation and Emotion*. New York: Springer-Verlag.

______ (1988). Attribution theory and attribution therapy: Some theoretical observations and suggestions. *British Journal of Clinical Psychology, 27*, 99-104.

Weiner, B., Perry, R. P., & Magnusson, J. (1988). An attributional analysis of reactions to stigmas. *Journal of Personality and Social Psychology, 55*(5), 738.

Werrij, M. Q., Ruiter, R. A., Van'T Riet, J., & De Vries, H. (2011). Self-efficacy as a potential moderator of the effects of framed health messages. *Journal of Health Psychology, 16*(2), 199-207.

Wilson, C., Nairn, R., Coverdale, J., & Panapa, A. (1999a). Constructing mental illness as dangerous: A pilot study. *Australian and New Zealand Journal of Psychiatry, 33*(2), 240-247.

______ (1999b). Mental illness depictions in prime-time drama: Identifying the discursive resources. *Australian and New Zealand Journal of Psychiatry, 33*(2), 232-239.

Wolfe, S. M. (2002). Direct-to-consumer advertising—education or emotion promotion?. *New England Journal of Medicine, 346*(7), 524-526.

World Health Organization (2012). Public Health Action for the Prevention of Suicide: A Framework.

Wyllie, A. (2009). National Depression Initiative Public Health Campaign After 2 Years: Evaluation Report 2. Wellington: Ministry of Health.

______ (2010). National Depression Initiative Public Health Campaign

After 3 Years: Evaluation Report 3. Wellington: Ministry of Health.

Yamaguchi, S. (1994). Collectivism among the Japanese: A perspective from the self. In U. Kim, H. C. Triandis, Ç. Kâğitçibaçi, S. C. Choi, & G. Yoon (Eds.). *Cross-Cultural Research and Methodology Series, Vol 18, Individualism and Collectivism: Theory, Method, and Applications* (pp. 175-188), Sage Publications, Inc.

Zero2Hero (2019). Annual Report 2019. (https://www.zero2hero.com .au/about-us/annual-reports/)

Zou, Y., Leung, R., Lin, S., Yang, M., Lu, T., Li, X., & Hao, Y. (2016). Attitudes towards suicide in urban and rural China: A population based, cross-sectional study. *BMC Psychiatry, 16*(1), 162.

Zucker, G. S. & Weiner, B. (1993). Conservatism and perceptions of poverty: An attributional analysis 1. *Journal of Applied Social Psychology, 23*(12), 925-943.

찾아보기

[ㄱ]

개인주의 39, 40, 49, 52, 53, 54

건강 불평등 8, 70, 71, 72, 73, 76, 80

건강신념모델(Health Belief Model) 133

건강 정보 96, 101, 102, 125, 126, 127, 128, 129, 256, 268

고맥락 문화 44, 45

고프만(Goffman, E.) 40

국가행복지수 37

귀인(Attribution) 65, 77, 78, 79, 143, 182, 279

귀인 이론(Attribution theory) 65, 77, 78, 143, 182, 279

[ㄴ]

낙인 감소 캠페인 262, 276, 280

낙인화(Stigmatized) 19, 43, 49, 68, 74, 77, 164, 279

내부귀인 78

내재화(Internalization) 73, 74, 75, 76, 81, 146

내집단(In-group) 44, 47, 48, 49, 50, 51, 66, 67, 68, 70, 80, 81

노인 자살 18, 21, 59, 60, 61, 156, 162, 164, 282

눈치 8, 19, 42, 44, 45, 46, 47, 55, 57, 58, 277, 280, 283

눈치민감도 45

뉴질랜드 자살률 175

능력 체면 42, 43

[ㄷ]

대비현상(Contrast) 48, 49, 66

더 나은 삶에 대한 지수(Better Life Index) 37

도덕성 체면 42

동기화 9, 98, 100, 103, 286, 287

동화현상(Assimilation) 48, 49, 66, 67

뒤르켐(Durkheim, E.) 18, 19, 21

[ㄹ]

리엔(Lian) 41

[ㅁ]

멘쯔(Mentz) 41

모바일 정신건강 서비스 95, 102

모바일 헬스케어 96

모방 자살(Copycat suicide) 129, 130, 131, 134, 154, 160, 181

문화차원이론 39, 40

미국 자살률 155

미엔쯔(Mientzu) 41

[ㅂ]

배타성 51

범주화 이론(Categorization theory) 48, 67

베르테르 효과(Werther effect) 130, 131, 166

부정적 감정 수용성 62, 63, 64

비대면 정신건강 검진 95

[ㅅ]

사회격식성 체면 42

사회역학 71

사회 자본 26, 75, 76

사회적 낙인(Social stigma) 20, 71, 73, 74, 75, 76, 77, 80, 81, 82, 83, 84, 85, 86, 88, 91, 92, 93, 96, 100, 105, 134, 142, 145, 146, 153, 164, 188, 189, 190, 192, 195, 263

사회적 연결망 26, 72, 75, 76

사회 정체성 48

사회 통합 21, 22, 75

삶의 만족도 37, 38, 74, 75

수정된 낙인 이론(Modified labeling theory) 74

심각성(Severity) 106, 111, 112, 133, 134, 162, 223, 236, 281, 282, 283, 285, 289

심리적 부검 18, 62, 163, 166

[ㅇ]

영국 자살률 147

외로움 담당 장관 72, 149, 153

외부귀인 78

외집단(Out-group) 47, 48, 49, 50, 51, 66, 67, 68, 70, 71, 80, 81

우리성(Weness) 50, 51

우울감 8, 19, 20, 28, 29, 30, 31, 33, 35, 59, 144, 224, 283, 291

원인에 대한 책임(Onset controllability) 78, 79, 141

위험 인식 100, 101, 102, 297

e헬스리터러시 8, 100, 101, 102, 103

[ㅈ]

자괴의식성 체면 41, 42

자기 낙인(Self stigma) 73, 74, 75, 76, 81, 142, 145, 146, 164

자기 성찰 52, 53, 55, 65, 70
자기 통제 8, 52, 54, 55, 57, 58, 59, 60, 65, 74, 120, 277
자기효능감 24, 201
자살 낙인 7, 8, 68, 81, 82, 83, 84, 87, 89, 90, 92, 94, 118, 119, 120, 121, 174, 285
자살 담론 139
자살 동기 19, 20, 61
자살률 5, 7, 17, 18, 27, 36, 37, 38, 59, 60, 72, 82, 93, 107, 118, 129, 130, 147, 148, 153, 155, 156, 160, 162, 163, 166, 167, 168, 169, 175, 176, 179, 199, 209, 210, 213, 214, 215, 223, 228, 233, 236, 244, 249, 253, 258, 262, 263, 266, 270, 274, 275, 281, 282, 286
자살 리터러시 8, 62, 63, 64, 104, 107, 108, 113, 115, 118, 119, 120, 121
자살 보도 125, 129, 130, 131, 132, 133, 134, 135, 136, 152, 153, 154, 160, 161, 165, 166, 170, 172, 173, 174, 175, 178, 179, 180, 285, 286, 289, 290
자살 보도 권고 기준 132, 152, 160, 161, 165, 172, 174, 175, 178, 180, 285, 289, 290
자살 보도의 순기능 129, 286
자살 보도의 역기능 129, 285
자살 생각 19, 21, 22, 23, 25, 32, 37, 38, 59, 60, 114, 116, 142, 201
자살 시도 25, 29, 32, 35, 59, 63, 64, 65, 80, 81, 83, 84, 86, 87, 92, 106, 108, 121, 139, 141, 142, 143, 145, 155, 159, 160, 164, 166, 168, 215, 229, 274, 283, 290
자살 시도율 29, 35, 59, 159
자살 예방 전담 장관 18, 149, 150, 153
자살 예방 정보 130, 133, 136, 143, 144, 145, 146, 269, 285, 286
자살예방정책과 18
자살 위기자 6, 7, 8, 55, 62, 65, 66, 68, 78, 113, 119, 131, 139, 142, 176
자살 위험 신호 61, 274
자살 인식 8, 56, 65, 68, 118, 228
재범주화(Recategorization) 67, 68, 69, 279
저맥락 문화 44, 45
정신건강 리터러시 104, 105, 106, 107, 112, 118
정신건강 서비스 이용률 31, 32, 33, 43, 93, 104, 143
중앙자살예방센터 17, 18, 19, 21, 32, 33, 275, 284, 286, 288, 289, 290, 291
집단 범주화 47, 48, 49, 51, 66, 68, 69, 80, 81, 120
집단적 기억 83
집단주의 5, 19, 39, 40, 41, 44, 46, 49, 52, 53, 54

[ㅊ]

창피의식성 체면 42
책임성(Responsibility) 62, 63, 65, 78, 79, 90, 94, 120, 139, 143

청소년 자살 23, 72, 148, 151, 157, 158, 159, 214, 217, 235
체면 8, 19, 39, 40, 41, 42, 43, 44, 46, 47, 55, 56, 57, 58, 66, 70, 94, 103, 277, 280
체면 문화 39, 40, 66
체면 민감성 41, 42, 293
취약성(Susceptibility) 101, 105, 131, 133, 134, 172, 181, 285

[ㅌ]

통제성(Controllability) 25, 57, 58, 78, 81

[ㅍ]

파파게노 효과(Papageno effect) 130, 131, 166
프레임 128, 134, 137, 170, 171, 172, 174, 258, 286, 290
핀란드 자살률 162

[ㅎ]

항우울제 5, 6, 34, 132, 279
항우울제 처방약 광고 279
해결에 대한 책임(Offset controllability) 78, 79, 144
행복지수 5, 7, 8, 35, 36, 37
행위 단서(Cue to action) 134
헬스 커뮤니케이션 1, 3, 5, 8, 9, 113, 123, 245, 274, 277, 278
호주 자살률 167
홉스테드(Hofstede, G.) 39, 40
홉스테드(Hofstede, G. J.) 39, 40
회복탄력성(Resilience) 23, 24, 25, 26, 27, 72

자살 예방과 헬스 커뮤니케이션

펴낸날 1판 1쇄 2020년 11월 3일
지은이 안순태
펴낸이 이승아
펴낸곳 이화여자대학교출판문화원
주소 서울특별시 서대문구 이화여대길 52 (우03760)
등록 1954년 7월 6일 제9-61호
전화 02) 3277-2965 (편집), 362-6076 (마케팅)
팩스 02) 312-4312
전자우편 press@ewha.ac.kr
홈페이지 www.ewhapress.com
책임편집 민지영
디자인 정혜진
찍은곳 (주)현문자현

ISBN 979-11-5890-390-9 93300
값 26,000원

* 잘못된 책은 구입처에서 바꾸어 드립니다.

이 도서의 국립중앙도서관 출판예정도서목록(CIP)은 서지정보유통지원시스템 홈페이지(http://seoji.nl.go.kr)와 국가자료종합목록시스템(http://www.nl.go.kr/kolisnet)에서 이용하실 수 있습니다. (CIP제어번호 : CIP2020044166)